TITULCIA, LA CIUDAD OLVIDADA

Diez años de investigaciones arqueológicas

Comunidad
de Madrid

EDICIÓN
Consejería de Cultura, Turismo y Deporte
Dirección General de Patrimonio Cultural
y Oficina del Español

COORDINACIÓN CIENTÍFICA
José Polo López
María del Carmen Valenciano Prieto

AUTORES
José Polo López
María del Carmen Valenciano Prieto

COORDINACIÓN EDITORIAL
Macarena Calderón Prieto
Mariela Beltrán García-Echániz

ILUSTRACIONES
Arturo Asensio Moruno
Miguel Ángel López Marcos

MAQUETACIÓN
Rubén Espada Fernández

IMPRESIÓN Y ENCUADERNACIÓN
Boletín Oficial de la Comunidad de Madrid

IMÁGENES
© Archivo Arcimis. Fundación Duques de Soria de Ciencia
   y Cultura Hispánica. Instituto del Patrimonio Cultural
   de España
© Archivo Ayuntamiento de Titulcia
© Archivo de la Real Chancillería de Valladolid
© Agencia EFE, S. A.
© Archivo General de la Administración
© Archivo General de Simancas
© Archivo Histórico del Ejército del Aire y del Espacio
© Archivo Histórico Nacional
© Arquex S. L.
© Archivo Regional de la Comunidad de Madrid
© Carlos González Algovia
© Instituto Geográfico Nacional
© José Polo López
© María del Carmen Valenciano Prieto
© Museo Arqueológico Nacional
© Pilar Manzanero Zudaire
© Visor cartográfico de la Comunidad de Madrid

AGRADECIMIENTOS

AYUNTAMIENTO DE TITULCIA
Francisca Suárez Roldán, alcaldesa

DIRECCIÓN GENERAL DE PATRIMONIO CULTURAL
Y OFICINA DEL ESPAÑOL DE LA COMUNIDAD DE MADRID
M.ª Isabel Baquedano Beltrán, jefa de área de protección;
Jesús Bermúdez Sánchez

CENTRO CIL II (UNIVERSIDAD DE ALCALÁ DE HENARES)
Helena Gimeno Pascual, directora

EQUIPO ARQUEX S.L.
Cristóbal Burkhalter Thiebaut, Juan Ramón Coroba
Peñalver, Rosalía Durán Cabello, Olga Haro García, Raúl
Márquez González y Ángel Rollano Godoy

MUSEO ARQUEOLÓGICO REGIONAL DE LA COMUNIDAD DE MADRID
Enrique Baquedano Pérez, director; Mario Torquemada
Prieto, fotógrafo; Javier Casado Hernández, restaurador

TITULCIA
Gabriel Ángel Castillo García, Carlos González Algovia,
Fuencisla Molinero Cuenca, Sharon Lina Pearce, Alfonso
Rico Sánchez

ISBN: N.º 978-84-451-4134-2
D. L.: M-15787-2024

El libro *Titulcia, la ciudad olvidada. Diez años de investigaciones arqueológicas* supone el culmen de todos los trabajos de investigación llevados a cabo en el importante yacimiento carpetano-romano de Titulcia.

Este proyecto comenzó a finales del año 2007, cuando la Dirección General de Patrimonio Histórico de la Comunidad de Madrid, a través del Servicio de Protección del Patrimonio Arqueológico, Paleontológico y Etnográfico, encargó la realización de un estudio sobre el patrimonio arqueológico en el término municipal de Titulcia, con el propósito de conocer la realidad patrimonial y poder diseñar estrategias de conservación y protección; todo ello encaminado tanto a evaluar las afecciones producidas como la posible puesta en valor del yacimiento.

Fueron varios años de diversas intervenciones arqueológicas en la entonces llamada Reserva Arqueológica de Titulcia hasta que, en el verano de 2009, fue hallada la excepcional pátera de plata en una de las estancias del asentamiento carpetano del cerro. Esta magnífica pieza, única en la Comunidad de Madrid, junto con otros hallazgos notables, fue el revulsivo para el inicio de campañas sistemáticas anuales de excavaciones arqueológicas en el *oppidum* de Titulcia que continuaron hasta el año 2014.

Al mismo tiempo, en agosto del año 2012, la Comunidad de Madrid otorgó a este yacimiento la máxima protección al declararlo bien de interés cultural, en la categoría de Zona Arqueológica, y lo incluyó en la red de yacimientos visitables de la Comunidad de Madrid.

Finalmente, la Consejería de Empleo, Turismo y Cultura (Dirección General de Patrimonio Histórico) de la Comunidad de Madrid financió la creación de un Centro de Interpretación Arqueológica de Titulcia (CTIL), promovido también por el Excelentísimo Ayuntamiento de Titulcia y con la colaboración del Departamento de Prehistoria y Arqueología de la Universidad Autónoma de Madrid. Este espacio multidisciplinar para el disfrute de la ciudadanía fue inaugurado en marzo de 2015 y completado años más tarde con una segunda fase, terminada en el verano de 2018. Durante estos años se ha convertido, sin duda, en un referente cultural y educativo del sureste de la Comunidad de Madrid.

En definitiva, este libro supone un paso decisivo en el conocimiento y la caracterización de este importante asentamiento e intenta responder a todas las dudas que se han ido generando a lo largo de los siglos en torno a él. Así pues, se acomete un estudio científico completo de todas las excavaciones arqueológicas llevadas a cabo en el extraordinario *oppidum* prerromano situado en el cerro y de las diversas intervenciones realizadas en la parte romana del municipio, así como un recorrido por la apasionante historia de Titulcia desde época medieval hasta nuestros días. Todo ello culminado con un catálogo de aquellos objetos arqueológicos más destacados de las excavaciones, así como de los monumentos e inmuebles más interesantes del municipio.

Su edición cierra un ciclo que ha supuesto tres etapas fundamentales en todo el trabajo acometido hasta la fecha: recuperar, proteger y difundir el magnífico legado arqueológico y cultural de Titulcia. Se trata de un libro dirigido a la comunidad científica, pero también a un público no especialista, interesado en explorar la historia y la arqueología de este pequeño municipio situado al sur de la Comunidad de Madrid.

Titulcia ha permanecido en el olvido durante mucho tiempo y con esta extensa publicación se pretende reivindicar el lugar preponderante y aventajado que tuvo en la antigüedad, sobre todo en las épocas prerromana y romana, en las que fue un importantísimo centro económico, religioso y social con una gran proyección en la península ibérica, pero que, por diversas circunstancias posteriores, fue destruido, abandonado y olvidado. Dicho de otra manera, Titulcia recobra así la posición que ocupó en su pasado más remoto y que le ha sido denegada durante mucho tiempo.

Comunidad de Madrid

ÍNDICE

I. ESTUDIO HISTORIOGRÁFICO

M.ª del Carmen Valenciano Prieto

1. LA BÚSQUEDA DE TITULCIA Y LAS EVIDENCIAS ARQUEOLÓGICAS ANTES DE LAS EXCAVACIONES CIENTÍFICAS

Eruditos, historiadores y viajeros siempre han trasmitido la importancia de los vestigios arqueológicos hallados en la antigua Titulcia desde tiempo inmemorial, por lo que las referencias textuales sobre esta ciudad son numerosas y los estudios llevados a cabo sobre ella afrontan diferentes puntos de vista (Ceán Bermúdez, 1832; Madoz, 1849; Roso de Luna, 1918; Fuidio, 1934; Urbina, 2000; etc.).

Los primeros textos que la mencionan son todos estudios sobre los antiguos itinerarios de Hispania: las *Tablas geographicas* del astrónomo y geógrafo Ptolomeo, que la ubicaba en la región carpetana (Geogr. 2, 6, 56); el *Itinerario de Antonino* la mencionaba en cuatro de las principales vías de comunicación romanas: XXIV, XXV, XXVI y XXIX (436. 1; 438. 8; 439. 11-12 y 446. 1) y, por último, el *Anónimo de Rávena* (*Ravennatis Anonymi Cosmographia*) —del siglo VII, pero que maneja documentación de los siglos III y IV— aludía a ella dentro del trazado de la ruta de Complutum a Emerita (libro IV, cap. 44, 312, 9).

Tal vez de ahí provenga la obsesión de gran parte de la investigación, al centrarse fundamentalmente en la búsqueda de la verdadera ubicación de la Titulcia romana (Roldán Hervás, 1975; Álvarez González y Palomero Plaza, 1990; González Conde, 1987; Fernández-Galiano, 1989; Stilow y Von Hesberg, 2004; entre otros) y que parece tiende a desaparecer ante la rotundidad de los restos hallados en las excavaciones realizadas durante los últimos años (Polo y Valenciano, 2014 y 2017; Tantimonaco, 2013a; Fernández Ochoa y Zarzalejos Prieto, 2016), así como por los últimos estudios sobre las redes viarias romanas en la zona de la Comunidad de Madrid (Bermúdez, 2017: 256).

Otro bloque importante de la bibliografía generada en torno a Titulcia, anterior a cualquier intervención científica en la zona, es el que se ocupa mayoritariamente de dar noticia sobre los distintos hallazgos arqueológicos que iban encontrándose en esta localidad madrileña.

El primero de ellos fue Ambrosio de Morales en 1574, que, en su *Crónica general de España*, nos transmite que tenía en su poder un medio cerco de oro proveniente de la antigua Titulcia con la siguiente inscripción: *VTERE FELIX SIMPLICI* (Morales, 1574: 407).

La siguiente referencia aparece en el *Compendio historial* del historiador y cronista real del Siglo de Oro español Esteban de Garibay, quien apuntó que, en su época, todavía se veían las grandes ruinas de los edificios antiguos que allí hubo (Garibay, 1628: 146).

A mediados del siglo XVII, el historiador Pedro de Rojas comentaba la aparición de monedas de emperadores romanos en esta villa (Rojas, 1654: 219-220) y que el rey Alfonso VI, tras reconquistar Toledo y su reino, reconstruyó Bayona sobre el mismo lugar en donde estaban las ruinas de la antigua ciudad de Titulcia, destruida tras caer en manos de los musulmanes (Rojas, 1654: 219-220).

Ceán Bermúdez, en su famoso *Sumario de las antigüedades romanas en España* de 1832, también da noticias sobre la existencia de restos arqueológicos. Según él, existían ruinas de una población antigua que se llamó Titulcia o Tituacia en época romana y en la que se encontraron varias inscripciones y «otras anticuallas» (Ceán Bermúdez, 1832: 53).

Pocos años después, en 1836, el académico Miguel Cortés y López publicaba su *Diccionario geográfico histórico de la España antigua*, en el que cuenta que el anticuario D. Juan Bautista Pérez en su *Itinerario* revelaba que allí se hallaban lápidas con inscripciones (Cortés y López, 1836: 421). Una de ellas la vio Roso de Luna inserta en la pared de la cochera de una casa solariega propiedad de los señores Lomba y de la Pedraja[1] —casa que no existe en la actualidad— y daba noticia de ello en su *Inscripción romana de Titulcia* en la Biblioteca de la Real Academia de la Historia en 1918. Por último, añade que, por encima de la aldea, se habían encontrado diversos restos romanos y de épocas posteriores y que muchos sillares procedentes de Titulcia fueron utilizados, hacía poco tiempo, en la construcción de los puentes sobre el Jarama y el Tajo (Roso de Luna, 1818: 279-280).

Acilia · Anneza · sibi · et · L(cucio) ·
Aemilio · Materno · marito
et · Aemiliae · Maternae
filiae · viva · fecit · I(- - -) · D(- - -) · D(- - -)
h(ic) · I(ocus?) · h(eredem) · n(on) · s(equetur)

---

1. Fuidio vio esa inscripción años más tarde y también comenta que estaba en la pared del pasadizo de entrada de una casa perteneciente a Fermín Lomba de la Pedraja, dueño del café Granja El Henar de la calle Alcalá 40 de Madrid. Asimismo, aparece fotografiada y descrita en el estudio de las *Inscripciones latinas de la Comunidad de Madrid* (Ruiz Trapero, 2001: 186-187), donde se indica que de aquella casa titulciana pasó, en 1983, al colegio de los jesuitas de Aranjuez, y de allí fue a la orden salesiana.

Figura 1. En la parte superior derecha se aprecian los restos de una construcción semicircular, que deben ser parte de los que vio Fuidio (Ministerio de Cultura. AGA: 33, F, 04224. Regiones Devastadas).

Figura 2. Vista actual de una de las cuevas en el cortado de El Cerrón sobre el río Jarama.

Sin embargo, el primer testimonio que existe sobre la descripción de las ruinas que había en Titulcia nos lo aporta el arqueólogo Fidel Fuidio Rodríguez, discípulo de Hugo Obermaier y gran estudioso del centro peninsular, que estuvo en Titulcia a principios de los años treinta. En su tesis *Carpetania romana* destaca, fundamentalmente, la fortaleza o acrópolis en forma de cono con su rampa de subida que había en la cumbre del empinado cerro, además de los restos de murallas que daban a la parte más llana de este.

De igual manera, indica la existencia de numerosas cuevas en el cortado que da al río Jarama —visibles todavía en la actualidad—, entre ellas las de la Mora —cegada— y los Vascos, en cuya entrada encontró numerosas tejas romanas. Habla de una gran acumulación de ruinas en la parte norte y este del municipio —entre el río y la senda Galiana— con restos pétreos de construcción, molinos y fragmentos de cerámica ibérica pintada y estampillada y campaniense (seguramente,

donde se han llevado a cabo las últimas excavaciones del *oppidum*), mientras que, en la parte de la senda Galiana que cruza el pueblo, observa gran cantidad de *terra sigillata*, incluso con sellos de los alfareros romanos. Por último, menciona monedas ibéricas en las que aparece un jinete y la marca Toletum y vasijas de vidrio (Fuidio, 1934: 15, 75 y 94). En definitiva, con su relato, nos transmite la idea del importante enclave prerromano y romano que debió existir en este municipio durante siglos.

El investigador José Pérez de Barradas enumera en sus escritos la aparición de otros tantos hallazgos de recipientes: un fragmento de campaniense, así como cerámica estampillada y pintada en lo que él denomina el «castro» de Titulcia (Pérez de Barradas, 1936: 79).

Terminamos este apartado con José Viloria, que, aunque era un aficionado a la arqueología, nos proporciona algunos datos interesantes de su visita a Titulcia, en la que reitera la formidable fortaleza del cerro con presencia de cerámica ibérica, alude a la amplia calzada de la senda Galiana y nos describe la célebre cueva de los Vascos, formada por dos habitaciones grandes y un ventanal con vistas al acantilado. Nos relata, además el hallazgo, en la zona del *oppidum,* de un mango de cuchillo sobre asta de ciervo que estaba decorado, así como entre 14 y 16 monedas de cobre que se encontraron al excavar una cueva para hacer una vivienda, y una de plata en su camino hacia el Puente Largo de Aranjuez (Viloria, 1955: 138-140).

Desafortunadamente, no conocemos la ubicación actual de la mayoría de los hallazgos que hemos ido comentado a lo largo de estas líneas. Lo cierto es que algunos restos prerromanos y romanos es posible verlos, hoy en día, reutilizados o dispersos por el pueblo, e incluso se puede recorrer la llamada vía XXV en época romana que desde la ciudad de Complutum iba camino de Mérida pasando por Titulcia, una de las grandes rutas terrestres que, desde tiempos inmemoriales, llegaban hasta este punto geográfico donde, hasta hace no mucho tiempo, eran visibles los recortes laterales para hacer el camino y las huellas dejadas por los carros que entonces transitaban.

2. LAS INTERVENCIONES ARQUEOLÓGICAS HASTA EL SIGLO XXI

Por varios escritos sabemos que, hasta los años cincuenta, era posible explorar todavía las ruinas de las antiguas ciudades prerromana y romana de Titulcia, pero inexplicablemente nunca se llevó a cabo un

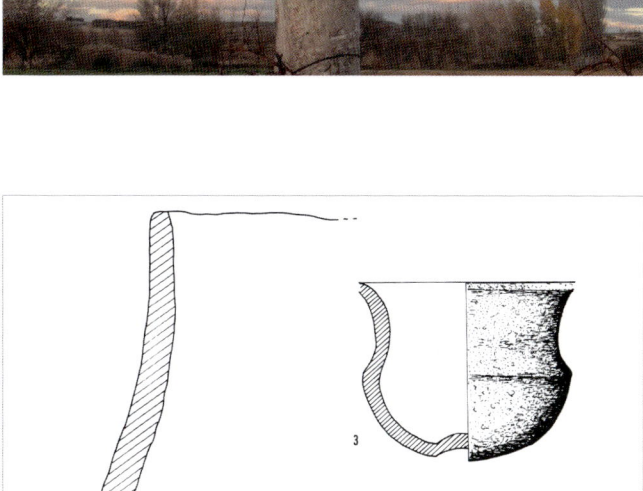

Figura 3. Molino de piedra reutilizado en una pared y columna a la entrada de la casa.

Figura 4. Antigua calzada romana con huellas de las ruedas de los carros.

2, 3, 4 y 5, urna, pomo y pinzas procedentes de Titulcia

Figura 5. Materiales hallados durante la visita de Charo Lucas Pellicer (Blasco y Alonso, 1983).

estudio científico serio. Estas quedaron abandonadas a su propia suerte y, al igual que sucedió en otros lugares, fueron utilizadas como cantera para las nuevas construcciones o destruidas a medida que el cerro y su ladera meridional fueron sufriendo aterrazamientos para ser ocupados masivamente y de forma caótica por viviendas rupestres, transformando consigo la topografía original del paisaje. De igual manera, fueron un filón en las rebuscas de saqueadores para la obtención de valiosas antigüedades fruto del afán coleccionista, cuyos daños son irreparables y difícilmente evaluables.

Las investigaciones arqueológicas comenzaron a finales de la década de los setenta del siglo pasado, si bien fueron muy intermitentes en el tiempo. Existen referencias de una «prospección oficiosa» realizada por la profesora Rosario Lucas Pellicer y un grupo de alumnos de la Universidad Autónoma de Madrid en 1970, en la que localizaron un potente nivel de cenizas

con diversos materiales de cerámica y metal en la ladera del cerro donde se sitúa el «poblado celtibérico de Bayona de Tajuña» (Blasco y Alonso, 1983: 126; Valiente, 1987: 125).

En el año 1976 se produjo el impresionante hallazgo del monumento epigráfico de Titulcia, al realizar una extracción de gravas y arenas en la orilla derecha del río Jarama. Los sillares se hallaban a unos 5-7 metros bajo la actual superficie de la orilla en seco, pero no estaban en su ubicación original. Gracias al testimonio oral de las personas que lo encontraron, sabemos con seguridad que fue hallado en lo alto de El Cerrón de Titulcia durante las obras de construcción de una casa y muchos bloques fueron trasladados en un camión al otro lado del río Jarama, que pertenece al término municipal de Ciempozuelos.

Ante este extraordinario descubrimiento, los investigadores empezaron a mostrar cierto interés por

Figura 6. Armando Rico[2], vecino de Titulcia, en el momento del hallazgo de los sillares (Rico, 1984).

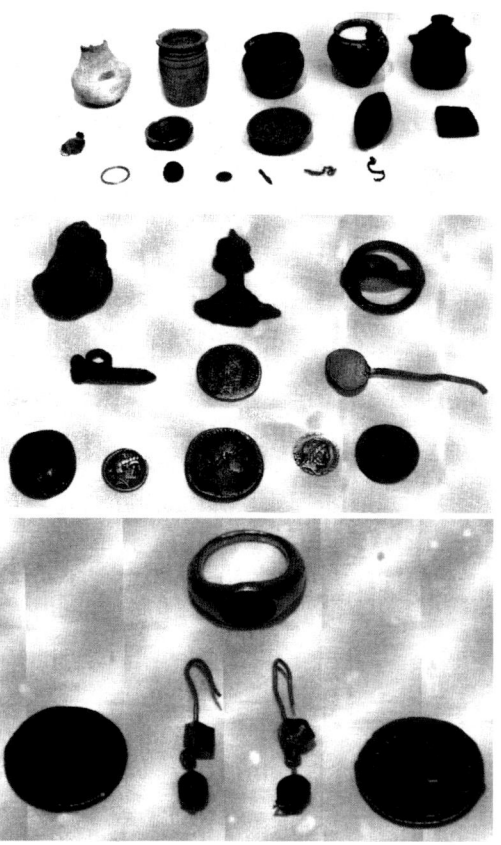

Figura 7. Materiales de colecciones privadas de Titulcia (Rico, 1984).

investigar en Titulcia y, en el mes de mayo de ese mismo año, José María Blázquez Martínez se desplazó allí con algunos miembros del Instituto Español de Arqueología «Rodrigo Caro» del CSIC, del que era director. Durante quince días recorrieron todo el pueblo y comprobaron en primera persona la presencia de gran cantidad de cerámica indígena y romana. Simultáneamente, preguntaron a los vecinos sobre posibles hallazgos, pudiendo revisar algunas colecciones privadas en las que había monedas romanas y medievales, vasos completos de *terra sigillata* o broches de cinturón de época visigoda.

Teniendo en cuenta todos los datos recopilados, el 13 de noviembre de 1976 decidió llevar a cabo una prospección visual del terreno y una campaña de excavación en aquellas partes del municipio que le parecieron más interesantes desde el punto de vista arqueológico, corriendo todos los gastos a cargo de la Excelentísima Diputación Provincial de Madrid, que aprobó su petición el 31 de marzo del año siguiente.

Para tener una visión de conjunto de todos los restos arqueológicos existentes en pueblo, planteó una serie de catas salteadas en su zona más oriental, tres al norte de la carretera hacia la vecina Chinchón —zona en la que él consideraba estaban las necrópolis romanas y visigodas— y cinco al sur de dicha carretera junto al cementerio actual, donde pensaba que pudo asentarse una villa romana por su proximidad al río, dada la cantidad de materiales esparcidos que se veían por la superficie de esas parcelas.

El 28 de noviembre de 1977 dieron comienzo los trabajos de campo, pero fueron paralizados por razones personales y profesionales. Se retomaron en el mes de octubre de 1978 y terminarían finalmente el 20 de diciembre. El resultado de las primeras catas fue la aparición de una necrópolis de época prerromana del siglo IV a. C. junto con algunas tumbas de época romana imperial de la segunda mitad del siglo I. Las demás proporcionaron diversos fragmentos de cerámica romana de finales del I y comienzos del II d. C., junto

---

2. Armando Rico Castillo era un vecino de Titulcia, gran aficionado a la arqueología, que incluso llegó a publicar su visión personal sobre la historia de Titulcia (Rico, 1984).

Figura 8. Fotos de las catas abiertas por José M.ª Blázquez al norte de la carretera de Chinchón (Archivo Regional de la Comunidad de Madrid: Signatura 472815/19).

con teselas de mosaicos, aunque no estaban asociados a ninguna estructura edilicia. Asimismo, decidió abrir una de las catas en la ladera que hay junto al caz de los molinos harineros (que él confundió con la vega del río Tajuña), en la que se descubrieron varias tumbas cubiertas con tejas pertenecientes al Bajo Imperio romano.

Por último, llevó a cabo dos catas más en una calle al sureste del pueblo, puesto que, en las cercanías, se había encontrado una notable hebilla de cinturón visigoda del siglo VII, aunque allí los resultados fueron totalmente negativos.

En el informe final de las actuaciones realizadas que entregó, hacía mención también de las obras de construcción de una piscina en un chalet en la parte alta del pueblo, donde se exhumó un lienzo de muralla romana conformado por varios bloques bien escuadrados y sin argamasa, junto con algunos fragmentos de cerámica romana de época flavia. Tal vez se trate de la misma zona en la que, según nos comentó en una entrevista que le realizamos en octubre de 2012, él mismo realizó una cata en una calle cuyo resultado fue la aparición de seis sillares escuadrados y sin

inscripciones, desplazados de su sitio original, pero que abarcaban una superficie de unos 15 metros lineales y que constituían, sin duda para él, parte de la cimentación de la muralla que tuvo la acrópolis.

Tanto sus intervenciones como las conclusiones no llegaron a publicarse nunca, y tan solo hay unas breves reseñas sobre la excavación en un artículo relativo a la llamada cueva de la Luna (Blanco Freijeiro, 1981: 366). Según sus palabras, todo le pareció muy negativo —a pesar de todos los restos encontrados— y, por ese motivo, no volvió a investigar más en Titulcia.

La siguiente investigación, que data del mes de mayo de 1980, se centró en el estudio de las vías de comunicación que llegaban a la antigua ciudad romana, más que en la búsqueda *in situ* de los restos conservados de estas. Beatriz de Griñó y María Mariné Isidro solicitaron un permiso a la Dirección General de Patrimonio Artístico, Archivo y Museos para realizar prospecciones etnográficas de la vía XXV entre Complutum y Titulcia y de la vía XXIV entre el puerto de la Fuenfría y Titulcia.

Resulta cuando menos sorprendente que no se volviese a retomar el interés por el gran monumento

Figura 9. Cálato prerromano hallado en el paraje de la Soledad por José M.ª Blázquez Martínez (Archivo Regional de la Comunidad de Madrid. Signatura 472815/19).

Figura 10. D. José María Blázquez inspeccionando una obra en la calle de los chalets n.º 2 en Titulcia. Fotografía cedida por Dña. Pilar Manzanero Zudaire.

epigráfico hasta el mes de junio de 1981. El entonces director del Museo Arqueológico Nacional, Luis Caballero Zoreda, redactó un informe técnico razonado para que se llevase a cabo la incoación de expediente de declaración de monumento histórico-artístico. Y tres años más tarde montó un equipo científico y

dirigió, con permiso del director del Servicio Geológico de Obras Públicas, la realización de un estudio de la terraza del río Jarama en el que habían aparecido los grandes bloques, centrándose en el llamado Soto de las Arriadas. Allí efectuó varios sondeos y se apoyó en la geofísica con la intención de localizar cualquier indicio del monumento, puesto que se suponía que se había recuperado solo alrededor de un 20 % y, por lo tanto, la mayoría de los sillares permanecerían todavía enterrados (Caballero y Mariné, 1982-1983: 83; Mariner, 1983: 347, n. 1).

Los trabajos realizados fueron una prospección eléctrica de ocho perfiles de calicatas a 6 y 12 metros de profundidad, 24 sondeos de unos 10-15 metros con una sonda mecánica cerca de la orilla (al borde la terraza aluvial), y el Centro de Estudios Hidrográficos colaboró en la elaboración de un plano batimétrico del cauce del río con una ecosonda. Las labores de estudio se completaron con un sondeo del fondo del río con una vara de acero de 2 metros y medio e incluso un buzo inspeccionó la base del río en esa zona.

En resumen, y a pesar de todos los intentos, no se localizaron más sillares del monumento y la infructuosa búsqueda se dio por terminada. Todo ello ratifica que el verdadero lugar donde apareció fue en la parte alta de El Cerrón, tal y como nos comunicaron las personas que lo encontraron en la década de los setenta y que lo transportaron en un camión hasta la margen derecha del cauce del Jarama.

A finales de los ochenta, técnicos de la Dirección General de Patrimonio Cultural de la Comunidad de Madrid realizaron una prospección extensiva de Titulcia para acometer una delimitación correcta del yacimiento. El núcleo ibero-romano y celtibérico se localizó al noreste de la urbanización de El Cerrón, mientras que la ampliación romana del siglo I se ubicaba al sur de este. Todo el conjunto fue declarado zona de protección arqueológica y como tal fue recogido en las Normas subsidiarias del planeamiento municipal del año 2000.

El siguiente paso de la susodicha Dirección General fue la realización de la que llamaron primera campaña de excavación del yacimiento hispano-romano de Titulcia. Todo ello vino motivado por la revisión de las Normas subsidiarias y la reordenación urbana del municipio por parte del Ayuntamiento, que se planteaba por aquel entonces una ampliación del suelo urbanizable.

Primeramente, se realizó una prospección visual en el mes de junio de 1990 dirigida por dos profesores del

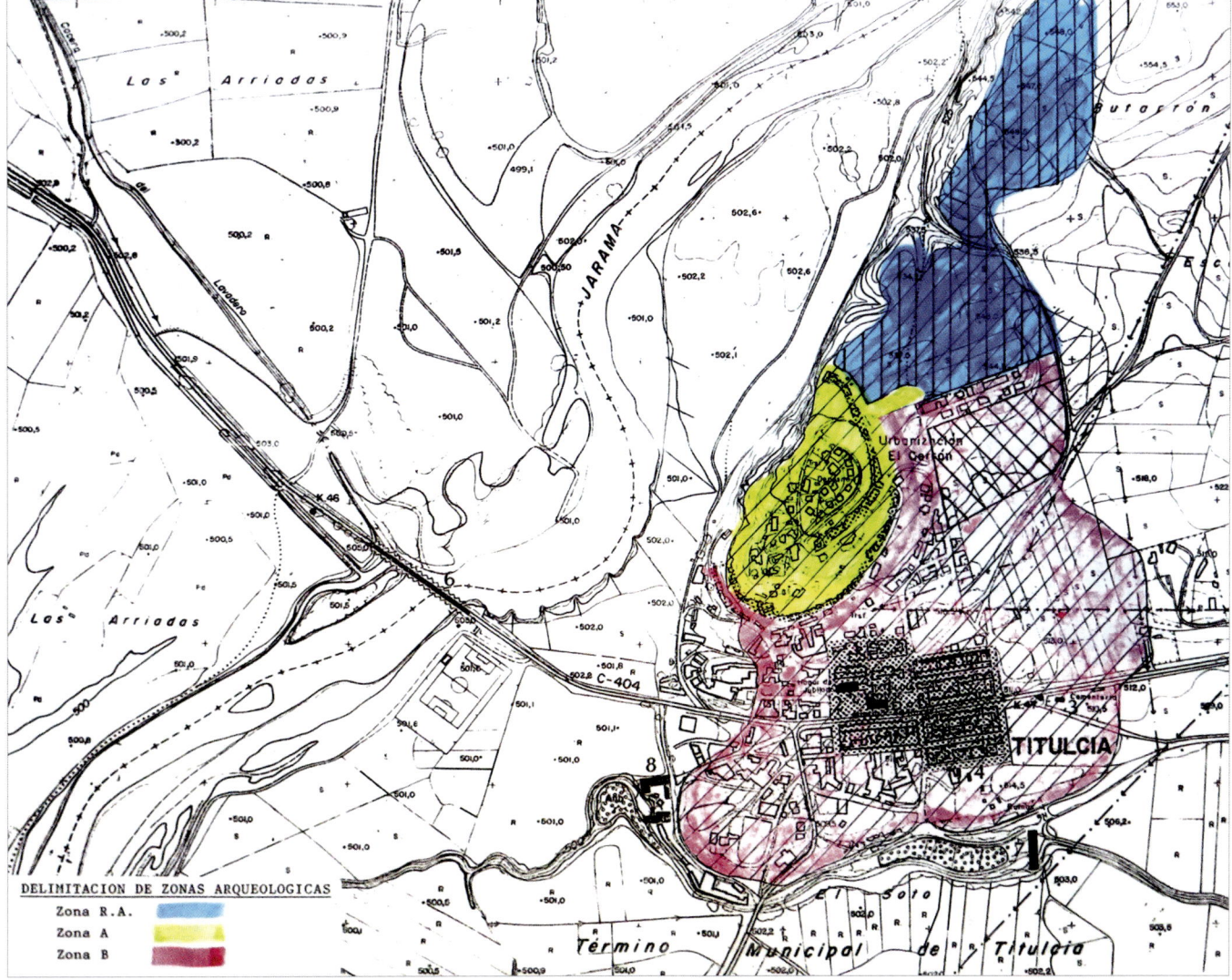

Figura 11. Plano de trabajo con delimitación de las zonas arqueológicas que pasarían a las Normas subsidiarias de Titulcia del año 2000 (Archivo Ayuntamiento de Titulcia).

Departamento de Prehistoria y Arqueología de la Universidad Autónoma de Madrid, Manuel Bendala Galán y Ángel Fuentes Domínguez, y, al mes siguiente, se llevó a cabo una excavación de urgencia, esta vez a cargo de Ángel Fuentes y Rosario Escobar.

Se plantearon un total de diecisiete sondeos en unas parcelas al este del pueblo, concretamente entre las calles Pintor Ruiz, la avenida del Soto y la carretera de Chichón, más uno en la ladera de El Cerrón (Fig. 12), pero los resultados fueron muy dispares. Se localizaron restos de tumbas romanas descontextualizadas junto a la carretera de Chinchón, en el paraje llamado La Soledad, siguiendo la tónica de lo que había localizado José María Blázquez a finales de los setenta. Entre la calle Pintor Ruiz, la avenida del Soto y la senda Galiana no se descubrieron restos arqueológicos de interés, y hacia el norte los hallazgos estaban muy dispersos.

En cambio, en la ladera de El Cerrón aparecieron restos mucho más notables, inmersos en estratigrafías de gran potencia arqueológica que revelaban estructuras arquitectónicas más complejas con dos niveles de ocupación bien diferenciados: uno más antiguo perteneciente a la Segunda Edad del Hierro (siglos III-II a. C.) y un segundo que iba desde finales de época romana republicana hasta comienzos del Imperio, en el que se apreciaba una evidente reestructuración urbanística del asentamiento.

Las siguientes intervenciones no tuvieron la envergadura de esta primera y estaban asociadas, en general, a actuaciones arqueológicas de urgencia relacionadas con la construcción de viviendas o de infraestructuras necesarias para las mismas. Así, en diciembre de 1993, Beatriz Pino Uría y Almudena Villar Calvo realizaron un control arqueológico de un saneamiento en

17

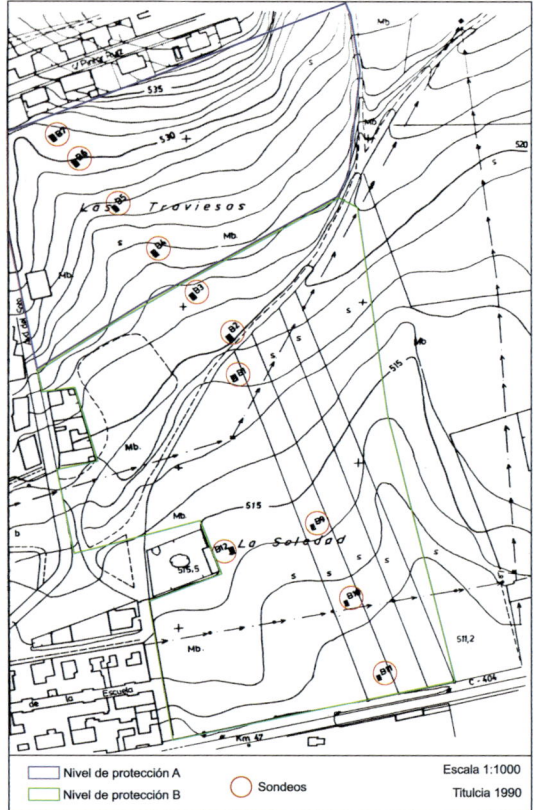

Figura 12. Ubicación de los sondeos al este del núcleo del pueblo y niveles de protección (elaboración propia con documentos del Archivo del Ayuntamiento de Titulcia). Fotografía aérea de 1991 donde se aprecian los sondeos realizados en julio de 1990.

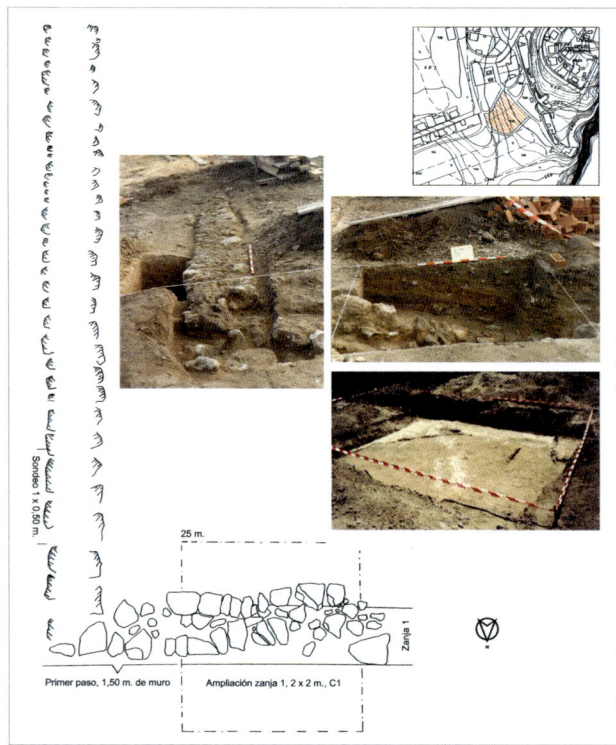

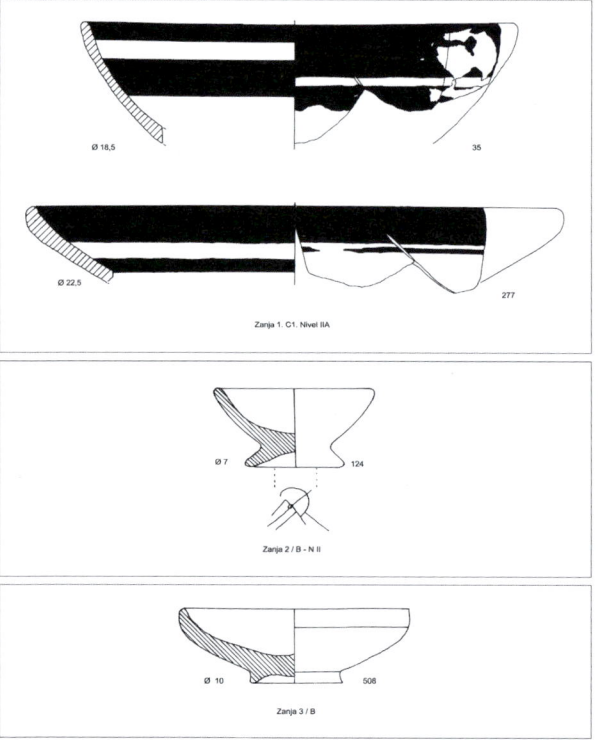

Figura 13. Muro y suelo localizados al norte durante la actuación P-10 en El Cerrón (elaboración propia basada en la documentación del Archivo Regional de la Comunidad de Madrid).

Figura 14. Material cerámico hallado durante la actuación P-10 en El Cerrón (elaboración propia basada en la documentación del Archivo Regional de la Comunidad de Madrid).

Figura 15. Detalle de los restos de un horno romano hallado en Titulcia.

una parcela ubicada al norte de la calle de la Guardia Civil, al sur de la calle Nueva y que lindaba con la zona de reserva arqueológica delimitada pocos años antes (actuación P-10 en El Cerrón). La aparición de restos de cierto interés provocó la ampliación del área de actuación y la realización de sondeos en los que se documentó un conjunto de restos datados en la Segunda Edad del Hierro (siglos III-II a. C.). Se trataba de un muro de piedras y adobes de 150 cm por 6 metros, un silo revestido de cal y suelos de tierra compacta o de piedras (Fig. 13). Junto a ellos aparecieron cerámicas a mano y a torno (ollas, cuencos, platos y copas) (Fig. 14), destacando las pintadas de tipo geométrico con estampillas y las jaspeadas, así como campaniense, industria lítica, metales y restos óseos (Pino y Villar, 1994: 15).

Tras unos años sin actuaciones arqueológicas, se retomaron las labores de investigación en el año 2001, cuando la Dirección General de Patrimonio Histórico de la Comunidad de Madrid promovió la revisión de la carta arqueológica del municipio, trabajo que se

completó, en 2005, con la realización de una prospección intensiva, un análisis de las áreas de protección arqueológica presentes en las Normas subsidiarias del Ayuntamiento y un diagnóstico del patrimonio existente para su protección y difusión posterior (Galindo y Marcos, 2006 y 2009).

Las intervenciones de urgencia aumentaron con la llegada del siglo XXI ante la creciente demanda de construcción de viviendas en la localidad, lo que propició obtener una visión mucho más amplia de la evolución histórica del municipio, que comienza, como poco, en la Edad del Bronce (Calvo, 2014) y llega hasta época islámica (siglos IX-XI), destacando los hallazgos romanos de varias zonas industriales, una extensa necrópolis y, de manera primordial, el hallazgo de más elementos epigráficos (Polo y Valenciano, 2017).

Finalmente, a partir del año 2007, bajo el marco del programa de actuaciones arqueológicas del Plan de Yacimientos Visitables de la Comunidad de Madrid, se

Figura 16. Centro de Interpretación Arqueológica de Titulcia (CTIL).

tuvo la iniciativa de impulsar una investigación más profunda centrada en el asentamiento prerromano ubicado en la llamada entonces Reserva Arqueológica, declarado BIC en la categoría de Zona Arqueológica en agosto de 2012 (publicado en el BOCM n.º 187, del martes 7 a de agosto de 2012, pp. 36-42). El propósito fue el conocimiento de la estratigrafía completa del yacimiento en una zona todavía sin construcciones (Polo y Valenciano, 2014; Valenciano, Polo y Blánquez, 2014; Valenciano y Polo, 2016).

Los trabajos se iniciaron en el otoño de 2007 con una prospección intensiva y un sondeo manual en la parte norte del cerro, junto al acantilado sobre el río Jarama, donde se localizaron niveles arqueológicos muy arrasados, correspondientes al asentamiento indígena de la Segunda Edad del Hierro.

Al año siguiente se planteó una campaña de prospección geofísica mediante la técnica de georradar y tomografía eléctrica para detectar posibles irregularidades en el terreno asociadas a zonas de alto interés arqueológico que contuviesen estructuras, pero, desgraciadamente, los resultados no fueron satisfactorios porque no ofrecieron anomalías lo suficientemente importantes como para que se dedujera la existencia

de una posible muralla o datos de la trama urbana interna del asentamiento.

El planteamiento de la intervención de 2009 fue la apertura de ocho catas manuales repartidas por aquellas parcelas en las que la concentración de restos arqueológicos —cerámicos y constructivos— en superficie era más notable. Esa campaña fue crucial, ya que aportó datos realmente excepcionales sobre las estructuras constructivas y la cultura material de un magnífico *oppidum* destruido durante la Segunda Edad del Hierro. En aquel momento, cambió de manera substancial la visión que se tenía de Titulcia en época prerromana, lo que provocó que se continuaran efectuando campañas sistemáticas anuales hasta el verano de 2014. Los resultados de todas esas intervenciones son los que brindamos en este libro.

En suma, estamos frente a un gran yacimiento arqueológico que contiene un magnífico filón para la investigación científica presente y futura de la protohistoria peninsular, dada la magnitud que están ofreciendo sus hallazgos.

Todo ello sin olvidarnos de la transmisión a la sociedad en general de todo el conocimiento generado durante estos años de trabajo científico. Por esta razón, en el año 2015 se inauguró el Centro de Interpretación Arqueológica de Titulcia (CTIL) en el Ayuntamiento de la localidad, cuyo espacio museográfico fue ampliado con una nueva sala en el año 2018. En sus instalaciones, el visitante puede adentrarse en la historia de esta tierra que, con el paso de los siglos, ha generado una relevante herencia cultural materializada hoy en su importante patrimonio cultural. Este proyecto ha sido posible gracias a la inversión realizada por la Dirección General de Patrimonio Cultural de la Comunidad de Madrid.

II. EL *OPPIDUM* PRERROMANO

M.ª del Carmen Valenciano Prieto

Siete han sido las campañas de excavaciones sistemáticas llevadas a cabo en el *oppidum* de Titulcia, todas ellas bajo el patrocinio de la Dirección General de Patrimonio Cultural de la Comunidad de Madrid, dentro del marco del programa de actuaciones arqueológicas del Plan de Yacimientos Visitables.

Comenzaron en el año 2007 al realizarse una prospección visual y una cata estratigráfica en unas parcelas sin construcciones modernas, situadas en la parte alta del pueblo y junto al cortado sobre el río Jarama, que entonces estaban encuadradas dentro de la llamada Reserva Arqueológica. Dicha intervención se complementó al año siguiente con una prospección geomagnética y, en 2009, con la apertura de ocho sondeos manuales, planteados en aquellas zonas susceptibles de contener restos arqueológicos de interés.

A raíz de los magníficos resultados obtenidos en esa campaña se hizo evidente la gran calidad del registro arqueológico dentro de un contexto estratigráfico sumamente interesante, por lo que se estableció un plan de excavaciones en el que se delimitaron dos grandes zonas (áreas 2 y 6), que fueron las que aportaron una profusión de hallazgos excepcionales de todo tipo —tanto materiales como estructurales—, y en ellas se centraron las siguientes campañas de excavación, que se prolongaron hasta el año 2014.

La intervención en este yacimiento nació motivada por el interés de conocer más a fondo el patrimonio de este municipio, ya que la información arqueológica conocida hasta esa fecha era muy sesgada y parcial, dado que la mayoría de las intervenciones realizadas eran muy puntuales. Fue potenciada, en gran medida, gracias a los hallazgos espectaculares acontecidos durante la campaña del año 2009, entre los que destacaba la magnífica pátera de plata sobredorada, que es la única pieza de sus características encontrada en estas tierras del centro peninsular.

El espléndido enclave prerromano se ha convertido, sin duda, en un referente científico para la investigación y en uno de los descubrimientos más reveladores de los últimos años que está ayudando a transformar la visión errónea que se tenía del centro peninsular en esta época de la protohistoria, debido en su mayor parte a la falta de trabajos de campo y estudios pormenorizados sobre este tipo de asentamientos.

1. EMPLAZAMIENTO

Las excavaciones han abarcado una superficie muy reducida del enclave —unos 1400 m² aproximadamente—, pero han sacado a la luz parte de los restos de un excelente asentamiento de época prerromana de grandes dimensiones —en torno a las trece hectáreas, atendiendo a las dimensiones de las áreas prospectadas—, situado estratégicamente en el final de un cerro acantilado con unas óptimas cualidades defensivas, desde donde se controlaba visualmente un extenso y privilegiado territorio. A su vez, esta ubicación le permitió llevar a cabo un aprovechamiento racional de importantes recursos naturales en su entorno más inmediato desde el punto de vista de la agricultura (Mayoral *et al.*, 2007) y la ganadería[1], así como tener acceso a notables fuentes de agua al estar flanqueado por los ríos Jarama y Tajuña —auténticos vertebradores del poblamiento desde la antigüedad—, que garantizaban un suministro constante y seguro de agua.

A esta riqueza natural hay que añadir las peculiares condiciones litológicas de margas y yesos del Terciario que permiten la presencia de estratos salinos y manantiales de aguas salobres, algo excepcional en lugares del interior peninsular. La sal era un artículo de primera necesidad en la antigüedad y fue masivamente empleada como conservante de primer orden y nutriente esencial para el organismo humano y animal (Terán, 2011: 71; Muñoz y Madrigal, 1999: 470), así como producto para uso medicinal, por lo que su posesión debió de ser tremendamente beneficiosa para el asentamiento, multiplicando seguramente el volumen del comercio y los intercambios. Este recurso no agrario era considerado un bien más elemental y apreciado casi que el propio oro.

A unos cinco kilómetros y en la orilla derecha del valle del Jarama, se encuentran las minas de Espartinas (Ciempozuelos), explotadas desde la Edad del Bronce (Carvajal *et al.*, 2002: 60; Valiente *et al.*, 2014) y que, sin duda, formaron parte del territorio controlado por Titulcia. A ellas habría que añadir un humedal muy cercano al *oppidum*, el arroyo denominado Barranco Salobre y el paraje conocido como Barranco de Villacabras, hoy en día dentro de los límites de la localidad de Villaconejos.

Es sabida la estrecha relación entre asentamientos y humedales, hecho bien constatado en diversos yacimientos de la Primera Edad del Hierro en la cuenca

---

1. En lo que hemos podido rastrear hasta la fecha, debió de tener una economía mixta, aunque con gran peso de la agricultura, que sería el principal recurso vital, circunstancia que llevaba aparejado un férreo control sobre el territorio inmediato.

Figura 17. Vista general del entorno de Titulcia con el río Jarama.

Figura 18. Vista general del llamado Barranco Salobre y del *oppidum*.

Figura 19. Vista general del acantilado al río Jarama.

media del Tajo y la desembocadura del Jarama (Muñoz y Ortega, 1997: 142), así como en el territorio de la Carpetania en general durante la Segunda Edad del Hierro (Muñoz y Madrigal, 1999: 475; Valiente, 2007: 240), si bien la falta de una investigación profunda hace que no se conozcan bien los métodos de extracción o aprovechamiento utilizados durante esta etapa.

Otro aspecto fundamental para tener en cuenta es su posición estratégica en un nudo cardinal de principales vías de comunicación terrestre en sentido este-oeste y norte-sur (Álvarez y Palomero, 1990: 45; Bermúdez, 2017: 256), así como su cercanía a la gran cuenca fluvial del río Jarama, que, en la antigüedad, debió ser mucho más caudaloso y tener la entidad suficiente

para poder ser navegable. Este factor fue, en nuestra opinión, el más determinante para la fructífera vida económica del asentamiento, ya que le proporcionaba un fuerte control del territorio y le puso en estrecho e intenso contacto con diversos ámbitos comerciales y culturales de la Península, según nos advierten muchos de los materiales encontrados en el *oppidum*, provenientes de diferentes puntos peninsulares.

Estas condiciones inmejorables fueron el marco idóneo para el establecimiento de un hábitat muy estable durante la Edad del Hierro que debió llegar a ser considerado un emplazamiento con un estatus predominante dentro de la organización territorial de los *oppida* en esta zona de la Carpetania (Dávila,

2014: 64). Además, esta tradición de una ocupación previa, no cabe duda, fue fundamental para la posterior implantación del mundo romano, que se aprovechó de un sistema económico preestablecido perfectamente engranado y consolidó este lugar siglos después, tal y como ocurrió en muchos otros lugares de la Península.

2. ELEMENTOS DE DEFENSA

El sistema defensivo del *oppidum* estaba determinado por el terreno en el que se asentó y tuvo que realizarse adaptándolo a los desniveles de la orografía irregular existente en el lugar, concentrándose en sus zonas más desprotegidas, esto es, hacia el este y sur. El resto poseía una defensa geomorfológica natural gracias al acantilado abrupto e inexpugnable —circunstancia que supuso un menor esfuerzo constructivo— y a la presencia del río Jarama, cuyo cauce fluvial era muy caudaloso y que, por aquel entonces, discurría pegado a sus pies.

La base geológica del cerro es una roca yesífera del Mioceno muy poco consistente, lo que ha provocado la desintegración y desprendimiento de materiales del cortado sobre el río Jarama debido fundamentalmente a la acción erosiva del agua, por lo que la topografía del cerro ha sufrido una gran transformación.

Se ha visto alterada igualmente al haberse realizado aterrazamientos continuos para la construcción de viviendas-cueva desde mediados del siglo xix, lo que ha ido mermando la superficie original de ocupación previa del asentamiento y, sobre todo, minando los lienzos de murallas en parte de la zona sur. A todo esto, se suma la creación de la llamada calle del pintor Ruiz en la parte más oriental de centro urbano actual, que se dispuso justo encima de la zona donde debieron estar los restantes tramos de muralla. Esta desfavorable circunstancia de la completa desaparición de la muralla se ha documentado en otros importantes poblados, como es el caso de Edeta, Saiti o Kelin (Bonet y Vives, 2009: 288).

Existe un pequeño parque en la parte baja del pueblo, concretamente en la calle de la Era, en el que hay un muro de contención construido con numerosos sillares y piedras escuadradas reutilizados que tal vez pudieron formar parte del paramento de dicha muralla.

Al analizar detenidamente las fotografías aéreas antiguas y las curvas de nivel existentes a mediados del siglo xx, detectamos que seguramente la acrópolis tuvo su propio lienzo de muralla y la parte más baja

Figura 20. Vista general y detalle de las viviendas-cuevas en los años cuarenta del siglo xx (Ministerio de Cultura. AGA: 33, F, 04224. Regiones Devastadas).

Figura 21. Detalle de las piedras y sillares reutilizados en un muro del parque de la calle de la Era.

de la ciudad se defendería con un segundo anillo, tal y como está documentado en otros yacimientos peninsulares de la época.

A este respecto hay que añadir que hemos constatado arqueológicamente, en la parte oriental del

Figura 22. Entrada norte del *oppidum*.

Figura 23. Ubicación de la entrada norte al *oppidum* y de la posible poterna.

asentamiento, la existencia de varias estructuras excavadas en el terreno geológico que tienen sección en forma de U —de unos cinco metros de ancho por cuatro de profundidad— y que se acomodan paralelamente a las curvas de nivel de esta plataforma más baja del yacimiento. Pensamos que se trata de estructuras defensivas tipo foso, muy necesarias en esta zona del *oppidum*, ya que era la más vulnerable defensivamente hablando.

Este sistema defensivo de influencia griega se generalizó en la península ibérica a partir del siglo IV a. C. (Urbina y Morín, 2005: 104) y se ha detectado su existencia en asentamientos cercanos, como sería el caso de Colmenar de Oreja, Sotomayor en Aranjuez, Alarilla en Fuentidueña de Tajo o Plaza de Moros en Villatobas.

Muchos enclaves poblacionales tuvieron que adoptar esa imponente protección en lugares estratégicos durante la Segunda Edad del Hierro, pues era un elemento defensivo muy necesario en un período tremendamente conflictivo, que se mantuvo en estado de guerra continuo en todo este ámbito territorial.

En cuanto a los accesos al *oppidum*, pensamos que el perímetro de la fortificación tuvo, al menos, dos, uno hacia el norte y otro al sur. Después de un detenido reconocimiento visual del terreno realizado en la zona más baja del *oppidum*, y a pesar de los pocos restos en superficie, comprobamos la presencia de una interrupción brusca de la línea topográfica del lugar donde se intuye una entrada o acceso en recodo al recinto en la vertiente norte. En ella se aprecia un talud bastante pronunciado en forma de rampa estrecha y empinada con forma de embudo, lo que la hace muy incómoda para la circulación de carros, pero que serviría para el acceso de personas y animales. A ambos lados se aprecian restos de un pequeño derrumbe de piedras, posiblemente parte de la estructura de refuerzo y protección de aquella, aunque este argumento deberá ser confirmado en futuras excavaciones arqueológicas.

Dicha entrada estaría ubicada estratégicamente en una zona esquinada y muy bien defendida del hábitat y debió ser usada para bajar al río Jarama. Justamente desde ella arrancaría una de las calles principales del urbanismo interno que recorrería transversalmente, más o menos, de norte a sur toda la superficie de la parte baja del asentamiento y que posiblemente vertebraría el resto de las calles secundarias de la trama urbana del *oppidum*.

Si observamos y analizamos las fotografías aéreas antiguas, podemos ver que esa zona apenas ha sufrido cambios al no haber estado habitada nunca y que los caminos se han debido perpetuar durante siglos. Pero este no sería su acceso principal, sino más bien uno secundario que constaba de un único vano. Posiblemente, existiría otra entrada más monumental con subida en rampa y más visible para todo el mundo, aunque debió de estar mucho más protegida al encontrarse ubicada en una pendiente más suave hacia el sur.

Tuvo que situarse estratégicamente frente a varios caminos terrestres principales que llegaban hasta aquí y que estaban consagrados desde antiguo, ya que debieron de ser utilizados habitualmente durante generaciones. Uno venía desde la zona de Complutum e iba hacia Toledo y Mérida —que fue denominado en época romana como la vía XXV del *Itinerario de Antonino*—, considerada una de las principales calzadas que recorrían la antigua Hispania. Otros dos grandes caminos que llegaban hasta Titulcia eran una vía con dirección norte que la ponía en

Figura 24. Partes del *oppidum* de Titulcia. Fotografía aérea del Archivo Histórico del Ejército del Aire y del Espacio. Ministerio de Defensa. España (PET 80-2015, 1-13734-02).

contacto con Segovia y otra hacia el sur cuyo destino era Laminium y que, posteriormente, fueron recogidas también en el mencionado itinerario romano como las vías XXIV y XXIX.

Intuimos la presencia del acceso principal en dichas tomas aéreas antiguas y pensamos que debió de ser frontal y más cómodo. De igual manera se aprecian ciertos restos constructivos de lo que pudo ser, tal vez, una torre o bastión como refuerzo de la muralla perimetral en su punto más débil, cuyo cuerpo de guardia defendería su flanco izquierdo y vigilaría tanto la vía de comunicación como la vega circundante y, en caso de ataque, alertaría rápidamente de la presencia del enemigo. Este modelo de entrada tuvo una larga tradición durante la Edad del Hierro peninsular y fue empleado frecuentemente en la defensa de los asentamientos (Uroz *et al.*, 2003: 234).

Como es lógico, la interpretación formulada en estas líneas nos permite esbozar una idea aproximada de su entrada más monumental, pero se trata de una hipótesis de trabajo y, por desgracia, va a ser

difícil corroborarlo arqueológicamente porque todo ese frente ha desaparecido al construirse la calle pintor Ruiz, que está cimentada justo encima.

Por último, aunque no formaría parte del sistema defensivo, queremos apuntar que, en el lado norte de esta parte baja del asentamiento, justo donde se encuentra el acantilado, debió de existir una poterna que facilitaría la salida de aguas del poblado directamente hacia el río Jarama, tal y como parece intuirse por la topografía actual del terreno, pero deberá ser comprobado en futuras excavaciones arqueológicas.

3. LA ESTRUCTURA INTERNA

El *oppidum* se ubicaba en lo alto de un promontorio con una orografía más o menos amesetada en la que se diferencian dos plataformas que conformarían dos recintos diferenciados. El primero, más elevado, con una extensión de unas 4-5 ha y conocido en la actualidad como El Cerrón, se encuentra desgraciadamente muy transformado y casi totalmente ocupado

Figura 25. Interior de la estancia n.º 1 con un poyete en la esquina y un escalón en el vano.

Figura 26. Detalle de las cubetas y agujeros de poste de la fase rupestre (Área 2).

Figura 27. Vista general de las estancias rupestres y calle del Área 2.

por viviendas edificadas a partir de los años sesenta y setenta, por lo que no se ha podido realizar ninguna intervención arqueológica científica, aunque, no cabe duda, es el lugar donde estuvo enclavada la acrópolis del emplazamiento (Polo y Valenciano, 2014: 92). De hecho, contamos con testimonios escritos que confirman su existencia, ya que no hace demasiados años todavía se conservaban y se podían observar restos de esta, cuando el cerro estaba libre de construcciones y su topografía aún no había sido transformada: «Es digna de mención la fortaleza Acrópolis o Arce que existe en dicha población» y «en la cumbre del cerro se notan restos de murallas, como de fortaleza» (Fuidio, 1934: 75 y 94).

Situado hacia el este y unos pocos metros más abajo se encuentra el segundo recinto del *oppidum*. Está menos alterado por las obras de urbanización —a excepción de una calle con una veintena de viviendas construida en los años setenta del siglo pasado—, aunque ha sufrido alteraciones causadas por la ubicación en este espacio de líneas de trincheras de la guerra civil española, así como por las rejas de los arados, cuya huella hemos podido documentar durante las intervenciones arqueológicas, ya que estas parcelas han sido utilizadas durante años para el cultivo de diferentes especies. Es justamente en esta zona donde se han llevado a cabo las intervenciones arqueológicas financiadas por la Dirección General de Patrimonio Histórico de la Comunidad de Madrid desde el año 2007 hasta el 2014.

Después de la campaña de sondeos arqueológicos realizada en el año 2009, las excavaciones se concentraron en dos zonas concretas —denominadas áreas 2 y 6—, que fue donde se concentraron los hallazgos más extraordinarios y donde se conservaban importantes restos constructivos que podrían ayudarnos a definir mejor algunas de las características internas del asentamiento.

3.1. Área 2

Esta zona ha aportado datos muy relevantes sobre la evolución urbanística y la secuencia cronológica del *oppidum*, ya que la estratigrafía muestra varios períodos de ocupación superpuestos. Así se han localizado llamativas estructuras rupestres pertenecientes a la construcción original del poblado. Se trata de cuatro estancias más o menos escuadradas de planta rectangular y orientación este-oeste, con vanos de acceso de unos 60 cm de anchura y perfectamente definidos, cuya base está excavada a distintos niveles en el afloramiento yesífero de la zona, variando desde los 35 cm de profundidad de la estancia n.º 3 hasta alcanzar la cota más profunda de 119 cm en la esquina noroeste de la n.º 1[2].

Asociadas a ellas se han documentado hoyos circulares de poste (de 21-26 cm de diámetro y 20 de profundidad), poyetes y escalones, todos horadados o moldeados en el subsuelo pétreo, así como cubetas de tendencia esférica (de unos 65 cm de diámetro y 29-40 de profundidad) que fueron enlucidas con un mortero de yeso duro y grueso de color blanquecino, probablemente relacionadas con el almacenaje de productos que necesitaban estar en un lugar impermeable. Cubetas parecidas se documentaron en los suelos de varias habitaciones en el yacimiento de Plaza de Moros (Villatobas, Toledo) (Urbina *et al.*, 2004: 160) y en el poblado de Tiro de Cañón (Alcañiz, Teruel), mientras que en Cerro Redondo (Fuente el Saz de Jarama, Madrid) estaban elevadas sobre pequeñas plataformas (Blasco y Alonso, 1985: 56).

Todas ellas forman parte de un conjunto complejo casi ortogonal que, por alguna razón que desconocemos, perdió su utilidad y sus moradores decidieron anularlo y amortizarlo, al ser rellenado con sedimentos bien compactados para nivelar la zona como paso previo a la edificación de nuevas construcciones, que lo usaron como apoyo de sus cimientos.

En cuanto a la funcionalidad de estos espacios, poco podemos aportar de momento más que parecen tener un carácter industrial o de almacenaje, ya que los materiales arqueológicos asociados a esta fase son escasos y no dan mucha información al respecto. En el relleno de amortización se localizaron cuencos —algunos de barniz rojo, forma C de Cuadrado (García Cano e Iniesta, 1983: 564-564)—, caliciformes —uno casi entero con decoración pintada y estampillas apareció dentro de una de las cubetas—, fragmentos de tonel y grandes contenedores o un muelle de fíbula de bronce, entre otros.

Junto a estas estancias hemos detectado marcas de retoque en el suelo rocoso subyacente realizadas para el acondicionamiento y explanación de una extensa superficie, eliminando las posibles irregularidades del terreno y así conseguir una superficie transitable, que conformaría una calle o una zona de tránsito con orientación norte-sur que discurre junto a las estructuras anteriores por su lado oeste. Caminos o calles tallados en la roca son estructuras que se han descubierto en otros poblados de la época, como el

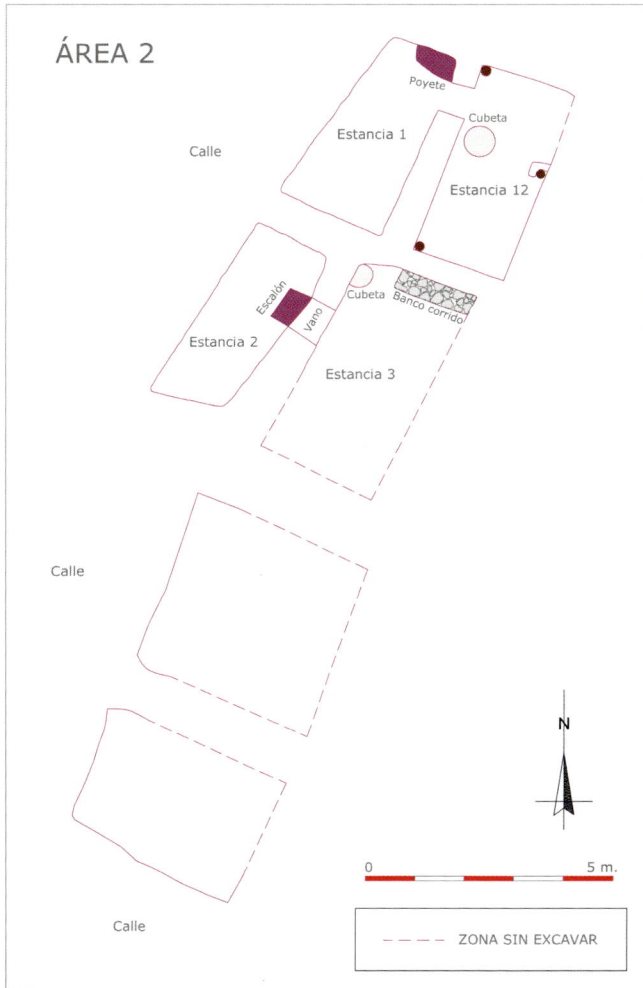

Figura 28. Planimetría de la primera fase del *oppidum*.

Castellar de Meca (Ayora), El Molón (Camporrobles) o Los Morenos (Requena).

En definitiva, únicamente conocemos una parte de este interesante entramado rupestre, patrón de asentamiento urbano que ha sido documentado en otros yacimientos peninsulares del mismo período como Contrebia Leucade (Hernández, 2003: 64-65) o Turiaso (García Serrano, 2003-2004: 127), cuyo momento final está fechado en Titulcia a finales del siglo IV-principios del III a. C. por la presencia de algunos fragmentos de cerámica de barniz rojo.

Hay más indicios de esta fase rupestre en otras partes del *oppidum*, por lo que la futura investigación podría centrarse en este aspecto, sin olvidarse tampoco de las cuevas horadadas en el frente del escarpe rocoso que se asoma al valle del Jarama, con las que seguro tuvo mucho que ver. De hecho, la proximidad entre

---

2. Dos de ellas, la n.º 3 y la n.º 12, no están completamente excavadas por tener encima niveles de época posterior aún sin excavar. Y más al sur se documentaron indicios de otras dos posibles estancias que también están cubiertas por niveles posteriores.

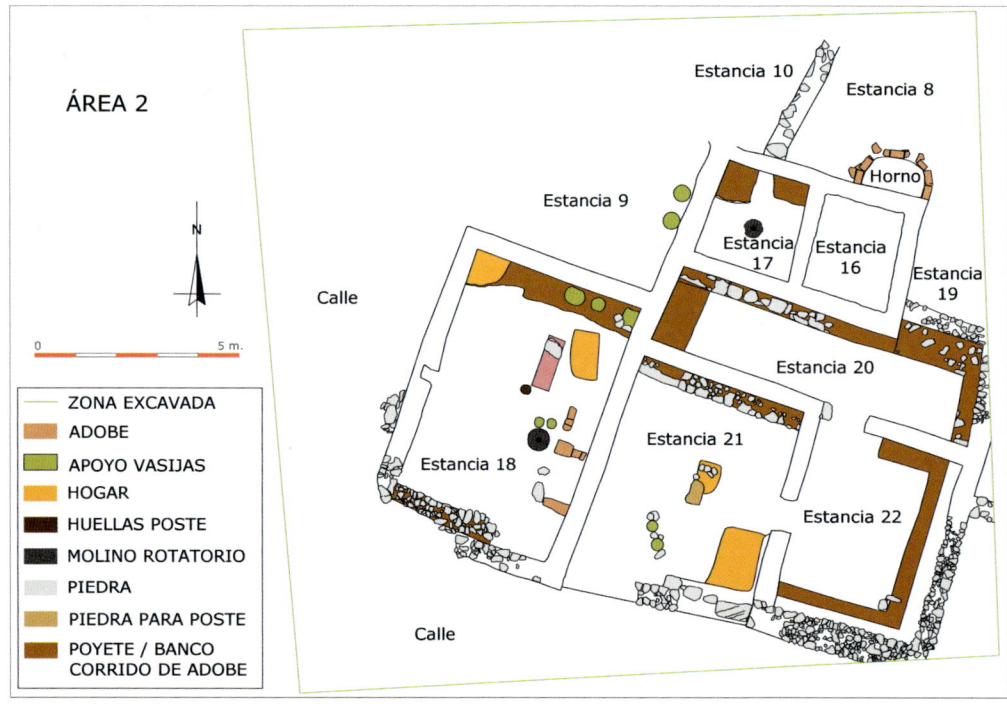

Figura 29. Plano del centro productivo. Fase III (Área 2).

Figura 30. Fotografía general de la estancia n.º 17, en la que se aprecian dos poyetes.

asentamiento amurallado y cuevas es un fenómeno frecuente que ha sido constatado en otros asentamientos de la Edad del Hierro de la región como Los Castrejones (Colmenar de Oreja), el Cerro de la Horca (Fuentidueña de Tajo) o el Cerro de la Gavia (Urbina, 2014: 222).

Sobre esta primera etapa, ya tapada y amortizada, se diseñó una configuración distinta del poblado, en la que se creó una nueva plataforma explanada y acondicionada para un tipo construcciones muy diferentes, en las que las estructuras fueron levantadas con muros de adobes y zócalos de mampostería con piedras

yesíferas de la zona y cuya orientación varió con respecto a los del período anterior. Estas forman parte de la segunda fase constructiva del *oppidum*, de la que apenas hay datos en estos momentos porque es muy poco lo documentado sobre ella hasta la fecha.

Seguramente muy cercana en el tiempo, y superpuesta estratigráficamente sobre esos muros, se ejecutó una reestructuración urbanística general del poblado donde se aprecia otra vez un giro de las estructuras, que rotan ligeramente hacia el este y presentan una orientación norte-sur. Desconocemos las causas que lo provocaron, ya que no sabemos si fue debido a una destrucción previa o si responde a nuevas necesidades creadas por el propio desarrollo socioeconómico del hábitat.

Los muros se realizaron también sobre zócalos de mampostería local y alzados de adobe o tapial que configuraron nuevos espacios con un trazado casi ortogonal. Dichas estructuras son todas de forma cuadrangular o rectangular y presentan diferentes tamaños, pues sus medidas varían enormemente. La secuencia estratigráfica documentada en todas ellas nos remite primero al uso de un ámbito productivo y, posteriormente, a una destrucción repentina y violenta con un incendio que conllevó el hundimiento de la techumbre, el derrumbe de sus muros y el sepultamiento de todo su contenido.

Al norte se encuentran las dos estancias más pequeñas —n.º 16 y n.º 17—, que tienen una planta más o menos cuadrangular con similares proporciones (unos 5,5 m² cada una) y están separadas entre sí por un muro medianero realizado con hiladas de adobes que tiene una altura conservada de 52 cm.

En el centro de la estancia n.º 17 apareció directamente sobre un suelo, realizado con mortero de cal y arena, la piedra superior móvil de un molino circular rotatorio que todavía conservaba encima semillas de grano carbonizadas y junto a él una mano de moler de cuarcita, prueba inequívoca del último uso de esta sala.

El espacio interior es muy pequeño y constreñido por la existencia de dos poyetes o superficies de trabajo de forma cuadrangular que estaban adosados al muro norte. Fueron realizados con un zócalo de piedras irregulares y adobes encima, seguramente para manipular la materia prima resultante de la molienda. Numerosos objetos de metal se hallaron juntos sobre el que está situado al este: una navaja de hierro con la hoja recta y el enmangue de hueso, una pequeña hoz de hierro, dos pinzas de bronce (unas lisas completas y otras caladas incompletas de tipo ibérico), una espuela rígida de placa de bronce, dos fíbulas de bronce (una anular hispánica y otra de La Tène II), una contera de hierro y varios eslabones en forma de 8 de una cadena de hierro.

En la estancia n.º 16, contigua a la anterior hacia el este, se documentaron los restos de un pequeño horno semicircular realizado con adobes y adosado, por el exterior, al muro norte de esta, cuya boca debía comunicar con el interior. En el suelo de la habitación se localizaron 44 fragmentos de cerámica con tendencia circular y diversos tamaños, recortados

intencionalmente, si bien se han encontrado muchos más en el entorno cercano. Esta acumulación nos recuerda a varios conjuntos encontrados en la Península, como el de Izana (Lorrio, 1997: 141) o El Amarejo (Broncano, 1989: 106-108).

Al sur de estas dos estancias se ubicaba la n.º 20, alargada y estrecha, que tiene forma rectangular y unas dimensiones de 2 × 7,80 m. El suelo está realizado con un mortero de cal y arena y se han identificado tres bancos o poyetes adosados a los muros: uno al norte de la estancia, realizado con mampuesto de piedras de yeso y mortero de tierra; otro al este, con adobes trabados con barro, y un tercero adosado al muro oeste construido con tapial y adobes, dispuestos sobre una base de piedras.

La secuencia estratigráfica de esta estancia ha sido muy exigua y contrasta bastante con lo aparecido en el resto de las habitaciones contiguas, si bien es cierto que su suelo de uso está a una cota menos profunda

Figura 31. Detalle de la extracción de las pinzas caladas. Poyete este de la estancia n.º 17.

Figura 32. Horno adosado por el exterior a la estancia n.º 16 (centro productivo).

Figura 33. Momento de aparición de un plato casi completo en la estancia n.º 21 (n.º inv. 13-13-133-5).

que el resto. Tan solo se han recuperado algunos fragmentos de tonel y cerámica de cocina.

El umbral de esta se documentó hacia el sur y tenía un bloque de piedra más o menos escuadrado en uno de sus lados, dando acceso a la estancia n.º 22, de planta rectangular y con unas dimensiones de 3,60 × 4,70 m. A diferencia de las anteriores, esta sala no se ha excavado íntegramente y solo se ha actuado sobre el nivel de amortización final de la estancia, esto es, sobre el derrumbe de la techumbre y los muros, hallándose una fíbula de bronce y hierro. Aun así, se aprecia en su interior una bancada realizada con adobes que, adosándose a los zócalos perimetrales de la estancia, circundaba sus frentes norte, este y sur, dejando libres los umbrales entre esta estancia y las colindantes.

Por el corte estratigráfico realizado en un segundo vano que daba acceso a la estancia por el oeste se puede apreciar, bajo el nivel de derrumbe, un estrato grisáceo de escasa potencia apoyado sobre un suelo de mortero de cal-yeso y arena, igual al documentado en las estancias adyacentes.

A través de ese vano abierto en el centro del muro oeste se accedía a la estancia n.º 21, de planta cuadrangular y con unas medidas de 4,35 y 4,70 metros de longitud. Estaba alineada y daba acceso a una de las calles del poblado por una entrada ubicada en su esquina suroeste. En su interior se han identificado restos de un suelo realizado de igual forma que en los demás ambientes a base de mortero de yeso, cal y arena, y sobre el que se encontraron diversos recipientes cerámicos aplastados por el derrumbe.

Adosado a lo largo de todo el muro norte de la estancia se ha documentado un banco corrido, realizado con mampuestos y bloques de piedra de yeso y caliza, que presentaba un alzado conservado de 50 cm en su lado más alto.

En la parte central de la estancia se han podido exhumar los restos de un apoyo realizado con una piedra caliza escuadrada de forma pseudorrectangular, que serviría como base del poste o viga de madera que sustentaba la estructura de cubierta de la habitación. Adosado a esta basa pétrea se han identificado los restos de un hogar, construido mediante una pequeña plataforma muy compacta de arcilla con indicios de rubefacción, y junto a este conjunto se localizaba otro hogar más pequeño de características análogas.

Hacia el suroeste de la estancia y junto a un posible nivel de reparación de suelo, se identificaron los restos *in situ* de tres grandes contenedores de cerámica, sujetos y estabilizados mediante tres pequeñas

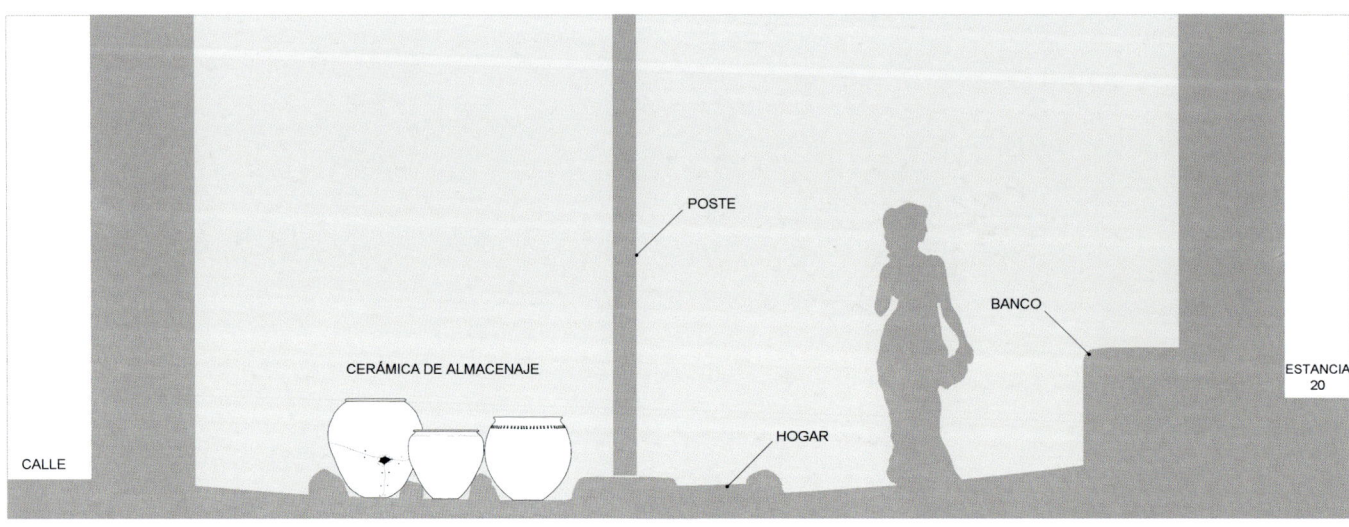

Figura 34. Reconstrucción de la estancia n.º 21 del centro productivo.

estructuras de piedra y argamasa, que harían la función de calzos. En este mismo ambiente, en la esquina noreste, apareció también un plato casi completo con decoración geométrica pintada de anchas bandas concéntricas en el interior.

Por último, en la esquina sureste de la sala se documentaron los restos muy arrasados de un tercer hogar, realizado con varios adobes y niveles de arcilla, dispuestos directamente sobre el nivel de suelo de uso.

Para terminar con esta área, debemos mencionar la estancia n.º 18, la mayor de todas y, con diferencia, la más interesante. También presenta una forma rectangular y tiene unas dimensiones de 4,4 × 7 m. Dentro de ella se ha documentado una fase de expolio, que ha destruido parte de los depósitos que rellenaban el interior de la habitación. Reúne una serie de estructuras auxiliares, como un banco corrido pegado al muro sur, junto a la entrada, otro banco adosado a lo largo de todo el muro norte de la estancia —sobre el cual se han documentado las huellas de los recipientes— y un hogar en la esquina noroeste. Hay un segundo hogar, fabricado con una base de arcilla muy compacta, en la parte noreste de la sala junto a un muro medianero en

Figura 35. Vista general de la estancia n.º 18 durante el proceso de excavación.

su lado oeste que divide esa parte de la sala en dos, y, finalmente, los restos de dos posibles estructuras fabricadas con adobes y algún mampuesto, relacionadas con el trabajo de molienda, y que podrían ser calzos para sustentar algún elemento mueble, quizás cestos o unas artesas para acumular los cereales o el producto resultante de la moltura.

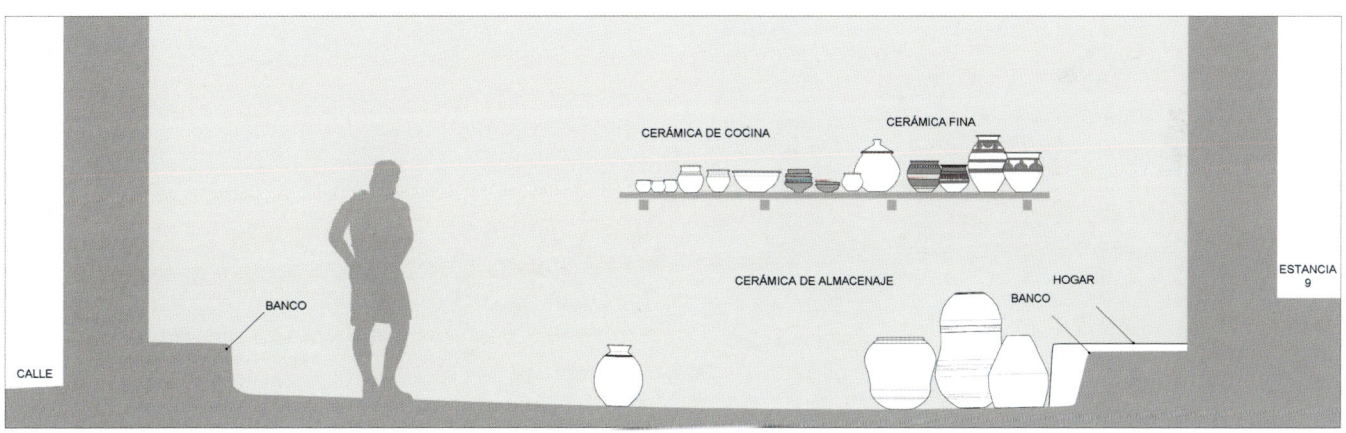

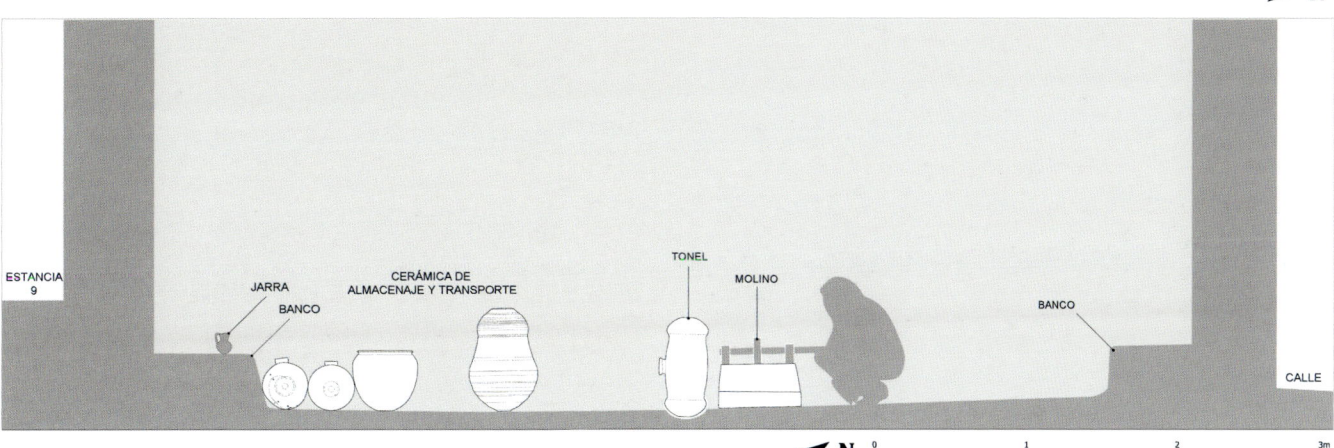

Figura 36. Reconstrucciones de la estancia n.º 18 del centro productivo.

Figura 37. Detalle del hallazgo de una hoz de hierro completa.

Figura 38. Vista de la fase rupestre localizada junto al muro oeste de la estancia n.º 18.

Se ha podido distinguir perfectamente el último momento de utilización de la estancia, una vez abandonada y antes de que fuera destruida, ya que se han hallado numerosas piezas entre las que destacan varios toneletes, tinajas de gran tamaño, cuencos, una

jarrita, herramientas para el trabajo en el campo (una gran hoja de hoz y una podadera, ambas de hierro), cuatro fusayolas, dos campanas o cencerros de hierro, una abrazadera de hierro, una punta de lanza, más de un centenar de astrágalos o tabas (seis de ellos con un agujero), elementos de atrezo personal (tres fíbulas de bronce y dos agujas de hueso, una fragmentada, decoradas con incisiones geométricas como adorno para el pelo), así como un molino rotatorio que conserva sus dos piezas —la inferior fija o *meta* y la superior o *catillus*, que giraría sobre la primera— y en cuya superficie activa conservaba semillas carbonizadas. Junto con todos estos objetos, además existían copiosos depósitos formados por restos de granos carbonizados.

Al terminar de excavar esta estancia, pudimos documentar, en el exterior y a lo largo de todo su muro oeste, indicios patentes de la existencia de la fase rupestre primigenia de la que hemos hablado más arriba y que se encuentra justo debajo de la etapa que ahora estamos describiendo.

Como conclusión, y tras un análisis en conjunto de todas estas estancias y el elenco de materiales depositado en su interior, observamos la presencia de diversos indicadores en dichos ambientes, tales como gran acumulación de cereales carbonizados, varias zonas de molienda, hogares, un horno, poyetes o superficies de trabajo, herramientas vinculadas con las labores agrícolas en el campo (hoz y podadera), así como piezas destinadas a la producción, almacenamiento y consumo de productos líquidos (jarra, páteras, toneletes y contenedores de gran capacidad), que evidencian, arqueológicamente, la manifestación inequívoca de las instalaciones, la tecnología y los materiales necesarios para que podamos hablar de un «centro productivo artesanal» de transformación de materias primas. En él, muy probablemente, se elaboraban harinas y panes con cereales posiblemente malteados, así como algún tipo de jugo o bebida alcohólica fermentada a base de cereales, hecho que futuras analíticas de restos carpológicos y de contenidos de los recipientes podrían ratificar[3].

La fabricación y consumo habitual de este tipo de bebidas (Bouby *et al.*, 2011; Crewe y Hill, 2012) tuvo un desarrollo muy temprano y era muy frecuente en el Mediterráneo, así como en el mundo celta europeo y en la Edad del Hierro en la península ibérica (Alfaro y Broncano, 1993: 134-135; Tresserras, 2000; Valiño,

---

3. No es fácil realizar un análisis eficaz para detectar este tipo de bebida porque, hoy en día, existe una controversia en torno al indicador característico de esta —el oxalato de calcio—, ya que es poco fiable por su carácter ubicuo en la naturaleza.

Figura 39. Vista general de las estancias n.ᵒˢ 18, 20, 21 y 22.

Figura 40. Reconstrucción ideal de la estancia n.º 18 del centro productivo. Dibujo de Arturo Asensio Moruno.

Figura 41. Plano del recinto con carácter religioso. Fase III (Área 6).

2007-2008), ya que eran muy consideradas en el ámbito social, pues formaban parte de la vida cotidiana, los negocios, las celebraciones religiosas y los rituales funerarios. Así lo reflejan las fuentes escritas antiguas (Plinio XXII, 164 y Osorio V, 7), que hablan de la fabricación y consumo generalizado por parte de las comunidades prerromanas peninsulares de unos jugos denominados *cerea* (hecho con cebada) o *caelia* (hecho con trigo). Su presencia en Titulcia nos hace suponer que su consumo pudo, al menos, estar relacionado con algún culto local.

Con los datos que tenemos hoy en día es imposible fijar un volumen de producción, la capacidad de almacenamiento o su posible venta. Una extensión mayor de estas estructuras arquitectónicas específicas para la elaboración de estos productos en el *oppidum* o su excepcionalidad nos darán las pautas del alcance de su producción, ya sea para un autoabastecimiento y consumo doméstico o para su comercialización externa, al igual que si se trataba de un uso comunitario o privatizado de dichos productos. Lo que sí parece quedar claro es la especialización que tenía esta comunidad en dicho proceso de elaboración.

3.2. Área 6

Este segundo sector excavado ha aportado igualmente datos relevantes sobre la estructura interna del *oppidum* y la vida cotidiana de su población. Se trata del recinto donde se encontró enterrada la *phiàle* de plata y se caracteriza por ser una zona más compleja y distinguida que la anterior, con amplias estancias y presencia de objetos muy valorados por su fabricación, si bien casi todos los materiales aparecidos en el poblado denotan una manufactura muy esmerada.

Todavía no se ha delimitado el contorno completo del amplio edificio localizado, aunque sabemos que estaba dividido, al menos, en cuatro estancias amplias, casi ortogonales, interconectadas entre sí, cuya construcción más esmerada se centró en la estancia que consideramos principal, la n.º 4. Todo el conjunto quedó sepultado bajo un estrato de derrumbe de gran potencia que se corresponde con el hundimiento de las cubiertas, en paralelo a la caída de las paredes de adobe, y sucedió de manera repentina depositándose directamente sobre el último nivel de uso de las estancias con todos sus objetos *in situ*, aunque el desplome desplazó muchos de su lugar original.

Comenzamos con la estancia n.º 4, en la que, tras levantar todo el nivel de derrumbe, se documentó un pavimento realizado con diversas hiladas de adobes —dependiendo del desnivel del terreno— dispuestos a modo de losetas[4] que posteriormente fueron revestidos con un enlucido arcilloso de color blanco, al igual que las paredes, y parece que también rojizo en algunas zonas. Su planta es rectangular —de unos 5,30 × 3 metros— y conservaba gran parte de su contenido, aunque hemos localizado varias zanjas de expolio posteriores. En el centro de la habitación había una piedra para el apoyo de la viga de madera que sustentaba la cubierta y, a lo largo de sus muros este y oeste, se conservaban todavía algunos huecos con las huellas de las bases de los recipientes cerámicos que se dispondrían junto a las paredes.

Al sur de esta y junto a la puerta, se localizaron los restos de un posible hogar —seguramente delimitado con adobes— que estaba muy destruido por el derrumbe y afectado en parte por una gran zanja de expolio. Junto a él, se encontraban volcadas una gran trébede o trípode y una parrilla —ambas de hierro—, pero en muy mal estado de conservación a causa del fuego. Ejemplares parecidos de parrilla se han hallado en núcleos de población cercanos, como El Llano de la Horca (Santorcaz, Madrid), o más alejados, como en Libisosa (Lezuza, Albacete); y de trébede en las necrópolis de La Osera (Chamartín de la Sierra, Ávila), Las Cogotas (Cardeñosa, Ávila) y El Castillo (Castejón, Navarra), entre otros. Estos objetos gozaban de un alto prestigio y como tales eran utilizados en los banquetes aristocráticos para sostener el recipiente que contenía la bebida alcohólica (Faro Carballa, 2015: 87). Desde el punto de vista funcional, por su construcción y por los materiales hallados en él, debió de ser un hogar con cierto carácter ritual.

Asimismo, en la zona del hogar aparecieron restos quemados de cestos realizados con una materia prima perecedera —seguramente de esparto—, cuyo interior estaba lleno de semillas carbonizadas de trigo y cebada[5]. Y, distribuidos por toda la estancia, se encontraron utensilios muy diversos, entre los que podemos mencionar vasijas finas con decoración pintada

Figura 42. Suelo de la estancia n.º 4 con una piedra central para sustentar un poste.

Figura 43. Restos de un hogar con una trébede y una parrilla, volcadas por el derrumbe de la estancia n.º 4.

Figura 44. Detalle de un cesto de esparto y semillas carbonizados encima de una cerámica recortada.

---

4. Pavimentos de adobes se han localizado en diversos yacimientos peninsulares. De hecho, en El Tossal de Sant Miquel de Llíria apareció en una estancia de un gran recinto sacro (Bonet, 1995: 100). En el entorno más cercano, cabe mencionar Cerro Redondo en Fuente el Saz de Jarama (Madrid). Otros ejemplos serían Plaza de Moros (Villatobas, Toledo), El Oral (San Fulgencio, Alicante) y el Coll del Moro (Gandesa, Tarragona), en los que aparecieron en estancias adosadas a la muralla.

5. Las semillas han sido analizadas y estudiadas por la Dra. Leonor Peña Chocarro, del Instituto de Historia del CSIC.

Figura 45. Detalle de parte del suelo de adobes de la estancia n.º 4, donde se apoya la piedra de forma triangular.

Figura 46. *Phiàle mesómphalos* de plata sobredorada hallada en el *oppidum* de Titulcia.

e impresa, algún vaso caliciforme, un plato de barniz rojo, fragmentos de una jarra, cuencos, grandes contenedores, ollas globulares de cocina, dos fíbulas de bronce de La Tène II (una de ellas de gran tamaño y de tipo torre), una piedra de afilar con un cuchillo de hierro encima, restos de una posible hacha de hierro, diversos eslabones de cadena de hierro en forma de ocho, un cuchillo afalcatado, abrazaderas, numerosos restos laminares de bronce, *pondera* y fusayolas decoradas. Algunos de estos objetos permanecían *in situ*,

mientras que otros parecían haber sido derribados de algún lugar en alto y estaban totalmente esparcidos por toda la estancia, lo que nos lleva a pensar que se encontraban colocados en estanterías en la pared o en un piso superior, factor indicado por el gran grosor de los muros y el potente derrumbe registrado en esta área.

Finalmente, debemos indicar la aparición, al este de la estancia, de una gran piedra con forma triangular de unos 20 cm de altura que estaba completamente quemada y cuya función desconocemos, aunque cabe suponer que tuvo que ser relevante, dada la escasez de ese tipo de piedras en el *oppidum*.

Aparte de los restos constructivos y los materiales propios de la estancia, en el suelo se documentaron tres agujeros rellenos de cenizas en torno al centro de la habitación (Fig. 42), que variaban desde los 35 a los 45 cm de diámetro y que rompían el pavimento de adobes. Los dos exteriores no contenían nada, pero al vaciar el del centro, observamos que atravesaba completamente el suelo hasta llegar incluso a horadar toscamente un hueco en el terreno natural. Al retirar parte de ese suelo[6], vislumbramos la presencia de un objeto de metal que fue depositado boca abajo. Al extraerlo comprobamos que se trataba de una *phiàle* de plata, casi completa y posiblemente envuelta en una pieza de tela, pues entonces se apreciaban restos adheridos de tejido en su parte posterior (Valenciano y Polo, 2017). En el momento del hallazgo, la pieza presentaba restos de una coloración violácea en la zona del *omphalos*, pero analíticas posteriores han demostrado que esa tonalidad era debida a la costra de corrosión de cloruro de plata que fue acumulando la pieza a lo largo del tiempo.

El muro sur de la estancia estaba completamente expoliado, pero aun así se pudo documentar un vano que comunicaba con la n.º 3, que presentaba un notable deterioro de sus estructuras constructivas, prácticamente arrasadas por inmensas zanjas de expolio, ya fuera para la obtención del material constructivo (adobes deshidratados y endurecidos por el fuego reutilizables para nuevas construcciones) o por el saqueo de materiales arqueológicos existentes en su interior.

A pesar de esa intensa rebusca para la obtención de elementos constructivos y objetos metálicos, hemos documentado parte de un muro seccionado que mantenía hasta algo más de seis hiladas de adobes

---

6. Debajo del suelo se apreciaron también indicios de una posible ocupación rupestre en esta zona del *oppidum*.

cortados que alcanzaban una altura conservada de 40 cm, pero únicamente en la cara que daba al interior de la estancia, en cuya estructura se podían apreciar todavía restos de un revestimiento de textura arcillosa de color blanco e incluso rojizo.

La sala conservaba parte de un pavimento arcilloso muy deleznable, aunque endurecido por la acción del incendio. Sobre él apareció el esqueleto de un perro, que debió de estar encadenado por el cuello al muro oeste —donde apareció anclada la argolla de enganche— con una cadena de hierro de eslabones en forma de ocho. A escasos centímetros del animal, se hallaron dos ollas completas de pequeñas dimensiones que posiblemente le servirían para poder beber y comer.

En el interior de la estancia se han documentado también la mitad de un gran contenedor cerámico *in situ* —seccionado por una de las zanjas de expolio—, diversas vasijas de cerámica, una campana o cencerro de hierro, un *pondus*, una fusayola, esteras, cuerdas trenzadas y restos de cestos realizados con materia vegetal (algunos contenían semillas carbonizadas) —de los que solo quedan las huellas debido al incendio— y varios objetos de hierro, así como varios toneles de grandes dimensiones completamente aplastados. La presencia de estos toneles está ligada al almacenamiento de líquidos que, en nuestro caso, debe de tratarse seguramente de la bebida fermentada de cereales que se elaboraba en el centro productivo.

No se ha podido localizar el muro perimetral de cierre de la estancia por el sur, lo que nos está indicando las grandes dimensiones de esta. Pero el problema que se plantea, de cara a futuras excavaciones, es que apenas se puede continuar abriendo por esa zona porque nos acercaríamos demasiado al muro trasero de las viviendas del caserío actual, con el peligro que ello conllevaría.

Al norte de la estancia n.º 4 y levemente por encima de esta se encuentra otra estancia de similares dimensiones, la n.º 5. Pensamos que no tenía ninguna división con la estancia n.º 4 porque no hemos localizado restos de muro ni del derrumbe y, por tanto, creemos que podría accederse a esta mediante un pequeño escalón realizado con adobes que estaría situado en la esquina noroeste. Esto mismo sucede en el acceso norte de la n.º 5 hacia la n.º 2, que está también algo más elevada que esta. Estos espacios están construidos a diferentes cotas debido a la pendiente natural que presenta el relieve del lugar.

Leves indicios de yeso podrían inducirnos a pensar que tuvo algún tipo de revestimiento interno como la

Figura 47. Detalle del alzado y zanja de expolio del muro este de la estancia n.º 3 (Área 6).

Figura 48. Esqueleto de un perro que estaba encadenado al muro oeste de la estancia n.º 3.

n.º 4, si bien este se encontraba muy perdido en el momento de abandono de la estancia. Presentaba dos apoyos centrales para los pilares que sustentaban la techumbre y su contenido estaba muy alterado, pues

Figura 49. Consolidación in situ del conjunto de metales hallados en la estancia n.º 2, a cargo de Javier Casado (Dpto. de Conservación y Restauración del Museo Arqueológico Regional de la Comunidad de Madrid).

presentaba innumerables bioturbaciones provocadas por diversas madrigueras de conejos. Aun así, se han documentado abundantes vasijas de cerámica fina y muy bien acabadas con decoraciones pintadas y, en ocasiones, combinadas con impresiones de estampillas, caliciformes, cuencos, platos, ollas, grandes contenedores y un pequeño tonel con decoración pintada de bandas rojizas. Asimismo, se han encontrado fragmentos de cerámica de cocina pintados con retículas, fusayolas, abrazaderas, semillas carbonizadas junto a restos de cestería, esteras y cordelería trenzada.

La última estancia de este recinto es la n.º 2, que no está completamente excavada, pero que ha aportado datos tremendamente interesantes. Como hemos comentado anteriormente, se accede a ella desde la anterior mediante un escalón realizado con adobes. Al igual que ocurre en todas las estancias, hay también acopio de granos carbonizados, aunque esta vez además se documentan dos molinos: uno circular rotatorio y otro barquiforme, con la mano de moler junto a él.

En su esquina noreste hemos recogido un conjunto excepcional de más de cuarenta elementos metálicos de hierro y bronce de diferente morfología, así como listones cilíndricos de madera carbonizada que parecen corresponder a varios objetos. Algunos restos podrían ser refuerzos en hierro, pero también hay parejas de elementos ornamentales realizados en bronce —tubos cilíndricos huecos, remates y placas decoradas con elementos vegetales curvos y clavos transversales— que pudieron pertenecer a un mueble realizado con listones de madera ensamblados.

Justamente delante de la entrada norte de esta estancia apareció una piedra calcárea circular que serviría de apoyo a un pilar, pero poco más podemos añadir, porque el límite de la excavación se quedó precisamente en ese punto. Por el exterior, junto a la esquina noreste de la estancia, se exhumó una cubeta rectangular revocada con mortero de color blanco, similar a otras documentadas en el *oppidum*.

Hemos de apuntar que debajo de las estancias de este edificio se han documentado también huellas de restos excavados en el sustrato geológico yesífero que seguramente pertenezcan a la fase rupestre previa, pero para documentarlo de manera adecuada sería necesario levantar y destruir toda esta última fase que acabamos de describir.

En resumen, tras el análisis minucioso del continente y del contenido, estamos ante un posible recinto de carácter religioso que se puede corresponder con un santuario urbano o, probablemente, un edificio residencial con un rango especial y cierta distinción que aunaba la zona habitacional junto con un área de culto doméstico en su interior. Estaba cercano a la puerta principal de entrada al *oppidum* y se materializó con un edificio muy imponente de planta rectangular irregular de casi 19 metros de longitud, levantado sin trinchera o zanja de cimentación, sino directamente sobre la roca natural, previamente regularizada (aunque con una ligera pendiente hacia el oeste) para afianzar las paredes de adobe asentadas sobre ella o sobre zócalos de mampostería local.

Estuvo compartimentado en, al menos, cuatro grandes estancias, entre las que destaca la estancia n.º 4, puesto que presenta una serie de factores que la diferencian de las demás: la excelencia de sus características constructivas, que no se observan en otras partes del *oppidum* —como son un mejor y más cuidado acabado de las paredes internas, revocadas en color blanco, y un enlosado de adobes también en blanco y rojo—, o la presencia de un hogar y bienes sacros o de lujo que, por su naturaleza ostentosa, indudablemente no eran de uso cotidiano: *phiàle*, trébede, parrilla, plato de barniz rojo... Todo ello dota a este espacio de cierto prestigio con respecto al resto, por lo que pudo ser un lugar singular o capilla destinado a celebraciones sagradas comunales de culto, posiblemente concernientes a los ritos iniciáticos de paso de los jóvenes en los que adquieren un nuevo rol en la vida social y con los que se relaciona una liturgia vinculada con el uso de bebidas alcohólicas (Almagro Gorbea y Moneo, 2000: 53). Se trata de una ritualidad de carácter privado o elitista, ya que banquetes y bebidas alcohólicas estaban normalmente restringidos —al menos su producción y consumo— y en ellos se utilizaban vasos específicos, como sería

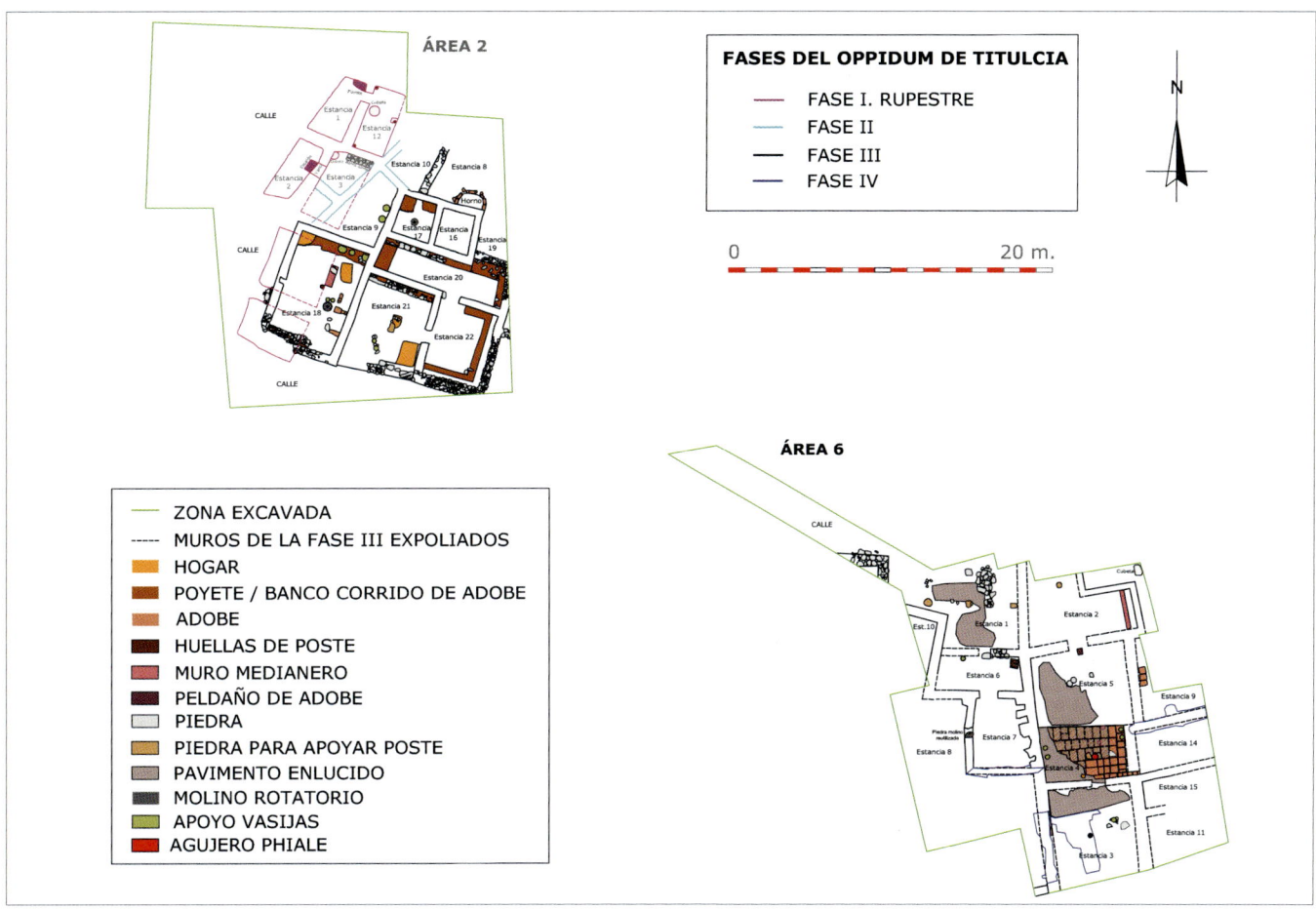

Figura 50. Planimetría completa del *oppidum*.

el caso de la *phiàle*[7], que eran signos de distinción y rango social muy elevados.

No estamos ante una tipología arquitectónica que se corresponda con ningún módulo estructural tipificado de santuario. De hecho, tal vez se trate de un conjunto arquitectónico cuya estructura constructiva sea más amplia y compleja, pero para ser más precisos es necesario llevar a cabo una excavación más extensa en esta zona para poder identificar bien su entrada y sus muros perimetrales y, a su vez, averiguar si las estancias que están colindando con él, al este y al oeste, están asociadas y forman parte del mismo recinto o si estuvo integrado entre otras estructuras domésticas.

Hay que destacar la extraordinaria densidad de objetos encontrados en todos los ambientes, ya estén íntegros, aplastados o esparcidos tras el tremendo derrumbe y que, gracias a que sus moradores no se los llevaron consigo, contribuyen a comprender mejor la organización interna y el uso de las estancias.

En cuanto a la trama urbana general del interior del *oppidum*, se puede avanzar que parece estar rigurosamente planificada con construcciones de planta casi ortogonal, lo que optimizaba el espacio y era reflejo de la evolución de la sociedad que lo habitaba. Sin embargo, es muy aventurado, en la actualidad, intentar hacer una mayor descripción de su configuración general, puesto que todavía no hay zonas amplias de excavación y esta cuestión deberá abordarse con más garantías cuando se realicen nuevas excavaciones en extensión en otras zonas del asentamiento.

4. LOS MATERIALES ARQUEOLÓGICOS

Del amplio y heterogéneo repertorio de objetos extraídos durante las excavaciones se desprende un

---

7. Es interesante resaltar aquí que la *phiàle* debió de estar relacionada con la libación-ingestión de una bebida alcohólica elaborada con cereales fermentados más que con el uso del vino. Este hecho parece corroborarse por la presencia de un posible centro de procesado y elaboración de estos líquidos en el interior del *oppidum*.

doble circuito de intercambios con una confluencia y asimilación de ciertos aspectos culturales y materiales de procedencia diversa, tanto de filiación ibérica, sin duda más abundantes (cerámicas de barniz rojo, toneles, braserillos, pinzas, fíbula anular), como celtibérica (fíbulas de La Tène) (Madrigal y Muñoz, 2007: 259). Sin embargo, hay una presencia minoritaria de productos foráneos de manufactura griega (un asa de un *kylix* y un fragmento de un pequeño cuenco, ambos de barniz negro) e itálica (escasos fragmentos de campaniense A y varios de ánforas calenas) y, generalmente, se encuentran en niveles superficiales. Estos últimos ponen de manifiesto el contacto incipiente de las gentes del *oppidum* con el mundo romano en los momentos próximos a la implantación romana definitiva.

Todos ellos fueron protagonistas de un comercio fluido proveniente de diferentes puntos de la península ibérica, sobre todo, gracias a la perfecta ubicación geográfica del lugar en un cruce neurálgico de varias vías de comunicación principales, lo que siempre mantuvo a Titulcia en una zona muy transitada y dentro de un amplio entramado de circuitos comerciales y diplomáticos de diversa índole, los cuales facilitaron que gozara de un dinamismo comercial y cultural de gran envergadura.

No cabe duda de que Titulcia evolucionaría hasta convertirse en algo más que un simple asentamiento, y prueba de ello son las diferentes mercancías llegadas hasta aquí. Se involucró en un tráfico comercial a nivel peninsular con las principales áreas culturales del momento, entablando fructíferos contactos comerciales, y de ahí las novedades e innovaciones detectadas en el *oppidum*. Por la existencia de bienes de prestigio, seguramente se convirtió en una ciudad cosmopolita y venerable para comerciantes y viajeros dentro del polifacético mundo de la Segunda Edad del Hierro peninsular.

4.1. La cerámica

El extraordinario y abundante elenco de recipientes cerámicos encontrados en el *oppidum* de Titulcia da cumplida cuenta de las diferentes necesidades cotidianas que esta comunidad tuvo que satisfacer. Se caracterizan por ser, en su mayoría, piezas casi completas, aunque generalmente fragmentadas debido al contundente derrumbe producido por la caída de la techumbre y las paredes de adobes. Aun así, muestran un alto desarrollo técnico, y destacan, como principal

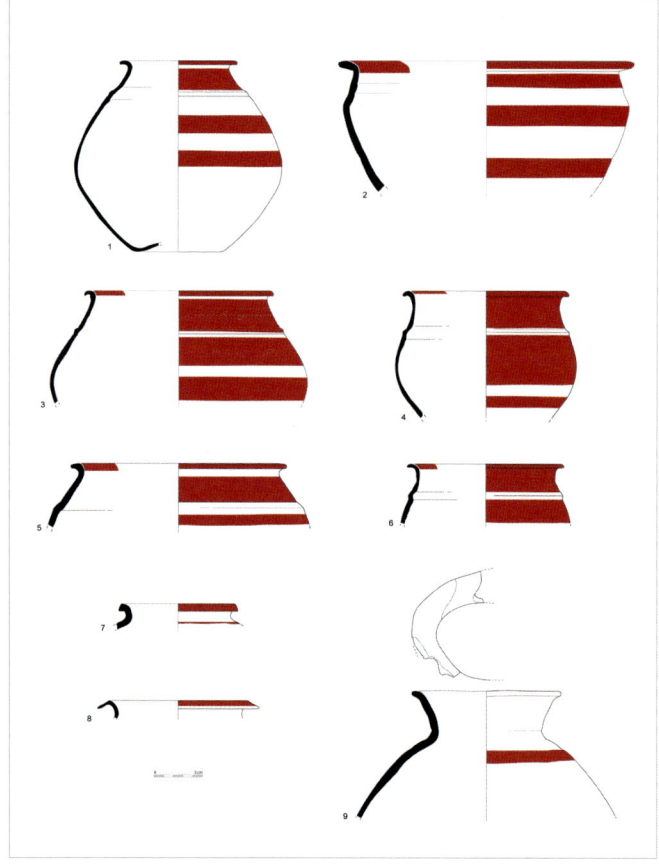

conjunto cerámico, las producciones de tradición ibérica de alta calidad, manufacturadas a torno y con las típicas decoraciones geométricas.

Existe una amplia gama tipológica según su morfología y función, puesto que hemos registrado ejemplares de diversos recipientes, tales como caliciformes, tinajas y tinajillas de perfil globular y borde exvasado, botellitas de perfil globulado, platos, cuencos, páteras, jarras, lebes, una cantimplora tubular (Fig. 54, n.º 2) y un pequeño tonel (Fig. 54, n.º 3).

Se trata de cerámicas de cocción oxidante en las que desarrollan el clásico programa decorativo pintado en color rojo vinoso con motivos geométricos, basado en la combinación de bandas anchas con otras más estrechas o de estas con semicircunferencias concéntricas, segmentos de círculos concéntricos o líneas onduladas verticales. Aunque también se han hallado ejemplares decorados con la denominada pintura jaspeada, más típica de esta zona del centro peninsular.

Otro tipo de decoración característico es la combinación de líneas y bandas pintadas con estampillas (Fig. 57)[8], de las que tenemos un amplio repertorio

---

8. La pieza n.º 11 está quemada, pero seguramente estaba pintada con bandas.

Figura 51. Tipología de formas decoradas con bandas halladas en el *oppidum* de Titulcia.

Figura 52. Tipología de platos y cuencos del *oppidum* de Titulcia.

en Titulcia representado por aspas, rosetas, retículas o puntos (Fig. 58). Esta cerámica tiene una gran tradición en la meseta sur y en la Alta Andalucía (Cerro de las Cabezas o Libisosa), aunque también es frecuente en asentamientos cercanos como El Cerrón de Illescas, La Gavia, Cerro Redondo, Arroyo Culebro o la Cueva de la Magdalena. De hecho, los alfareros carpetanos imitaron algunas estampillas, como parecen dejar claro los ejemplares hallados en el horno de La Alberquilla en Toledo (Gutiérrez *et al.*, 2007).

Por su parte, la cerámica de almacenamiento está muy bien representada por contenedores de grandes dimensiones, cuerpo odriforme y hombro redondeado, tipo ánfora, pero siempre con ausencia de asas y con bases umbilicadas (Fig. 59). Asimismo, existen toneletes (Fig. 62) y tinajas cilíndricas con y sin hombro (Fig. 60), algunas decoradas con estampillas de diferentes tipos (Fig. 61) como rosetas, aspas, puntos, rayas o con forma de sigma. Estas últimas son muy parecidas a las que aparecen sobre algunos recipientes encontrados en el horno de la Alberquilla (Toledo).

En cuanto a los toneles, hay en torno a una decena de ejemplares —todos sin asas— que pertenecen, en su mayoría, al tipo 1 de Fletcher, a excepción de un ejemplar del tipo 6 que tiene la boca descentrada (Fig. 62, n.º 6) (Fletcher, 1957: 138-139). La mayoría presentan un agujero de desagüe en la parte inferior, ya sea en el centro o en un lateral.

Hay dos ejemplares que aparecieron en la estancia n.º 3 del recinto de carácter religioso (Fig. 62, n.ºs 4 y 5) que tienen, en una de sus partes umbilicadas (en aquella más cercana al orificio de la parte baja), una pella bastante compacta y consistente realizada poscocción, en uno de los casos con arena de grano grueso y un aglutinante muy fuerte, y en el otro, con arcilla (Fig. 63). Deben de estar relacionadas con el uso del pequeño agujero de la parte baja, aunque también pudieron utilizarse para impermeabilizar bien esa zona tan frágil y así evitar que se derramase el líquido.

La penetración de toneles desde el área ibérica del Levante hacia el interior de la meseta sur comenzó entre los siglos IV y III a. C., como lo demuestran los ejemplares de Pantoja (Toledo), fechados entre mediados y finales del siglo III a. C. (Pereira Sieso, 1982: 303), el hallado en El Colegio de Valdemoro (Sanguino *et al.*, 2019), o los de El Baldío en Torrejón de Velasco (Martín y Walid, 2007: 206-207), llegando posiblemente hasta el siglo II a. C., como en el caso de El Llano de la Horca (vv. aa., 2012: 293).

Aun así, creemos que es importante destacar que, en el caso de dos ejemplares encontrados en Titulcia,

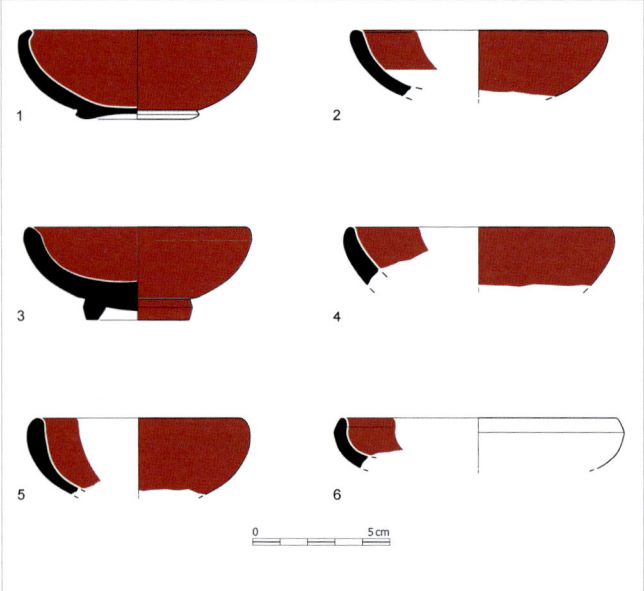

Figura 53. Tipología de páteras pintadas del *oppidum* de Titulcia.

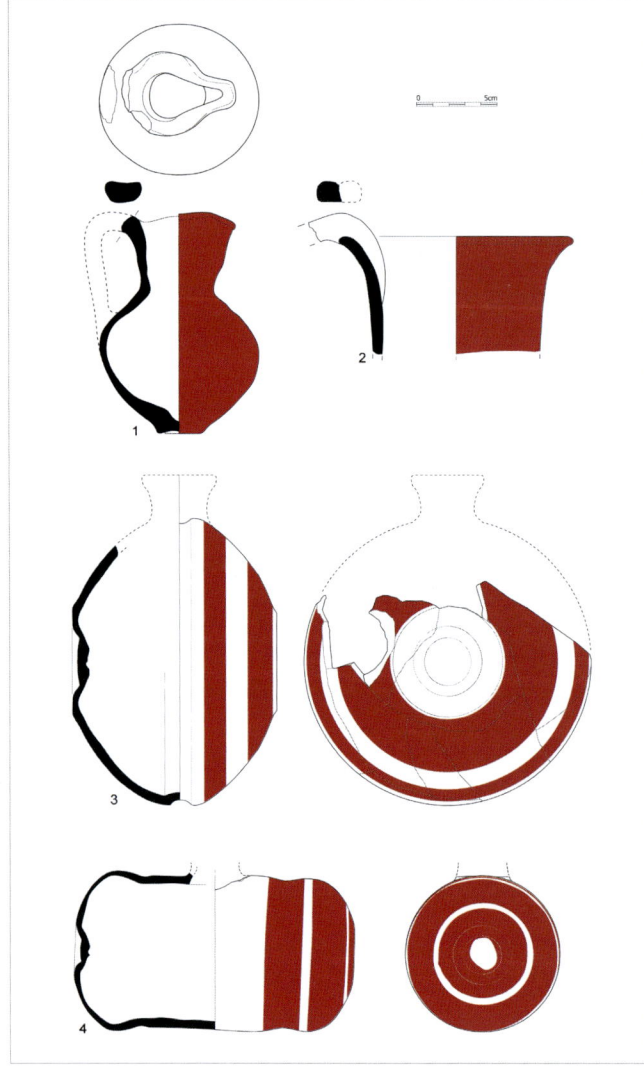

Figura 54. Jarras, cantimplora y tonelito pintados hallados en el *oppidum* de Titulcia.

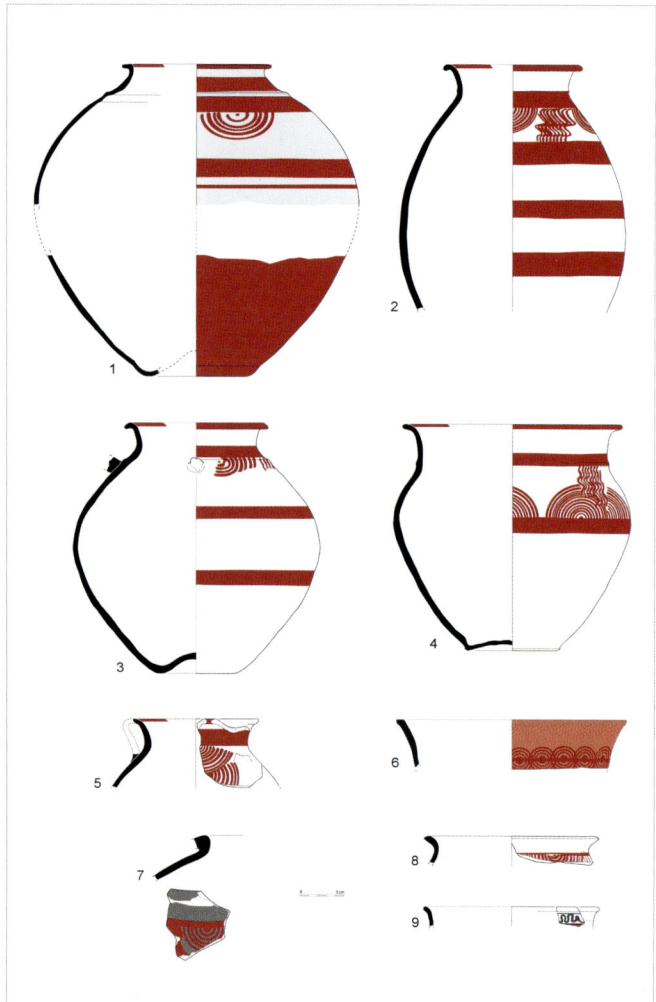

Figura 55. Tipología de cerámicas pintadas con motivos geométricos.

Figura 56. Vasija decorada con la denominada pintura jaspeada del *oppidum* de Titulcia.

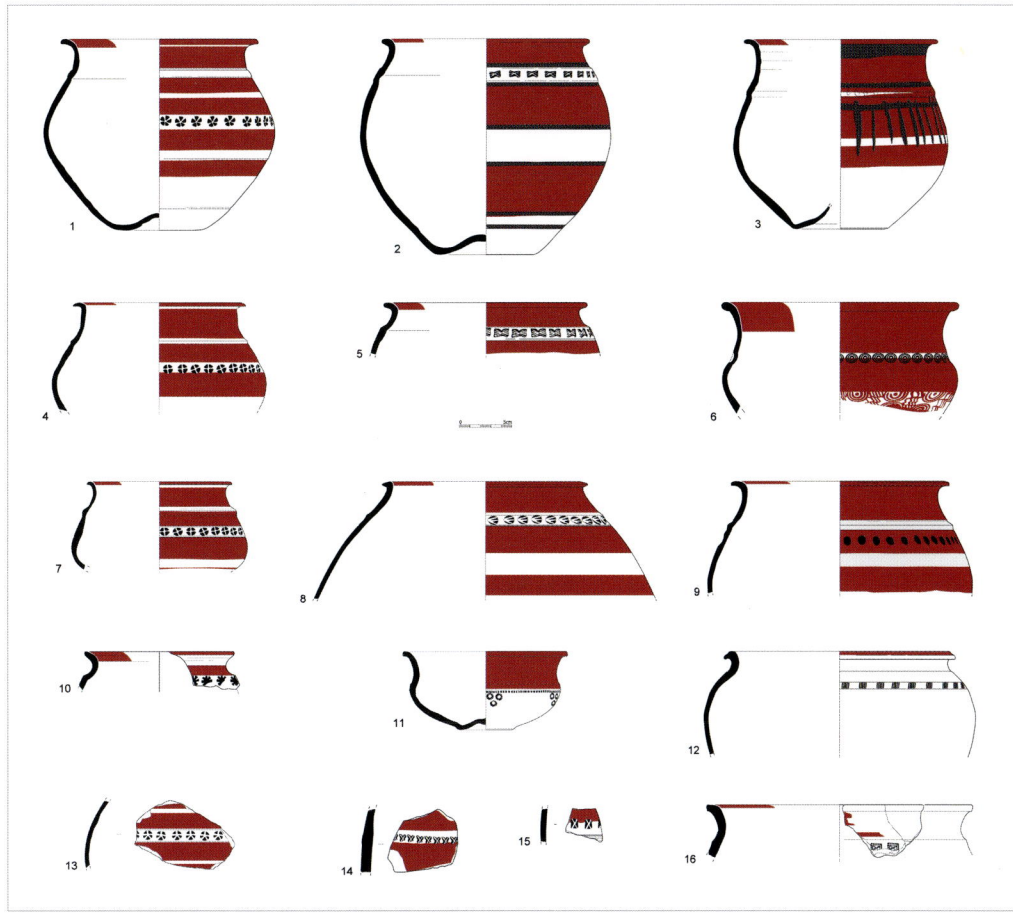

Figura 57. Tipología de cerámica fina pintada con estampillas del *oppidum* de Titulcia.

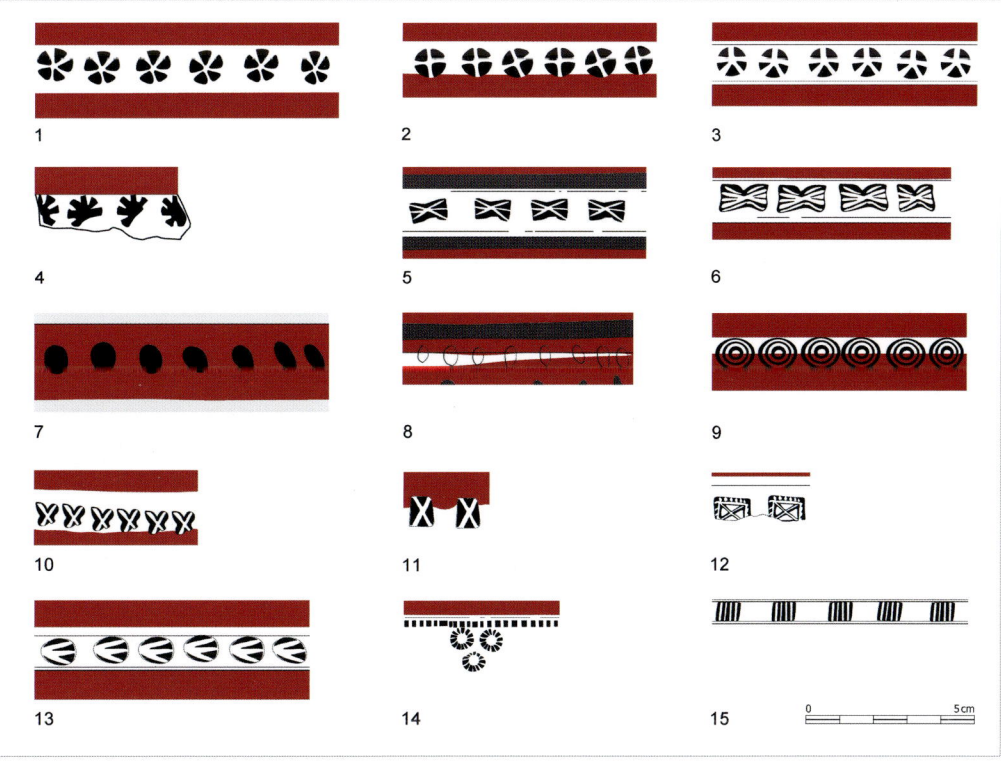

Figura 58. Tipos de estampillas sobre cerámica fina documentadas en Titulcia.

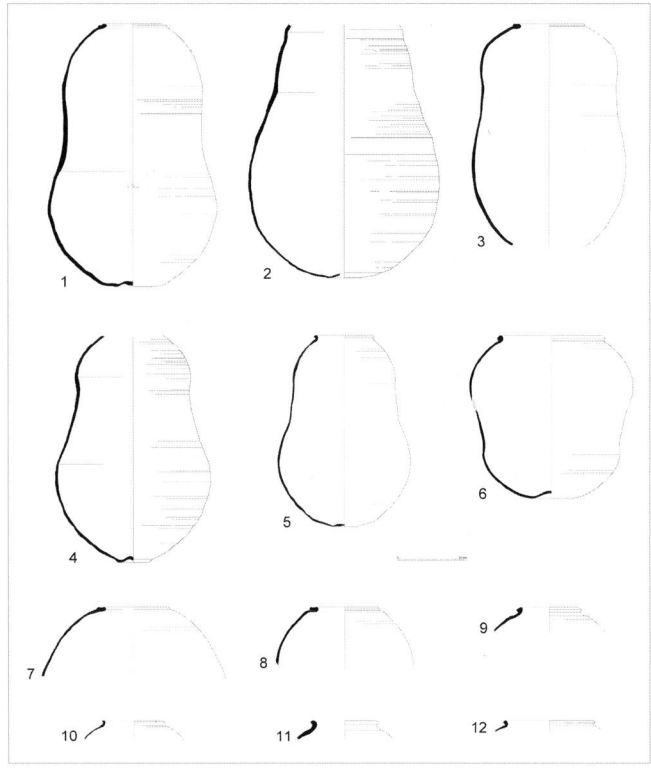

Figura 59. Tipología de grandes contenedores del *oppidum* de Titulcia.

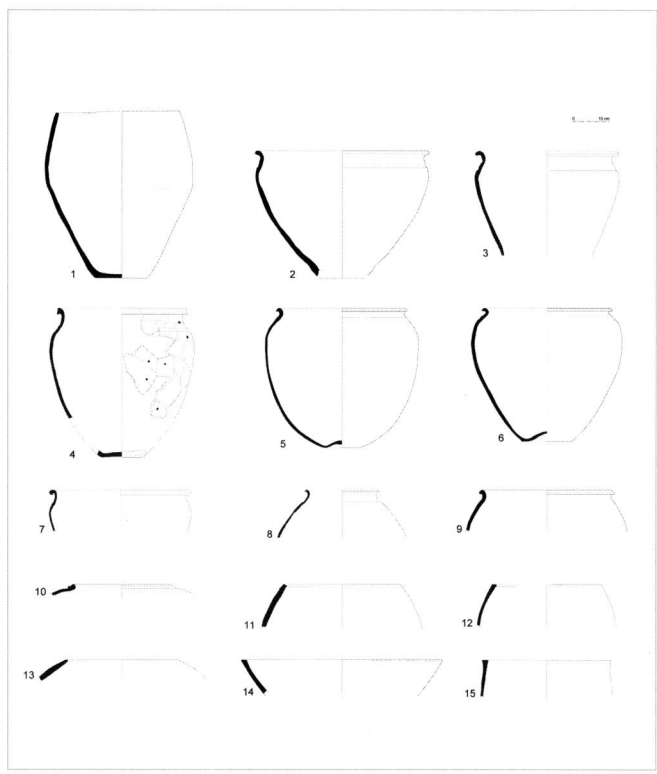

Figura 60. Tipología de grandes tinajas del *oppidum* de Titulcia.

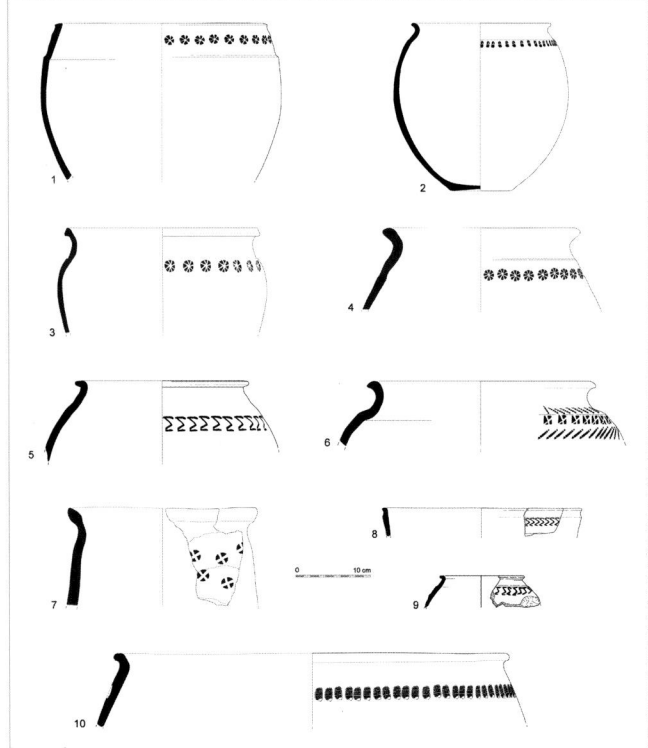

Figura 61. Vasijas de almacenamiento y cocina decoradas con estampillas.

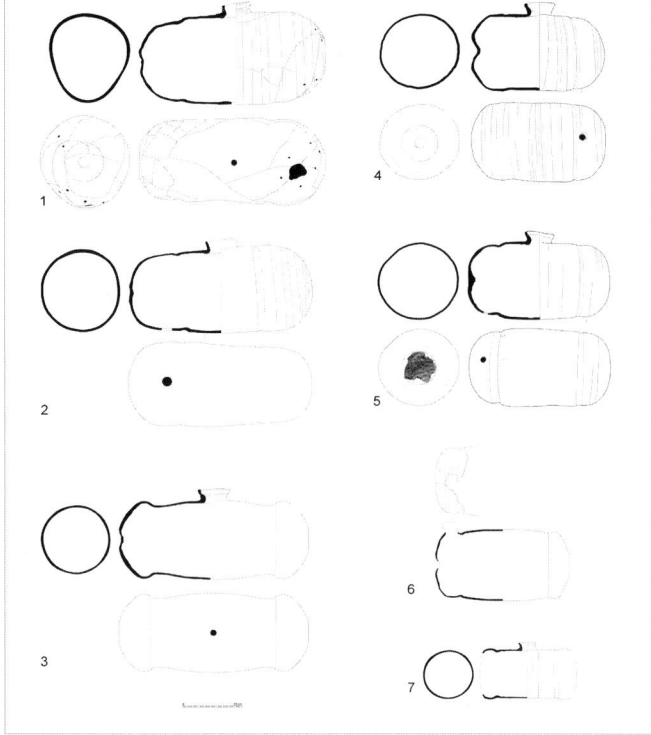

Figura 62. Tipología de grandes contenedores (toneles) hallados en el *oppidum* de Titulcia.

Figura 63. Detalle de la pella compacta en uno de los toneles.

Figura 64. Detalle de la pintura jaspeada en uno de los toneles del *oppidum* de Titulcia.

se aprecia un claro elemento diferenciador al estar decorados con motivos jaspeados (Fig. 62, n.ᵒˢ 1 y 2; Figs. 63 y 64) —fuertemente arraigados en el ámbito carpetano desde la segunda mitad del siglo v a. C.—, lo cual puede plantear la posibilidad de que se trate de una producción alfarera que fue torneada en algún alfar de esta zona del centro peninsular.

Dentro de los recipientes de menor calidad existen formas más estandarizadas, realizadas con pastas más groseras y cocción reductora, ya que están destinadas a usos relacionados con la cocina y el almacenaje. En su mayoría, son ollas o tinajas con perfil globular, borde saliente y base umbilicada o plana, si bien hay igualmente ejemplares que recuerdan formas más antiguas (Fig. 65, n.ᵒˢ 16 a 18). Suelen tener decoración de cordones o acanaladuras paralelas, aunque existen también vasijas con estampillas en la inflexión del cuello (Fig. 66). Asimismo, se han rescatado tapaderas que presentan pomos circulares anillados, y una de ellas está decorada con cuatro líneas de acanaladuras (Fig. 67).

Dentro de esta producción de cerámicas con pastas menos decantadas, se encuadran igualmente varios tipos de incensarios o braserillos incompletos con la peculiar decoración geométrica calada en forma de triángulos realizada antes de la cocción (Fig. 68). Este

tipo de objetos suelen florecer en el ibérico pleno avanzado y suelen ser muy minoritarios en los yacimientos peninsulares en los que aparece, como en el caso de El Amarejo, Liria, Kelin o Coimbra del Barranco Ancho, entre otros. Sin embargo, en el barrio iberromano de Libisosa se están documentado en todo tipo de departamentos en gran número y variedad. Por este motivo, ahora ya no se vinculan tanto con ambientes sacros, sino con espacios controlados por la oligarquía de los *oppida*, en los eran utilizados para el transporte y mantenimiento de las brasas encendidas o para el tostado de determinados alimentos, como las bellotas o las castañas

Debemos mencionar algunos ejemplares a torno del grupo de la llamada cerámica gris, como un caliciforme (Fig. 69, n.º 3), un cuenco, ollas o botellitas, producción de la que se han encontrado ejemplares en otros lugares cercanos como El Cerrón de Illescas, La Gavia y Plaza de Moros.

Existen además varios caliciformes, tanto de pastas claras como oscuras, con huellas evidentes de espatulados en la zona del cuello (Fig. 70, n.ᵒˢ 2, 3 y 5), y hay un ejemplar realizado con paredes muy finas que pertenece a la llamada cerámica gris bruñida de imitación argéntea cuyo origen es vacceo (Fig. 70, n.º 4), fruto de las estrechas relaciones existentes entre estos dos

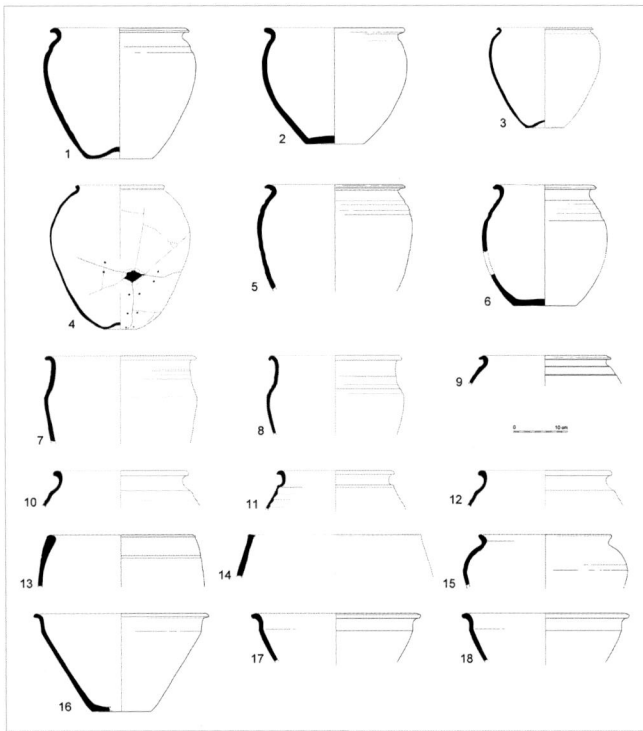

Figura 65. Tipología de vasijas de cocina de gran tamaño del *oppidum* de Titulcia.

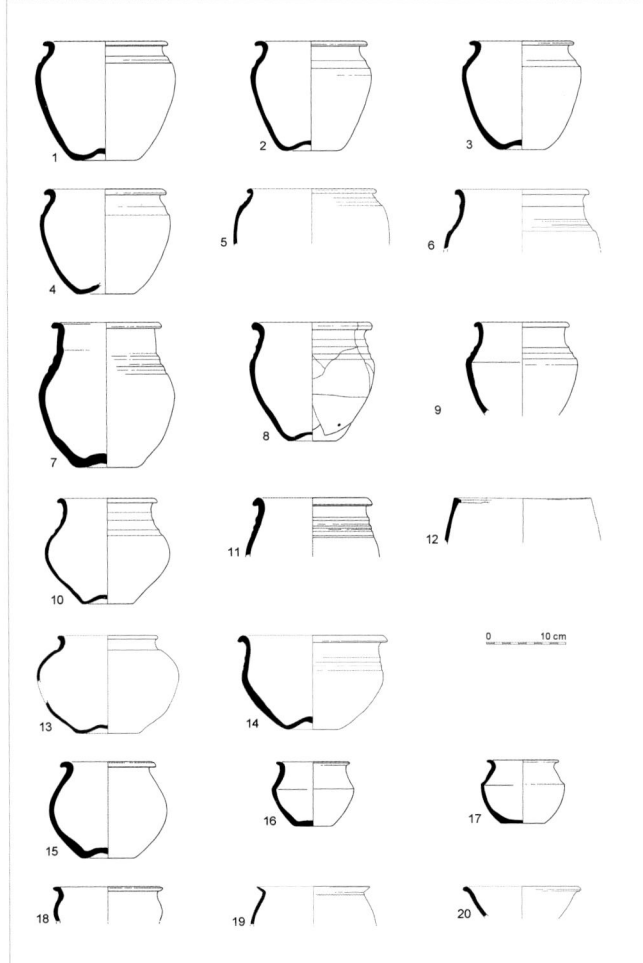

Figura 66. Tipología de vasijas de cocina de pequeño tamaño del *oppidum* de Titulcia.

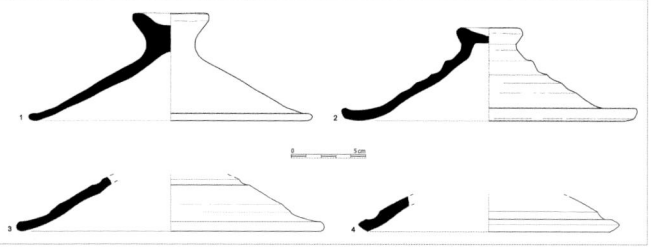

Figura 67. Tipología de tapaderas halladas en el *oppidum* de Titulcia.

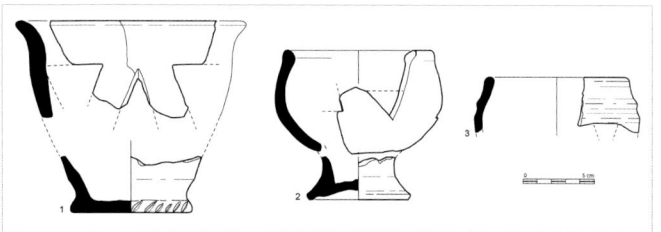

Figura 68. Tipos de braserillos del *oppidum* de Titulcia.

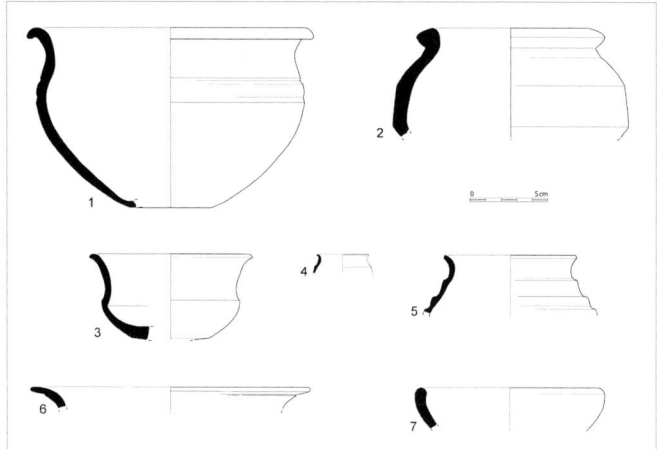

Figura 69. Tipología de cerámica gris del *oppidum* de Titulcia.

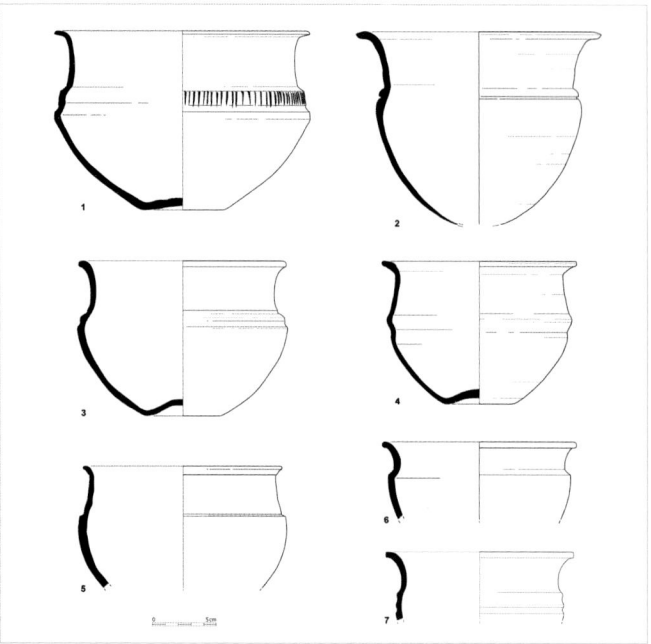

Figura 70. Tipos de caliciformes de Titulcia.

ámbitos, como se ha podido comprobar en los ejemplares hallados en el Malecón o en El Llano de la horca, si bien podría tratarse de imitaciones locales de estas.

Junto a la producción indígena aparecen escasos fragmentos de materiales exógenos que responden a un contacto con las zonas costeras de la Península y, por ende, con el mundo mediterráneo y que, seguramente, llegaron hasta aquí desde Cástulo a través de los *oppida* oretanos (Blasco y Blanco, 2014: 248). Nos referimos a la mitad de un cuenco (Fig. 71, n.º 1) y un asa de *kylix* de barniz negro ático (Fig. 71, n.º 2), importaciones cerámicas muy escasas en la zona de la Meseta, si bien se ha documentado algún ejemplar en El Cerrón de Illescas, Camino de Arrieros, Cerro Butarrón, Cerro Redondo o La Gavia.

En cuanto al barniz rojo ibérico o púnico, a diferencia de la cerámica ática es muy frecuente en la mayoría de los yacimientos de esta zona: Cerro Redondo, La Gavia o los yacimientos de la Mesa de Ocaña. La forma más abundante en Titulcia es el cuenco, aunque se ha hallado también un plato casi completo de borde vuelto sin pie y con un leve umbo, tipo 1-A2 según la tipología de García Cano e Iniesta San Martín (1983) (Fig. 72, n.º 1). En general, todos presentan un barniz bastante alterado, seguramente debido al uso.

Otra producción importada pero muy abundante en la zona centro es la cerámica campaniense, aunque en Titulcia se han encontrado escasos fragmentos —todos de campaniense A—, tal vez por su cronología más antigua y escasa romanización. Sin embargo, es frecuente en otros yacimientos del entorno más cercano, como La Gavia, El Llano de la Horca, Salto del Cura, Dehesa de la Oliva y Sotomayor, que llegan hasta épocas más tardías.

4.2. Otras producciones cerámicas

Se han encontrado más de una decena de elementos en barro cocido relacionados con el huso de hilar y la rueca. Nos referimos a las fusayolas cerámicas o contrapesos, que suelen aparecer de manera habitual en la mayoría de los yacimientos. En nuestro caso, son todas acéfalas y de forma esférica (Fig. 73, n.º 3), troncocónica (Fig. 73, n.os 10 y 11) y bitroncocónica (Fig. 73, n.os 1, 2, 4 a 9). Algunas son lisas y otras presentan una decoración con diferentes motivos geométricos realizados mediante incisión o impresión en diversas partes.

Asociadas a las fusayolas y, de igual manera, muy habituales en los enclaves arqueológicos, se encuentran las pesas de telar de barro cocido. Tienen forma de paralelepípedo trapezoidal y presentan dos perforaciones.

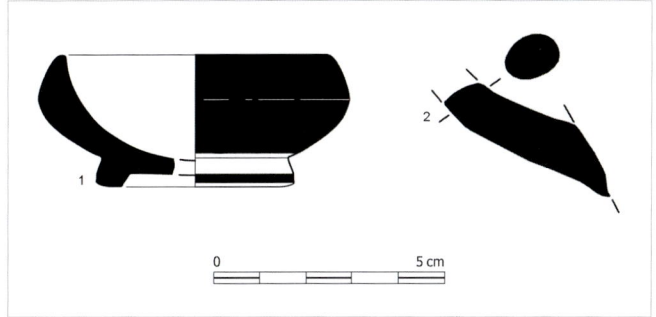

Figura 71. Cerámica griega hallada en el *oppidum* de Titulcia.

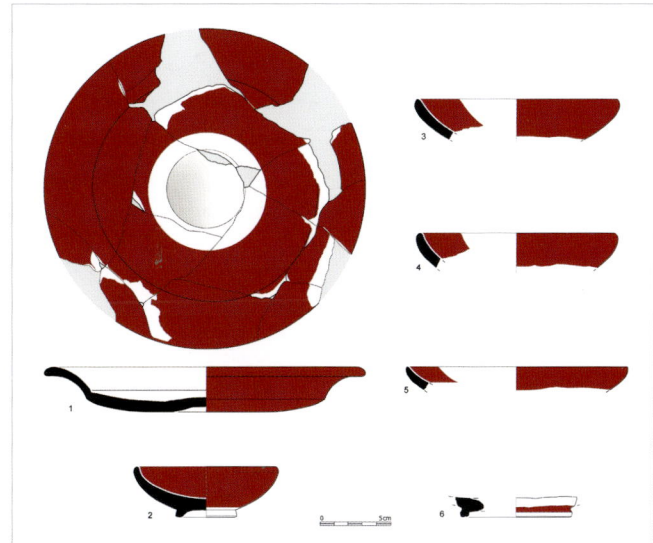

Figura 72. Tipología de formas cerámicas de barniz rojo halladas en el *oppidum* de Titulcia.

A parte de su uso en la artesanía del textil como pesos para tensar la urdimbre, tal vez fueron utilizadas para sujetar la materia vegetal de las techumbres.

Debemos mencionar también la existencia de algunos objetos de entretenimiento y juego, como serían las bolas o canicas, piezas muy arraigadas y abundantes en los yacimientos celtibéricos. Son macizas y están hechas de barro cocido o en piedra. Hay una canica lisa en piedra de 1,7 cm de diámetro y dos piezas en barro, una sin decorar de 2 cm y otra de 2,4 cm con un esquema decorativo formado por ocho cuarteles triangulares incisos y en su interior un motivo estampillado desconocido (Fig. 74). Aunque su finalidad no está definida de manera categórica, pudieron estar relacionadas con algún tipo de juego o, a tal vez, con algún sistema de medida o cuenta.

Otras piezas relacionadas con el juego o la contabilidad son los llamados recortes de cerámica o fichas, realizados con fragmentos de recipientes ya amortizados. En el *oppidum* de Titulcia han aparecido numerosos ejemplares de morfología circular irregular

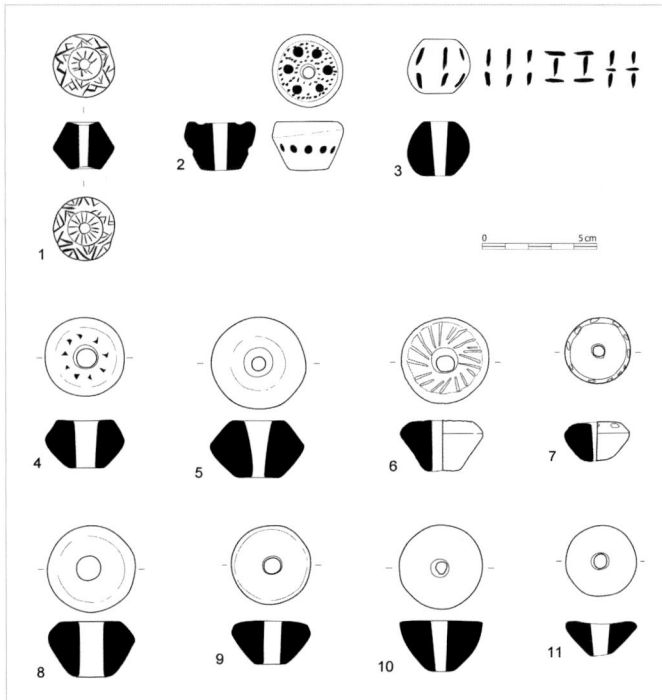

Figura 73. Tipología de las fusayolas halladas en el *oppidum* de Titulcia.

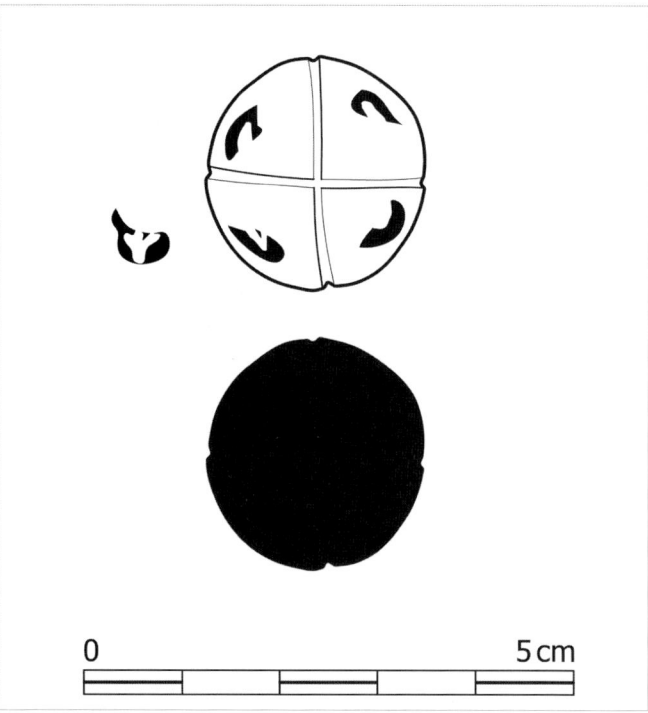

Figura 74. Canica de barro con decoración.

y pertenecientes a recipientes de factura muy dispar. Más de una cuarentena aparecieron juntos en la estancia n.º 16 del Área 2, circunstancia que se ha documentado en otros yacimientos peninsulares, como por ejemplo en el Tossal de Sant Miquel de Llíria, donde también aparecieron junto a un gran horno doméstico (Bonet, 1995: 183), en Izana, donde se contabilizaron 233 ejemplares —un lote de 37 se encontraron agrupados en pequeños montones— (Lorrio, 1997: 141), y en El Amarejo (Broncano, 1989: 106-108), los cuales podrían indicar, tal vez, un sistema de contabilización de mercancías.

4.3. Los objetos metálicos

El mismo desarrollo técnico que muestra la producción cerámica lo encontramos también en el trabajo del metal, que manifiesta un alto grado de calidad, así como una amplia variedad de objetos con distintas funcionalidades. Por fortuna, muchos de ellos presentaban unas buenas condiciones de conservación, lo que ha facilitado poder identificarlos y datarlos correctamente.

Sin lugar a duda, el hallazgo más excepcional de todo el *oppidum* ha sido la *phiàle* de plata sobredorada (Fig. 75), que fue una de las razones por la que continuaron las excavaciones arqueológicas sistemáticas en el *oppidum* de Titulcia tras la campaña de sondeos en la que fue encontrada. La aparición de este tipo de objetos en tierras del interior peninsular resulta muy

reveladora, ya que esta zona siempre se había caracterizado por la presencia de materiales modestos tanto en poblados como en necrópolis. A ello se suma la circunstancia de que, a diferencia de otras muy conocidas, la *phiàle* fue hallada dentro de un contexto arqueológico sellado, por lo que se encuadra dentro de un marco cultural, social y cronológico totalmente fiable.

No vamos a describir pormenorizadamente la pieza, puesto que ya ha sido objeto de un estudio en profundidad (Valenciano y Polo, 2017), pero sí debemos resaltar que estamos ante un vaso de gran prestigio social con un elevado sentido simbólico y distintivo de ostentación social de riqueza. A ello se suma la función significativa que le confiere a la estructura habitacional en la que fue encontrada, que se une así a la singularidad de algunas características constructivas que no se observan en otras zonas excavadas del *oppidum*, como es un suelo de losetas de adobes enlucidos de color blanco —al igual que las paredes—, y a la presencia de otras piezas halladas en su interior como son la trébede y la parrilla.

La escasa aparición de esta clase de objetos de gran valor pone de relieve la prosperidad y el alto poder adquisitivo de algunos individuos o familias de la sociedad de esta zona de la Meseta —a diferencia de lo que se creía hace unos años debido al escaso trabajo de campo realizado— y pone a Titulcia, a día de hoy, a la cabeza de los asentamientos de la Segunda Edad

0   5 cm.

Figura 75. Dibujo de la pátera de plata de Titulcia. Dibujo de Miguel Ángel López Marcos.

del Hierro presentes en esta región, al formar parte de un sistema clientelar peninsular que redistribuía estos apreciados bienes.

Existen otros utensilios metálicos singulares de gran valor simbólico que también tuvieron un papel destacado en la celebración de ceremonias y banquetes, aunque estaban más relacionados con el uso del fuego. Nos estamos refiriendo a una trébede, una parrilla —por desgracia, bastante deterioradas por la acción destructora del incendio (Fig. 76)— y un asador, todos realizados en hierro (Fig. 77).

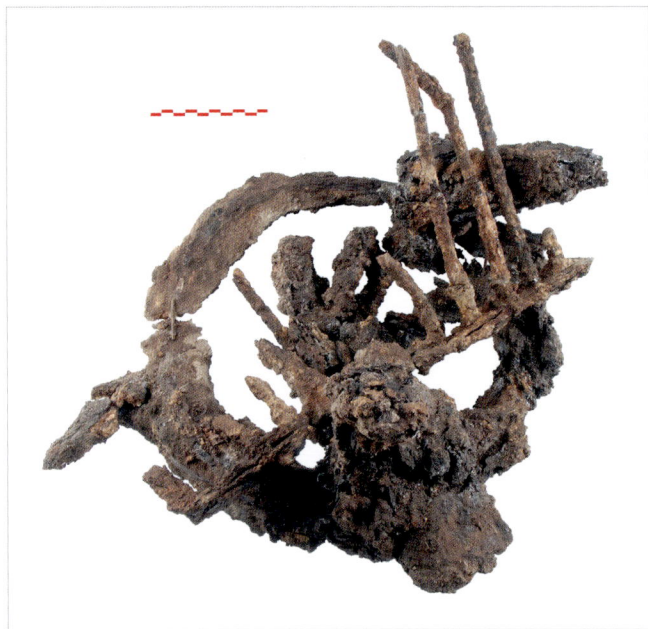

Figura 76. Restos de una trébede y una parrilla hallados en la estancia n.º 4 del recinto sacro.

Figura 77. Asador de hierro.

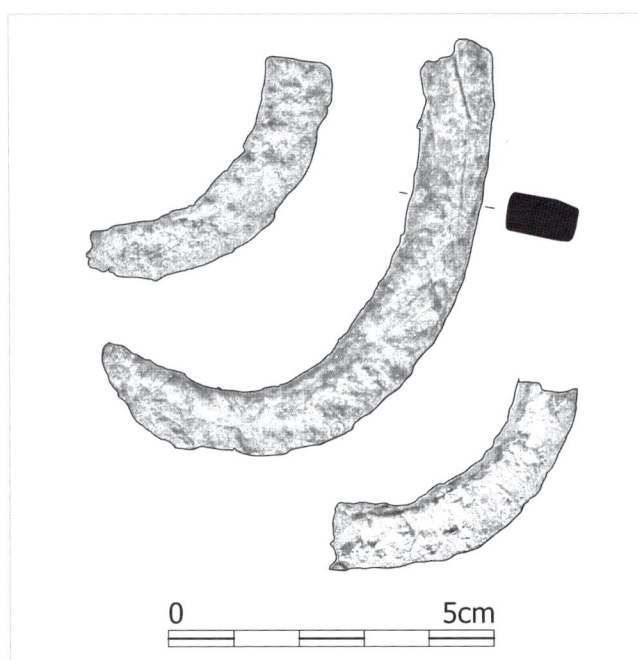

0   5cm

Figura 78. Ganchos de bronce.

La trébede, utilizada para elevar y sostener otros recipientes, es de forma circular y de grandes dimensiones. Apenas se han encontrado ejemplares metálicos en los yacimientos peninsulares, ya que eran considerados elementos con un claro signo de prestigio y de buena posición social. Se han localizado ejemplares en las necrópolis de La Osera, Las Cogotas y en la de El Castillo (Castejón, Navarra) (Faro, 2015: 87-88).

La parrilla, aunque incompleta, es de forma rectangular y conserva once varillas unidas a una placa transversal. Una parrilla similar fue encontrada dentro de una vivienda del poblado de El Llano de la Horca (Santorcaz) (VV. AA., 2012: 297) y destacan también el ejemplar hallado en el *oppidum* de Libisosa (Uroz y Uroz, 2014: 206) o los dos de la necrópolis de El Castillo (Faro, 2015: 78).

En cuanto al asador, íntimamente vinculado con el consumo de carne, apareció incompleto y doblado, aunque conserva los dos extremos distales. Se trata de un modelo sencillo que consiste en un vástago de sección cuadrada y tiene una longitud conservada de 126,70 cm. Este tipo sencillo fue el más habitual en la zona de la Meseta.

Se han encontrado también tres fragmentos de ganchos de bronce de sección rectangular y una longitud conservada de 6,40 cm (Fig. 78). Pudieron servir para sostener algún recipiente o comida y debieron estar colgados del techo.

Asimismo, se rescataron dos fragmentos del borde de un posible cuenco de bronce, así como numerosos fragmentos de otro posible recipiente de bronce, completamente alterado y fragmentado por la acción del fuego y las zanjas de expolio. Estos últimos son restos de una chapa de bronce que dobla sobre sí misma, tal vez formando lo que sería el borde del recipiente, conservándose algún fragmento con un remache.

Todos estos objetos eran considerados objetos de lujo, pues no estaban al alcance de todo el mundo y, por esa misma razón, se heredaban y amortizaban pasando de una generación a la siguiente, si bien, en ocasiones, eran adquiridos como consecuencia de algún enfrentamiento o lucha (Faro, 2015: 42).

Respecto al conjunto de elementos metálicos en hierro y bronce (refuerzos en hierro, tubos cilíndricos huecos, remates y placas decoradas con elementos vegetales curvos y clavos transversales) aparecidos en la estancia n.º 2 del área sacra y pertenecientes al posible mueble (Fig. 79), desconocemos la tipología concreta, pero se trata de un objeto de cierto prestigio que debió de tener una gran carga simbólica, ya que las piezas de bronce presentan una manufactura decorativa muy refinada que sería realizada por artesanos especializados y únicamente debían de estar al alcance de gente acomodada. Por desgracia, no podemos restituir la forma en que fueron montados y, hasta la fecha, no existen paralelos iconográficos ni morfológicos de este momento cronológico con los que se pueda poner en conexión de manera directa.

Algo anterior en el tiempo, tenemos un lecho funerario rematado con elementos de bronce que se encontró, de manera fortuita, en el yacimiento de El Torrejón de Abajo (Cáceres), datado en el siglo v a. C., aunque la fundición del lecho debió de ser anterior. Este tipo de ebanistería fue tradicional en el mundo mediterráneo orientalizante, como se ha visto en Egipto y como queda reflejado en relieves del entorno asirio (Jiménez y Ortega, 2008).

Si pasamos a analizar los objetos de adorno personal y vestimenta, que normalmente se realizaron en bronce, la categoría más abundante corresponde a las fíbulas. Se han encontrado un total de once ejemplares (dos de ellos solo conservan el muelle y parte de la aguja), pertenecientes a diferentes tipologías y tamaños. A casi todas les falta la aguja, ya que es el elemento más frágil, y dos de ellas únicamente conservan el muelle y parte de la aguja.

Hay dos fíbulas del tipo anular hispánica (Fig. 80, n.os 1 y 2), que es el modelo más frecuente en los yacimientos peninsulares de esta época y cuya cronología abarca desde el siglo vi al i a. C. (Argente, 1994; González Zamora, 1999). Son de timbal hemiesférico, tipo 6C semifundidas. De este tipo de fíbulas se tenía constancia en Titulcia, pues existe un ejemplar que ya fue catalogado hace tiempo (González Zamora, 1999: 118 y 470).

Existen también siete ejemplares de La Tène, dos ellos en mal estado de conservación. Cuatro son de La Tène I, dos del tipo 8A.1 (fines del iv-iii a. C.) (Fig. 80, n.os 5 y 6) y otro de gran tamaño es del 8.A.2, tipo torre, modelo característico de la cultura celta centroeuropea (Fig. 80, n.º 7). De La Tène II, tipo 8B (330-100 a. C.), hay uno (Fig. 80, n.º 3) y, por último, de La Tène III, tipo 8C (100 a. C.-época romana altoimperial), hay otros dos (Fig. 80, n.º 4).

A estos elementos de atuendo habría que añadir una hebilla de cinturón fabricada en hierro de forma rectangular y con la aguja recta, de tipología muy parecida a las aparecidas en el yacimiento de El Llano de la Horca (Santorcaz).

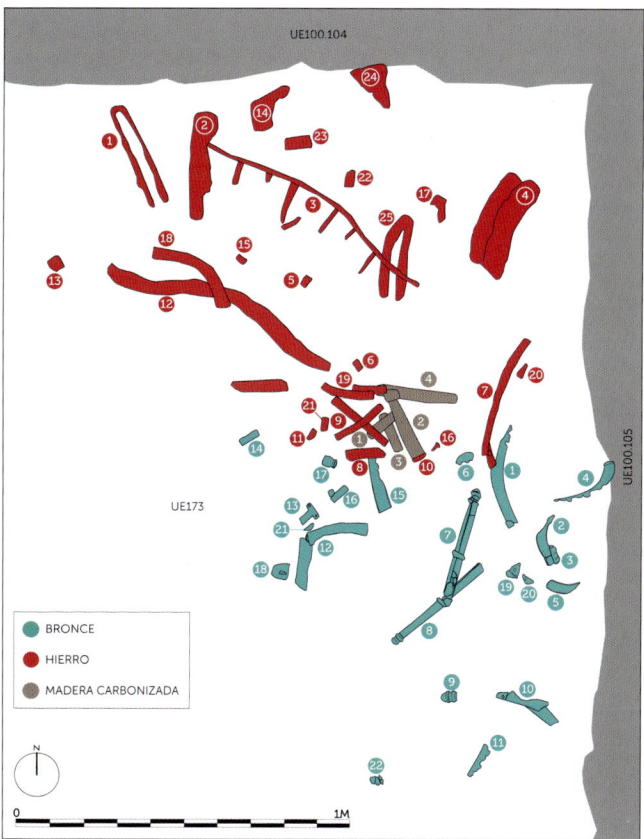

Figura 79. Dibujo en planta del conjunto de metales aparecidos en la estancia n.º 2.

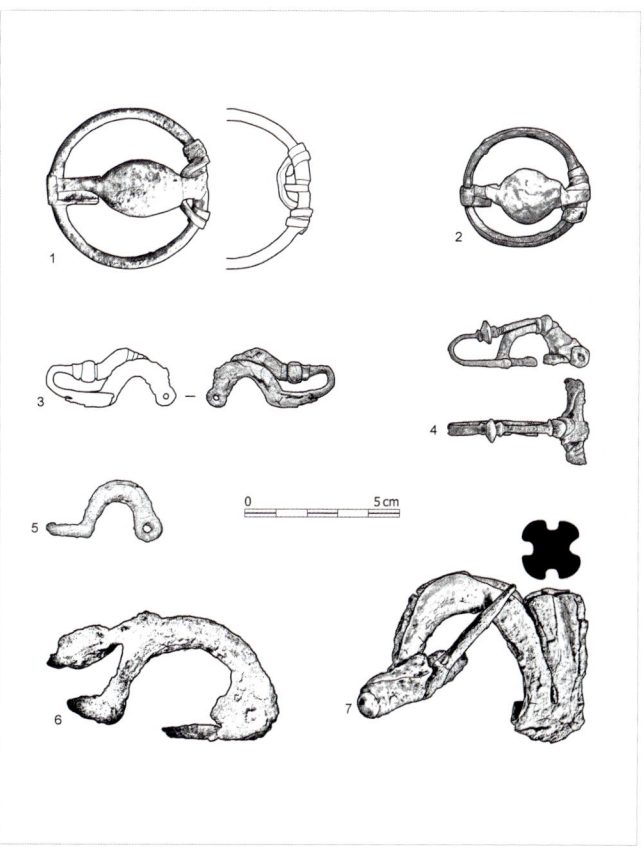

Figura 80. Tipología de fíbulas halladas en el *oppidum* de Titulcia.

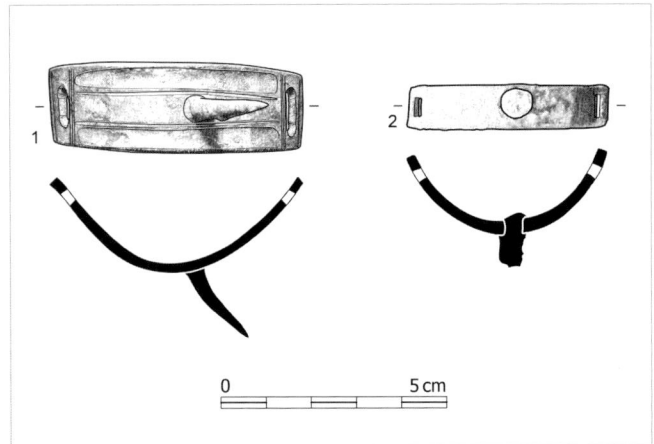

Figura 81. Dos ejemplares de espuelas hallados en el *oppidum* de Titulcia.

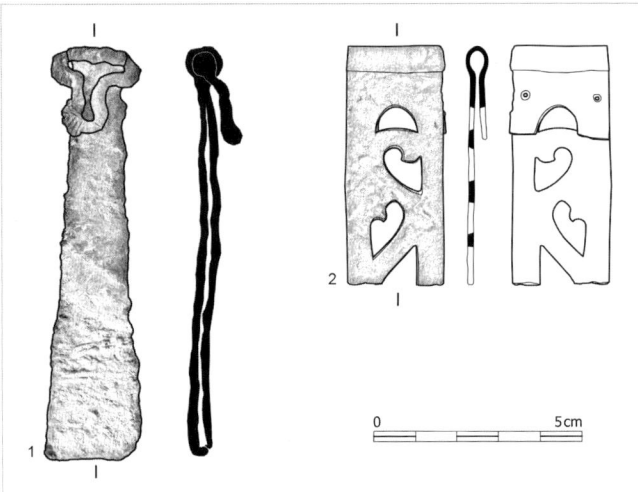

Figura 82. Tipos de pinzas hallados en el *oppidum* de Titulcia (Área 2).

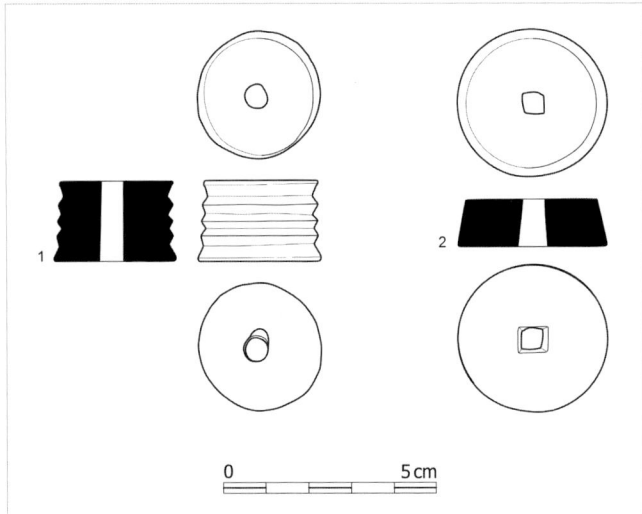

Figura 83. Ponderales de bronce aparecidos en el *oppidum* de Titulcia (Área 2).

Contamos además con dos espuelas, una de ellas rígida de placa plana y curva (Fig. 81, n.º 1) de 2,08 cm de anchura y 5,67 cm de longitud y acicate de bronce de 1,92 cm, decorada con líneas incisas y con dos ranuras o ventanas rectangulares en sus extremos para sujetar la correa al tobillo (grupo 2D según la clasificación de Quesada), mientras que la otra es rígida de placa plana y curva (Fig. 81, n.º 2), más estrecha, de 0,95 cm de anchura y 4,4 cm de longitud, con dos ranuras cuadradas para las correas de sujeción y con el acicate de hierro de 0,7 cm que está incompleto (grupo 3A.1) (Quesada, 2002-2003). Son tipos muy frecuentes en Iberia, aunque no tanto en esta zona, donde son más escasas (Quesada, 2005: 134).

Completan la serie dos pinzas de bronce que aparecieron juntas y son muy características del área ibérica del Levante peninsular, en donde aparecen a partir de principios el siglo IV a. C. Uno de los ejemplares está completo, pero no tiene decoración (Fig. 82, n.º 1). Sus dimensiones son 2,2 cm de anchura máxima por 9,9 cm de longitud, sin contar la argolla suspensora con estrechamiento, que mide 2,5 cm. Siguen la tipología de otras encontradas en Numancia, la necrópolis de Coimbra del Barranco Ancho (Jumilla), el Cigarralejo (Mula) o el Cerro de la Tortuga (Málaga).

Las otras pinzas son caladas —aunque están fragmentadas— (Fig. 82, n.º 2), cuyo diseño calado ornamental con una forma de creciente lunar y debajo dos elementos vegetales curvos se asemeja bastante al que presentan unas halladas en Las Alcaidías de Osuna (Sevilla) (Pachón, 2016). Existen otros ejemplos similares en las necrópolis de La Osera (Chamartín de la Sierra, Ávila), El Cigarralejo, La Serreta (Alcoy), Covalta y en la de Los Torviscales (Fuente Tójar, Córdoba), fechadas entre los siglos IV y III a. C.

Debido al contacto con los colonizadores griegos, los habitantes del sudoeste y Levante comenzaron a emplear un sistema de pesas ya en el siglo VI a. C. En el interior de la Península también fue utilizado, ya que se han encontrado ejemplares en yacimientos como El Llano de la Horca o La Custodia de Viana (Labeaga, 1999-2000: 133). En Titulcia hemos encontrado dos ejemplares de ponderales fabricados en bronce. Uno de los ejemplares es liso, con una perforación central cuadrada (Fig. 83, n.º 2). Tiene un diámetro de 4 cm y pesa 83 g. El otro tiene la superficie gallonada en relieve y un orificio central circular (Fig. 83, n.º 1). Su diámetro es de 3 cm y pesa 86 g.

Dentro de las herramientas específicas para las labores agrícolas —todas de hierro— se observa un grado de especialización, puesto que se han rescatado

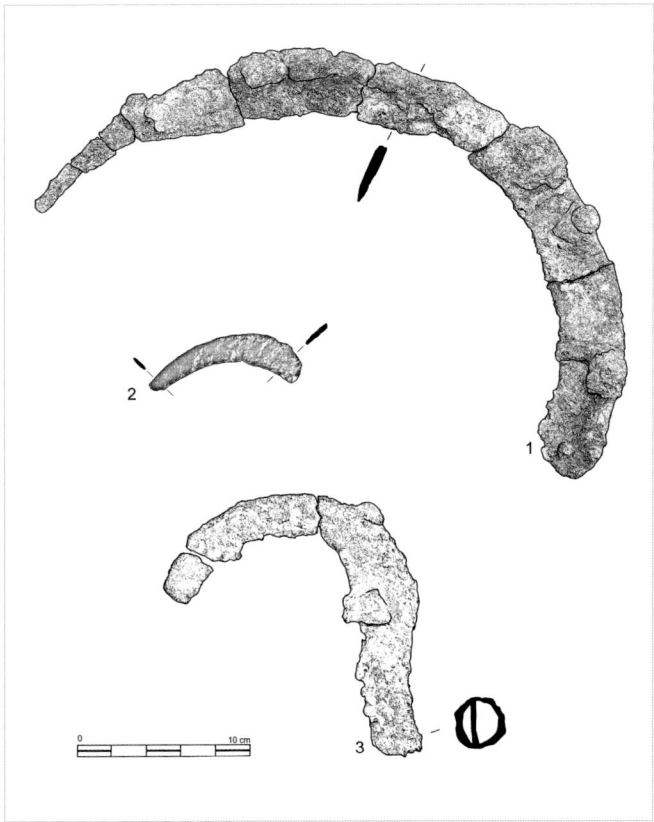

Figura 84. Tipos de hoces de hierro y podadera hallados en el *oppidum* de Titulcia.

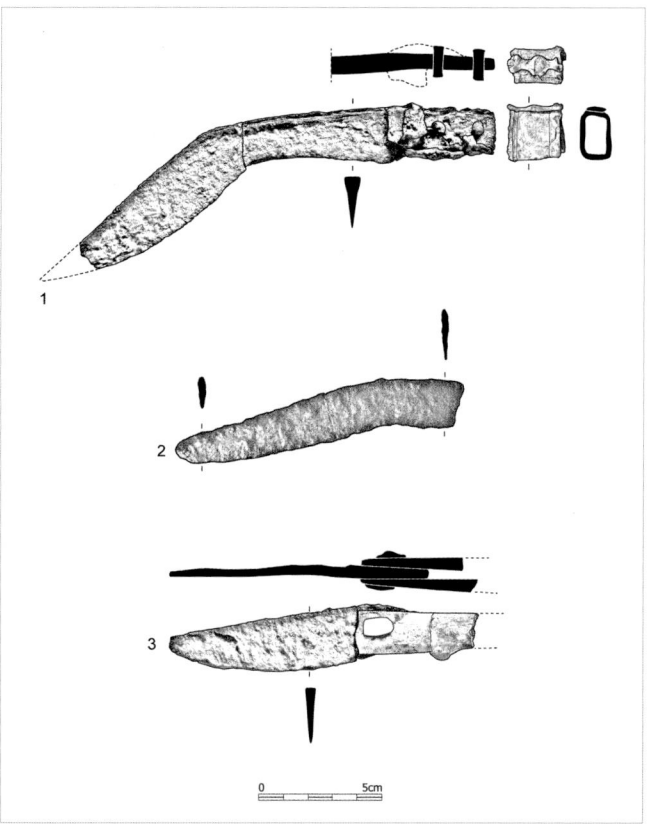

Figura 85. Cuchillos afalcatados y navaja del *oppidum* de Titulcia. Los n.ᵒˢ 1 y 3 conservan parte del enmangue de hueso.

algunas relacionadas con la escarda y la siega. Se trata de dos hojas de hoces —una grande, de unos 36 cm, y otra más pequeña, de 9,1 cm de longitud— (Fig. 84, n.ᵒˢ 1 y 2) y una podadera de 17 cm (Fig. 84, n.º 3), sin duda muy relacionadas con la presencia de gran cantidad de semillas y las zonas de transformación de dichos productos agropecuarios. Estos útiles se encuentran bien representados en los repertorios de yacimientos protohistóricos peninsulares de la Segunda Edad del Hierro.

Otros útiles de hierro con un uso doméstico cotidiano que se encuentran con bastante frecuencia en los yacimientos de la Segunda Edad del Hierro son los cuchillos. En Titulcia se han rescatado dos afalcatados (Fig. 85, n.ᵒˢ 1 y 2), otro indeterminado porque está incompleto, que apareció adherido a su piedra de afilar, y una navaja (Fig. 85, n.º 3), que conservan, en ocasiones, las cachas realizadas en hueso que se sujetaban con remaches de cabeza plana (Fig. 85, n.ᵒˢ 1 y 3). Las hojas son una lámina de hierro de sección triangular y la longitud del cuchillo más completo es de 17,65 cm, y la de la navaja, de 11,91 cm.

A ellos se añaden tres campanas completas de hierro, dos de tamaño medio y sección circular (Fig. 86, n.ᵒˢ 2 y 3) y una algo más pequeña de sección cuadrangular

(Fig. 86, n.º 1). Este tipo de objetos suelen estar siempre presentes en yacimientos de la Segunda Edad del Hierro, y algunos autores nos indican que el sonido que emiten tiene un sentido profiláctico de defensa contra los malos espíritus o el mal de ojo y que sirven para proteger tanto a niños y adultos como a animales (Guérin *et al.*, 1989: 67).

Un grupo bien representado en Titulcia son los elementos relacionados con la construcción: abrazaderas y enmangues. Las primeras se componen de dos placas rectangulares planas de hierro con clavos o remaches de cabeza redonda y de sección circular que las atraviesan y cuyas puntas eran dobladas sobre la última placa (Fig. 87, n.º 3). Y los segundos fueron realizados también con una placa rectangular plana, pero doblada sobre sí misma, y atravesados por clavos (Fig. 87, n.ᵒˢ 1 y 2). Ejemplares muy similares han sido hallados en el poblado de Castellet de Bernabé en Llíria (Guérin, 2003: fig. 109). Ambos objetos servirían para reforzar o abrazar objetos de madera, ya fueran arquitectónicos, utensilios o muebles.

Debemos mencionar igualmente la presencia de varias cadenas de hierro conformadas por varios eslabones en forma de ocho. Una de ellas debió de estar enganchada a una argolla que estaba embutida en el muro

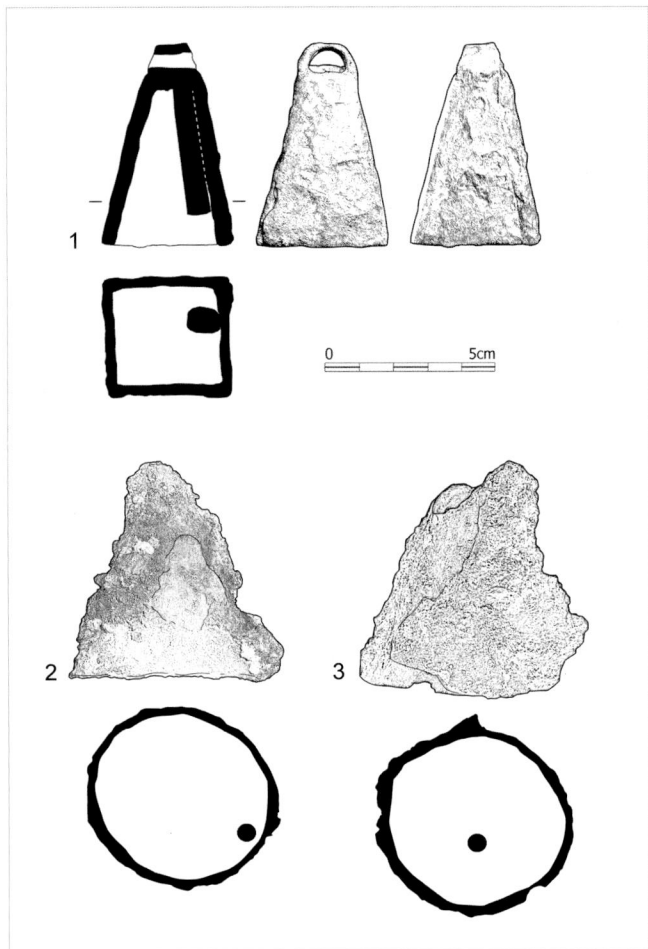

Figura 86. Tipología de campanas de hierro.

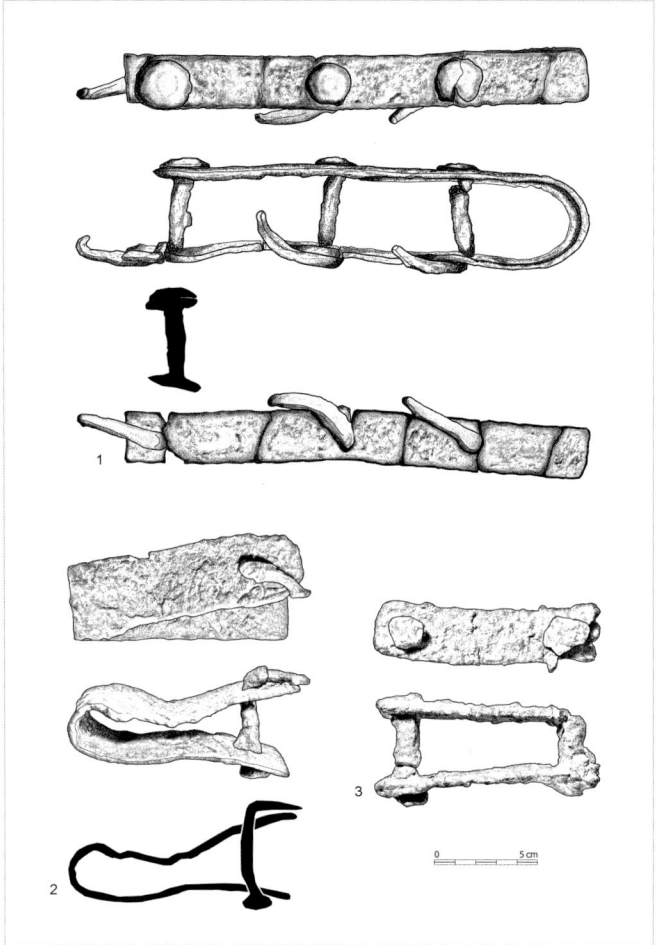

Figura 87. Enmangues y abrazadera hallados en el Área 6 del *oppidum*.

oeste de la estancia n.º 3 del recinto de carácter religioso y cuya función era atar a un perro (Figs. 88 y 89).

Para terminar, queda hablar de la única arma aparecida en el *oppidum*. Se trata de una punta de lanza de hierro fragmentada pero completa (Fig. 90), cuyas dimensiones aproximadas —ya que está sin restaurar— son 29,50 cm de longitud máxima y 4 cm de anchura. Está compuesta por un cubo troncocónico de sección circular de 2 cm de diámetro y el perfil de la hoja es de tipo sauce, pero no se pueden distinguir mucho más sus características formales porque no ha sido restaurada.

4.4. Objetos en hueso y asta

La representación de piezas de industria en hueso y asta trabajados en el *oppidum* de Titulcia no es muy abundante, motivado seguramente por la mala o nula conservación de este tipo de materiales perecederos. A pesar de su carácter efímero, se han conservado dos agujas de pelo —una de ellas completa— realizadas en hueso y decoradas con motivos incisos en forma circular y en espiral (Fig. 91), de los que existen ejemplos similares en El Llano de la Horca (Santorcaz), en Tútugi (Galera) o a los aparecidos en el depósito votivo de El Amarejo (Bonete).

También se han recuperado dos enmangues sin decoración aparente, uno perteneciente a una navaja de hierro, realizado en hueso (Fig. 85, n.º 3), y otro ejemplar mucho mayor, en este caso realizado en asta, para algún objeto o herramienta que no es posible identificar (Fig. 92).

Y, por último, constatamos la gran presencia de astrágalos en el yacimiento, a pesar de lo poco excavado hasta la fecha. De hecho, más de un centenar aparecieron todos juntos en la estancia n.º 18 del centro productivo; algunos de ellos tienen perforaciones circulares.

Los astrágalos han sido objetos de juego desde el Egipto antiguo y también lo fueron en el mundo griego y romano, como se aprecia en algunas pinturas conservadas en Herculano, si bien en Grecia incluso tuvieron un cierto valor de culto.

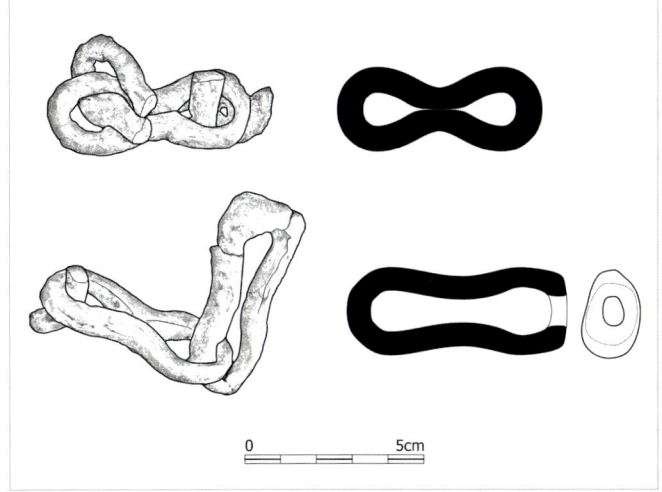

Figura 88. Eslabones de cadena en forma de ocho (Estancia n.º 4, Área 6).

Figura 89. Fragmentos de cadena y argolla para anclar en la pared, utilizada para atar un perro al muro oeste de la estancia n.º 3 (Área 6).

Figura 90. Punta de la lanza hallada en la estancia n.º 18 del centro productivo.

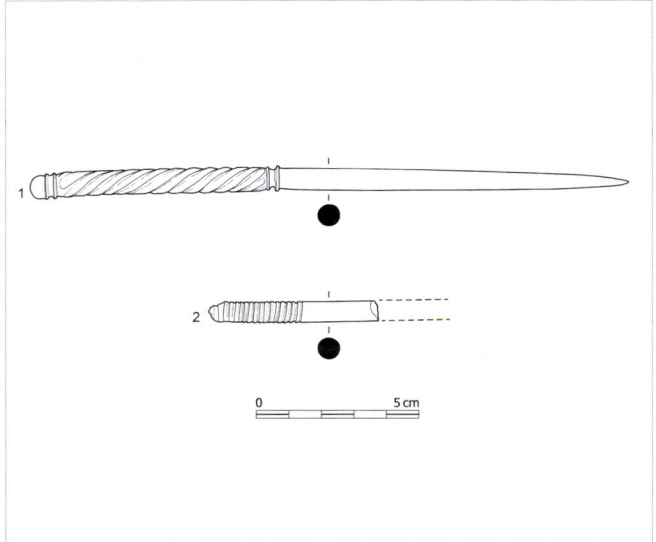

Figura 91. Agujas de pelo en hueso (Área 2).

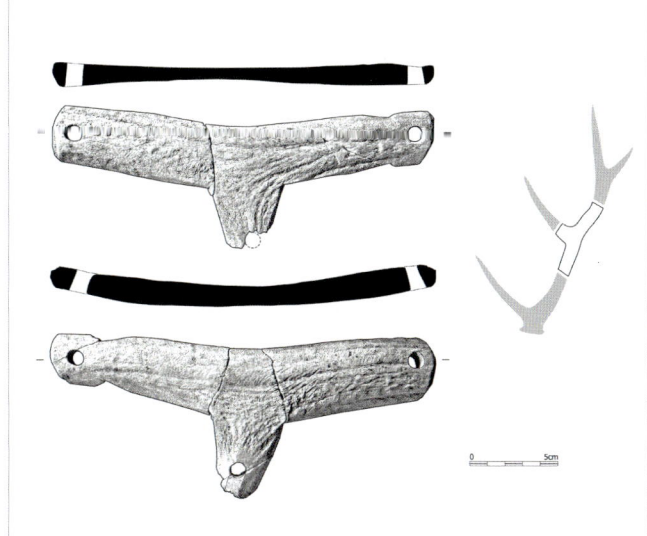

Figura 92. Enmangue de asta de un objeto indeterminado (Área 6).

57

Figura 93. Cuchillo de hierro adherido a su piedra de afilar (Área 6).

Figura 94. Molino de palanca hallado en la estancia n.º 18 del centro productivo.

En la Segunda Edad del Hierro peninsular se les han dado varios significados, desde piezas de entretenimiento, pasando por adornos personales en el caso de aquellos con perforaciones, ya que podían ser engarzados, hasta ser elementos representativos del índice de riqueza de determinadas familias que controlarían las piezas del ganado (Gallardo Martín-Poveda, 2014: 56).

4.5. Industria lítica

Este grupo está compuesto por instrumental lítico tallado con una presencia muy residual y minoritaria en el *oppidum* de Titulcia, como ocurre en todo el ámbito carpetano de la época, si bien se han hallado algunos

objetos realizados preferentemente en sílex y cuarcita. Destaca, sobre todo, un cuchillo sobre una lámina de cuarcita microcristalina de color gris oscuro, cuya funcionalidad se vincula mayoritariamente con el procesado de productos agrícolas.

En cuanto a la lítica pulimentada, existen diversos artefactos, como por ejemplo afiladores de elementos metálicos. De hecho, un cuchillo de hierro apareció justo encima de un ejemplar realizado sobre una cuarcita plana (Fig. 93) que, debido a las altas temperaturas del incendio, se fundió el hierro y quedaron pegados.

Para terminar, referenciaremos la existencia de varios fragmentos y piedras completas de molinos —cuatro de ellos rotatorios de morfología circular—, aunque resulta curioso que solo el más grande se conserva completo, a pesar de que casi todos estaban *in situ* y seguían en uso. Se trata de un ejemplar rotatorio de palanca (Fig. 94), cuya parte inferior fija o *meta* mide unos 48 cm de diámetro, 12 cm de altura y eje central de 6 cm de diámetro. La parte superior móvil o *catillus*, que giraría sobre la primera, presenta dos escotaduras laterales exteriores para el enmangue de la viga o palanca de madera y tiene el mismo diámetro aproximadamente que la anterior, unos 16 cm de altura y un eje central de 10 cm de diámetro[9].

Los que estaban en uso en el momento de la destrucción conservan todavía restos de semillas en su interior, que nos hablan de las actividades de molienda y los modos de transformación de los alimentos. Uno de ellos debió de quedar inutilizado por algún motivo y parte del *catillus* fue amortizado y reutilizado como mampuesto para la construcción de la cimentación del muro oeste de la estancia n.º 7 del Área 6.

Pero también hay un ejemplar de morfología barquiforme o de vaivén notablemente grande (60 cm de longitud por 23 cm de ancho), herencia de épocas más antiguas, pero que en el *oppidum* de Titulcia debió de seguir en uso incluso en época posterior. Apareció junto a su mano de molino —pues estaba en uso— y se encontraba en la misma estancia en la que se halló un *catillus*, por lo que, sin duda, hubo una coexistencia de ambas técnicas de molienda, y no estamos en un poblado pequeño ni aislado (Adroher y Molina, 2014: 224). Su aparición en un ámbito sagrado se une a los molinos hallados en el santuario del Cerro de las Cabezas de Valdepeñas (Moneo y Vélez, 2001: 125-126) o en Cancho Roano (Almagro Gorbea, 1999: 106).

---

9. En la estancia n.º 17 del Área 2 apareció solo la piedra móvil de un molino rotatorio que tenía dos escotaduras laterales exteriores para enmangar la viga o palanca de madera.

Figura 95. Ubicación del *oppidum* y de sus dos posibles necrópolis.

Figura 96. Urna cineraria con huesos quemados.

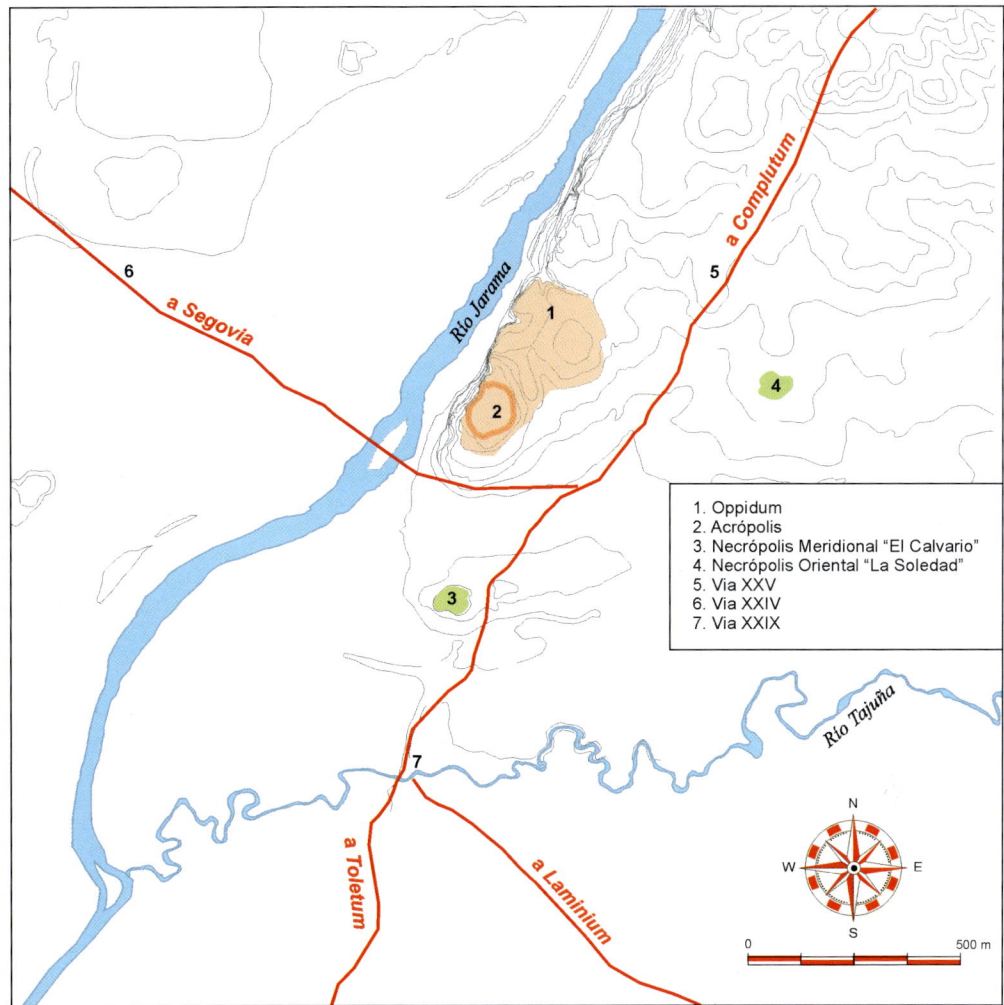

5. LAS NECRÓPOLIS

Por diversas circunstancias, tenemos constancia de la existencia de varias áreas de necrópolis asociadas al *oppidum*, el cual, por sus dimensiones, debió de tener diversas zonas de enterramiento. Una de ellas, que denominamos necrópolis occidental, la conocemos por el hallazgo casual —en unas obras de construcción realizadas en el año 2004— de una urna de incineración en la zona denominada «el Calvario», situada en una pequeña elevación sobre la terraza del río Jarama y al sur del asentamiento.

El enterramiento, según los datos proporcionados por la persona que la encontró, parece tratarse de una tumba simple de cremación en hoyo en la cual estaba depositada una urna globular a torno y sin decoración —en perfecto estado de conservación— con su tapadera, fragmentada pero casi completa (Fig. 96). En su interior estaban depositados los restos óseos de la cremación de un individuo entre los que se pueden distinguir las epífisis del fémur y la cadera, así como numerosos fragmentos de bóveda craneal. En su día fue depositada en el Ayuntamiento y hoy está

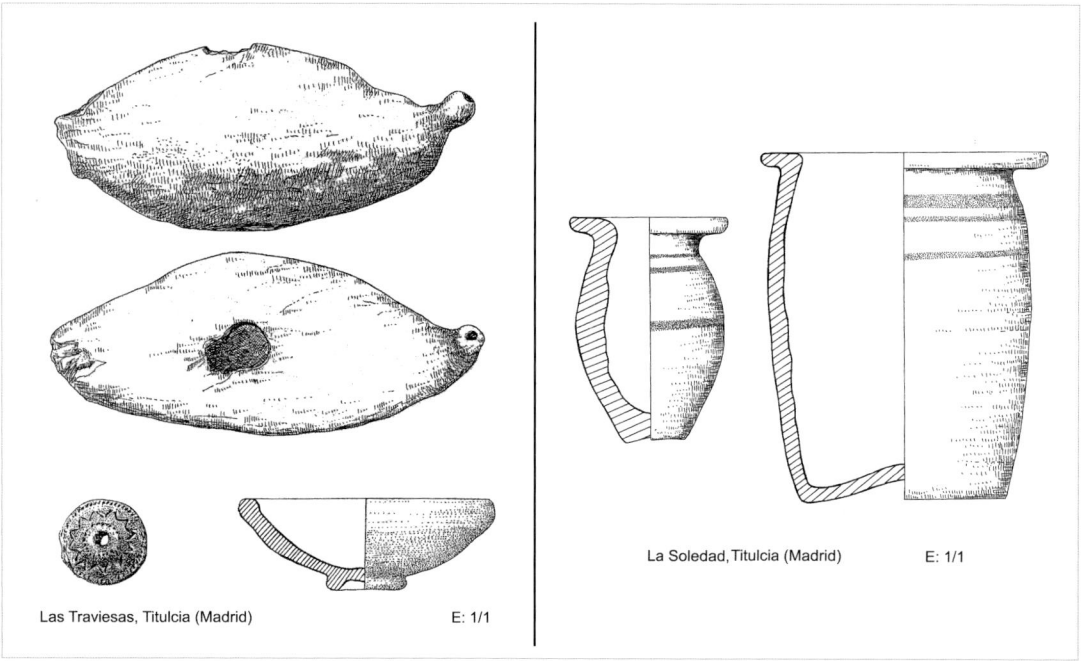

La Soledad, Titulcia (Madrid)   E: 1/1

Las Traviesas, Titulcia (Madrid)   E: 1/1

Figura 97. Materiales prerromanos encontrados en el paraje de la Soledad durante las excavaciones de José M.ª Blázquez (Fuente: Archivo Regional de la Comunidad de Madrid. Modificado por Carmen Valenciano).

expuesta en el Centro de Interpretación de Titulcia (CTIL).

Este hallazgo, aunque fortuito, demuestra de manera incuestionable la presencia de una necrópolis de época indígena en esa zona. Además, su ubicación topográfica cumple con los parámetros habituales para el emplazamiento de las necrópolis ibéricas (Valenciano, 2000: 229): en el entorno inmediato del hábitat, visible desde este y con un río cercano. Asimismo, su emplazamiento destacado sobre la vega del Jarama no fue escogido al azar, sino que sigue las pautas que marcan otras necrópolis carpetanas conocidas, como es el caso de La Gavia, Illescas, el Cerro de las Canteras en Yeles, Bogas, Las Esperillas o Palomar de Pintado (Blasco y Barrio, 1992; Pereira y De Torres, 2014: 321).

Existen otras referencias a enterramientos en urna, como la que aportó José María Blázquez Martínez en el informe que presentó sobre las excavaciones que llevó a cabo entre los años 1977 y 1978. Entre otros, realizó tres sondeos en la ladera del cerro, al este del pueblo —donde entonces no había casas— y al norte de la carretera que lleva a Chinchón. El resultado de dicha intervención fue, según él, la aparición de una necrópolis de época prerromana del siglo IV a. C. «con varios vasos de cerámica negruzca hecha a mano, gran cantidad de huesos, posibles restos de comida de banquetes funerarios y varios vasos, algunos de ellos bien conservados, relativamente, de cerámica indígena a bandas».

En realidad, son pocos los detalles que nos aporta, pero, a nuestro entender, suficientes para ubicar otra posible necrópolis, la oriental, que estuvo englobada entre la parte meridional del exterior del *oppidum* y al norte de la carretera que va actualmente hacia Chinchón, en un paraje denominado con el topónimo «la Soledad». Estaba, por tanto, en las cercanías del camino de acceso al poblado y junto a la vía que los conectaba con los *oppida* de Complutum y Toletum.

Estos datos podrían coincidir con la zona del hallazgo de un conjunto de materiales fechado en torno al siglo III a. C. en la ladera sur del cerro. Se trataba de fragmentos a mano de una gran vasija con perfil en S —posible urna cineraria—, dos pinzas de depilar de bronce, dos vasos carenados, una fusayola decorada y algunos fragmentos cerámicos decorados con impresiones de estampillas (Blasco *et al.*, 1980: 51-52; Blasco y Alonso, 1983: 126; Valiente, 1987: 125). Si bien en estas reseñas bibliográficas no existen alusiones a huesos calcinados propios de una cremación, mencionándose tan solo la asociación a un «potente estrato de cenizas que se supone correspondiente a una posible necrópolis» (Blasco y Barrio, 1992: 287-288).

En una intervención realizada en el año 2007 al sur de la actual carretera a Chinchón, fue hallada en superficie una fíbula incompleta de bronce zoomorfa (Fig. 98). Seguramente formaría parte del ajuar de alguna tumba de la necrópolis oriental del *oppidum*, dada su cercanía.

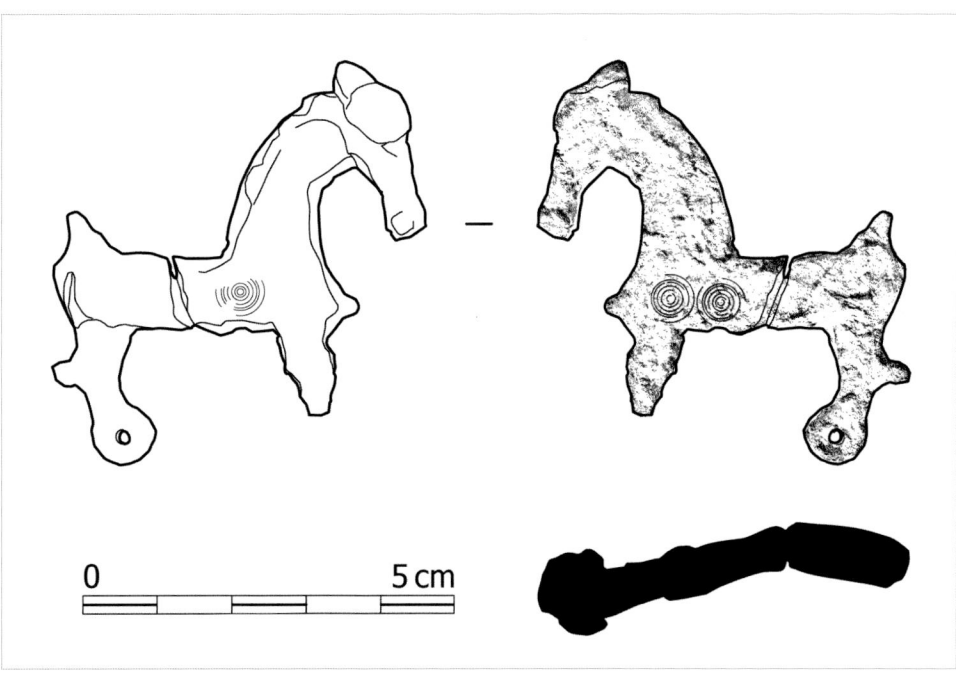

Figura 98. Fíbula caballito hallada junto al paraje de la Soledad.

La fíbula presenta un puente en forma de caballo con un ancho cuello, en cuya parte más alta están las orejas y debajo la cara y el hocico muy estilizados y que, seguramente, se unirían con las patas delanteras formando un cuadrado. Le falta también la mortaja, que se situaría en las patas delanteras. En las partas traseras tiene un orificio en el que se encontrarían el resorte y la aguja, pero que tampoco se han conservado.

Es bien sabido que las necrópolis son una fuente importante de conocimiento de numerosos aspectos de las poblaciones antiguas y consideramos imprescindible poder excavarlas para así poder acercarnos de una manera más directa a sus creencias y ritos e incluso ahondar en las características económicas y sociales de los personajes que allí fueron enterrados. De esta manera, se arrojaría más luz sobre estas cuestiones que, hoy por hoy, apenas vislumbramos y se tendría una visión mucho más completa de lo que debió ser la realidad social de Titulcia en época prerromana.

6. CRONOLOGÍA: INICIO Y DECLIVE DEL *OPPIDUM*

A partir de la interpretación del registro arqueológico que aporta datos cronológicos precisos, tanto relativos como absolutos, podemos caracterizar y adscribir cronológicamente el *oppidum* de Titulcia como un gran poblado de la Segunda Edad del Hierro, cuya fase de ocupación más relevante se desarrolló, aproximadamente, entre finales del siglo VI-principios del III a. C. y la primera mitad del II a. C.

No podemos precisar mucho sobre la fecha de los niveles fundacionales de la ciudad, ya que no existe ningún indicativo cronológico definitivo en la secuencia estratigráfica, caracterizada por unos estratos muy estériles y sin elementos fechables. Simplemente podemos apuntar la existencia de diversos objetos antiguos atesorados que estuvieron en uso en la última fase de uso del *oppidum*, entre los que se encontrarían varios fragmentos de cerámica griega y de barniz rojo, cuya producción y comercialización se enmarcaría cronológicamente a finales el siglo IV o principios del III a. C. y que, por su naturaleza prestigiosa, debieron de perdurar ampliamente en el tiempo. Tal vez nuevas excavaciones arqueológicas aporten más luz al respecto.

En cuanto a su último momento de uso y destrucción, es un hecho constatado que se produjo un colapso de la segunda plataforma del asentamiento de una manera repentina debido a una huida precipitada y una destrucción violenta antes de entrar en contacto con el mundo romano (Polo y Valenciano, 2014: 97), según se confirma por el nivel de incendio documentado en todas las estructuras excavadas y que marca cronológicamente ese final de la ocupación del asentamiento. Se trata, por tanto, de un final conflictivo, si bien es cierto que, hasta el momento, no hemos encontrado apenas objetos de armamento o ataque.

Figura 99. Moneda de Isabel II hallada en una de las zanjas de expolio del *oppidum*.

Desconocemos si esta salida inesperada supuso el abandono generalizado del asentamiento o si ocurrió únicamente en esta segunda plataforma más baja del *oppidum*, refugiándose sus habitantes en la acrópolis del núcleo donde tal vez continuaron viviendo, ya que no hemos tenido la oportunidad de realizar excavaciones en lo alto de El Cerrón para poder comprobar esta circunstancia ni conocemos la cronología concreta de esta parte alta del *oppidum*. Sea como fuere, el instante final de este sector del enclave nos permite tener un mayor conocimiento de uno de los momentos menos conocidos de la protohistoria en esta zona del centro peninsular.

Dada esta circunstancia, las edificaciones colapsaron o fueron derruidas intencionadamente, cayendo los techos y muros directamente encima de todos los enseres que contenían las estancias en su último lugar de uso. Se han documentado conjuntos cerámicos completos o aplastados y fracturados por el derrumbe en el mismo sitio donde estuvieron almacenando sus mercancías, herramientas, elementos de aderezo personal, grandes concentraciones de granos —fundamentalmente trigo desnudo (*Triticum aestivum/durum*), pero, sobre todo, cebada vestida (*Hordeum vulgare*)— e incluso animales.

De hecho, los indicios arqueológicos recuperados en esta parte del *oppidum* nos indican que no existen niveles de ocupación pertenecientes a siglos posteriores, por lo que esa zona más baja no volvió a ser habitada en fechas subsiguientes, produciéndose un completo abandono del lugar y un traslado del poblamiento a otras zonas cercanas en donde la presencia

romana o medieval es clara y mucho más notable. Las ruinas del *oppidum* únicamente han servido de cantera para obtener materiales constructivos, como se aprecia en muchas de las zanjas de expolio ubicadas, la mayoría, encima de los muros de adobes, lo que ha supuesto la destrucción o pérdida de buena parte de las construcciones del asentamiento, así como una dificultad en la interpretación de los resultados arqueológicos.

Por su parte, una serie de dataciones absolutas efectuadas sobre muestras de semillas carbonizadas tomadas en distintas localizaciones del *oppidum* centran este terrible momento, con una probabilidad del 95 %, entre el año 165 y el 3 a. C., que, contrastadas con la presencia o ausencia de materiales fechables, podríamos situar, sin género de dudas, a mediados del siglo II a. C. (Valenciano, Polo y Blánquez, 2014: 83), convulso horizonte político y militar de desestabilización continua en la zona caracterizado por el comienzo de las guerras lusitanas (entre los años 147 a. C. y 139 a. C.), los primeros contactos con el mundo romano y las campañas desarrolladas por los generales romanos en la cuenca media del Tajo.

Según este rango de fechas que nos aporta el carbono 14, podemos encajar el abandono precipitado y la destrucción violenta del *oppidum* en el contexto de los conflictos padecidos por las poblaciones de la Carpetania, una vez pacificada por Sempronio Graco en el 179 a. C., a raíz de la opresión invasora ejercida por las constantes incursiones de saqueo y razias de pueblos todavía sin pacificar como los lusitanos —Viriato y sus tropas entre ellos—, que se dedicaban a usurpar la enorme riqueza agrícola que daban estas tierras en contraposición con las más pobres del otro lado del sistema Central.

Hoy en día, en el estado actual de nuestras investigaciones, se aprecia un *hiatus* poblacional en Titulcia entre la época tardoindígena y el mundo romano, fundamentalmente entre mediados del siglo II a. C. y el cambio de era, criterio avalado por la ínfima presencia de materiales romanos republicanos, como pueden ser las producciones campanienses (solo se han encontrado tres fragmentos de Campaniense A). Por lo tanto, nos parece aventurado conectar la cronología aportada por las dataciones del carbono 14 con otro hecho histórico con el que podría relacionarse la destrucción del poblado: las guerras sertorianas. Pensamos que esta ausencia tan significativa de materiales romanos se debe precisamente a la desaparición del *oppidum* en las fechas propuestas —esto es, a mediados del siglo II a. C.— y a que el poblamiento romano prefirió establecerse en la llanura, tal y como se ha documentado en otras intervenciones arqueológicas que se han llevado a cabo en el municipio de Titulcia en los últimos quince años.

7. VALORACIÓN FINAL

Recapitulando todo lo dicho hasta ahora, y a pesar de que se han excavado tan solo unos 1400 m² aproximadamente, la valoración conjunta de las evidencias arqueológicas con las que contamos en la actualidad nos está permitiendo conocer y caracterizar este yacimiento prerromano como uno de los grandes *oppida* dentro del complejo panorama socioeconómico y territorial del interior peninsular.

El *oppidum* de Titulcia se enmarcó, durante la Segunda Edad del Hierro, dentro de un panorama regional complejo con una ocupación sedentaria e intensa del territorio, caracterizado por la dualidad de un poblamiento jerarquizado que estuvo conformado en torno a núcleos de hábitat principales ubicados en altura con un gran aprovechamiento del territorio y que formaron parte de importantes circuitos comerciales de flujo continuo con otras áreas de la Península. Estos enclaves principales ejercerían, a su vez, un control directo sobre otros asentamientos secundarios más pequeños situados en las llanuras y valles de los ríos cercanos, que tendrían una producción más especializada al estar dedicados fundamentalmente a la explotación directa de los recursos naturales circundantes: agricultura, pastos, caza, salinas, etc.

Gracias a la repentina destrucción del asentamiento, los niveles fueron sepultados y sellados por el

Figura 100. Semillas carbonizadas datadas con carbono 14.

derrumbe, por lo que es posible tener una fotografía fija del momento inmediatamente anterior a esa devastación. Además, la calidad y cantidad de los objetos recuperados, así como sus buenas condiciones de conservación, aportan un gran torrente de información que nos permite avanzar mucho más en el conocimiento de las condiciones de vida de sus habitantes.

Nos encontramos ante un *oppidum* fortificado de gran entidad, situado en un marco geográfico idóneo para el establecimiento de un hábitat que, por sus características formales, debió de ser un centro de poder predominante dentro de la organización territorial de los *oppida* en esta región de la Carpetania, llegando a controlar económica y políticamente una extensa región.

Las excavaciones nos han permitido tener una primera aproximación de las características del tejido urbano interno del hábitat que ofrece una ocupación estable aunque con reformas en su estructura, ya que se han distinguido, al menos, tres fases constructivas: una primera rupestre, con estancias de planta más o menos rectangular excavadas directamente en la roca yesífera del lugar, y dos posteriores de muros casi ortogonales realizados en «arquitectura de tierra», por ser este el material predominante en la construcción de las estructuras arquitectónicas, aunque ello no implica que se trate de casas modestas.

La última fase, que es la mejor conservada, denota una realidad urbanística interna organizada como resultado de una planificación bien definida y se caracteriza por una regularización del desnivel del terreno y un trazado urbanístico casi ortogonal en el que existe una distribución funcional del hábitat, que se articularía en torno a varias calles, una de ellas principal, que comunicaba las dos puertas de acceso y que recorrería de norte a sur la segunda plataforma del *oppidum*. Son,

Figura 101. Jarrito de bronce hallado en el *oppidum* de Titulcia, hoy desaparecido.

obviamente, criterios maduros de ordenación urbana propios de una sociedad evolucionada con un dirigente capaz de planificar la configuración del asentamiento.

Se han registrado construcciones de carácter complejo compartimentadas en varias estancias perfectamente estructuradas, cuya técnica constructiva consiste en muros de adobes sin cimentar erigidos directamente sobre el suelo o levantados con zócalos de mampostería de escasa altura realizados con piedras yesíferas sin desbastar y originarias de la zona —que aislaban los muros de la humedad del suelo—, sobre los que se realizaba un alzado de adobes. Las techumbres se realizaron con un entramado de materias vegetales que eran sustentadas con postes o vigas de madera apoyados en piedras planas situadas en el centro de las estancias. Probablemente, colgarían de ellas grandes pesas de barro para evitar que el viento levantase las cubiertas. Este es un sistema de construcción se documenta en asentamientos de la Segunda Edad del Hierro en casi toda la península ibérica.

En general, los pavimentos fueron ejecutados con tierra apisonadas y morteros claros aplicados sobre un suelo previamente nivelado y preparado. Mención especial merece el tipo de pavimento de la estancia de la *phiàle*, realizado con adobes y enlucido en color blanco y rojo, sin duda mucho más compacto e impermeable que los anteriores. Asimismo, tenemos información sobre los enlucidos de los muros localizados en varios ambientes que fueron realizados a base de mortero de arcilla de color blanco y rojo.

Si atendemos a la funcionalidad de los edificios, la presencia de un centro productivo especializado en elaborar una bebida alcohólica a base de cereales fermentados está íntimamente relacionada con el área sacra urbana en la que se debieron consumir dichos líquidos en la celebración de diversos rituales, en los que la *phiàle* jugaría, sin duda, un papel fundamental.

En esa misma línea, y atendiendo al entorno medioambiental, Titulcia pudo ser un lugar sagrado de referencia para las poblaciones del entorno por su emplazamiento estratégico en un nudo de comunicación y por estar junto a la confluencia de los ríos Jarama y Tajuña, ya que en la antigüedad esta circunstancia conllevaba un significado especial al tener el agua, entre otras connotaciones, propiedades purificadoras y beneficiosas para la salud. Posiblemente, por ese motivo pudo tener un importante carácter sacro, llevándose a cabo un culto a divinidades protectoras relacionadas con estos cursos fluviales, tal y como ocurrió en el vecino mundo vetón (Sánchez Moreno, 2007: 132).

El *oppidum* de Titulcia se une al poblado de Illescas convirtiéndose, hasta la fecha, en los únicos ejemplos documentados de la zona que poseen lugares de culto sagrado dentro del núcleo urbano. Además, ambos presentan una asimilación de corrientes e influjos orientalizantes. De hecho, debemos comentar que en Titulcia apareció, de manera fortuita, hace años un pequeño jarro de bronce de unos 20 cm con forma piriforme y la embocadura con la representación de la cabeza de animal —por desgracia hoy desaparecido (Fig. 101)[10]— que guarda un gran parecido con los jarros tartésicos de la necrópolis de La Joya (Huelva) o al jarro de La Zarza (Badajoz). Influencias orientalizantes que no son extrañas en el panorama general de la zona, sino que tienen un arraigo de siglos fruto de las conexiones con el suroeste de la península, tal

---

10. Según nos contó un vecino de Titulcia, apareció a unos cien metros de la *phiàle*. Al aparecer boca abajo, se pensó que era un obús de la guerra civil y se llamó al Seprona. Es la última noticia sobre él, ya que, desde entonces, se desconoce su paradero. Nosotros nos pusimos en contacto con la comandancia de Ciempozuelos para intentar rastrear la pieza, pero, desgraciadamente, no les consta nada relacionado con ella en sus archivos.

y como demuestran, por ejemplo, los diversos objetos hallados en el yacimiento vecino del Puente Largo de Jarama en Aranjuez, perteneciente a la primera Edad del Hierro (Muñoz y Ortega, 1997).

El jarro de Titulcia, relacionado, sin duda, con libaciones en ceremonias rituales, es, al igual que la *phiàle*, un objeto de prestigio de alto estatus social, que solían ser privativos de una minoría de individuos socialmente diferenciados por una gran capacidad adquisitiva de productos foráneos. Por lo tanto, los habitantes de Titulcia eran gentes con un gran poder económico y social, capaces de adquirir y atesorar objetos únicos y lujosos procedentes de distintos lugares de la Península y que llegaban al *oppidum* a través de las distintas rutas comerciales del centro peninsular. Ambos son claros marcadores socioeconómicos con una fuerte carga ideológica y ritual, fruto del contacto e impacto aculturador del mundo mediterráneo y del sur peninsular en esta zona del centro, cuya élite social fue totalmente permeable a la entrada de estos productos exógenos.

A tenor de lo expuesto estamos, por tanto, ante un enclave excepcional dirigido por una jefatura local compleja y jerarquizada con un alto nivel de madurez socio-política y con capacidad para controlar los procesos de producción, que le darían acceso a una potente riqueza económica con la que poder organizar y distribuir diversas mercancías a nivel local-regional y que le permitieron acceder, a través de intermediarios, a un comercio más exclusivo de intercambio de objetos suntuarios, fácilmente transportables y procedentes seguramente de circuitos comerciales a larga distancia.

La abundante presencia, en los contextos excavados, de numerosos restos carpológicos de cereales de varias especies cultivadas[11], los objetos destinados a su recolección y molienda, así como los grandes contenedores donde almacenaban los productos elaborados, dirigen las hipótesis de trabajo en este sentido y ponen de manifiesto, de una manera tremendamente clara, la práctica intensiva de la agricultura y la gran riqueza agrícola del asentamiento gracias a la abundancia de terrenos fértiles del entorno inmediato, muy beneficiosos también para la explotación de la ganadería.

Partimos de la suposición de que esta vocación agropecuaria, seguramente, no estaría destinada solo a cubrir las necesidades alimentarias del poblado, sino que excedió el autoconsumo. No obstante, consideramos necesario continuar con las excavaciones, ya que es fundamental el avance de la investigación de campo para ratificar esta estrategia económica que hoy percibimos.

Asimismo, se debe añadir la presencia de manantiales y fuentes de sal en la zona, apreciada materia prima con cuya producción excedentaria se debió de comerciar y distribuir hacia aquellos territorios carentes de este tipo de recursos naturales tan necesarios. Sin embargo, para su importante desarrollo económico, resultó definitiva, sobre todo, la circunstancia de que estamos ante un enclave totalmente abierto a las influencias externas por su aventajada posición geoestratégica como vado y confluencia de antiguas e importantes rutas de comunicación norte-sur y este-oeste, articuladoras de un amplio poblamiento durante siglos, con gran importancia para el control del paso de ganados y la redistribución de mercancías.

Parece innegable que esta importante dinámica comercial y una situación determinante como eje vertebrador hacia todos los puntos cardinales hicieron que Titulcia fuera ocupada de manera reiterada y tuviera una cronología dilatada en el tiempo, con un máximo esplendor poblacional entre los siglos III-II a. C. Esta supremacía, aunque quedó interrumpida, es de vital relevancia para comprender la posterior fundación del municipio romano con el que se quiso, sin lugar a dudas, aprovechar un sistema económico complejo y efectivo ya implantado y organizado, así como revalidar y continuar con el dominio férreo de su amplio territorio. Tal fue la importancia y notoriedad de Titulcia que las fuentes clásicas la mencionan en diversos itinerarios de la antigua Hispania.

En suma, todas las observaciones expuestas hasta aquí ponen de relieve que el *oppidum* de Titulcia es un emblemático yacimiento con un gran futuro por delante y es indiscutible que se trata de un punto de referencia obligado para la investigación arqueológica presente y futura de la región. El objetivo a medio plazo debe ser profundizar en la delimitación planimétrica de sus dimensiones reales y adquirir un mayor conocimiento de su urbanismo interno, así como poder adentrarnos en el mundo de los muertos para así tener una mejor perspectiva de cómo fue la realidad cotidiana de las gentes en Titulcia antes de la llegada de los romanos.

---

11. Sabemos que durante una intervención realizada en la zona del *oppidum* se descubrieron los restos de un silo revestido de cal (Pino y Villar, 1994: 15) y, por entrevistas orales realizadas a los habitantes del municipio, tenemos conocimiento de que, en los años setenta, durante unas obras de construcción en esa misma zona de *oppidum* aparecieron «silos llenos de gran cantidad de cereales».

III. TITULCIA EN ÉPOCA ROMANA

José Polo López

1. LA SITUACIÓN DE TITULCIA EN EL VIARIO HISPANO ROMANO

Titulcia se configuró a lo largo del tiempo, dada su ubicación geográfica y su situación estratégica, como un nudo de comunicaciones de primer orden en el centro peninsular. Este hecho ha sido subrayado por diferentes autores que han valorado su inclusión en los principales repertorios viarios que existieron en la antigüedad —*Itinerario de Antonino*[1] y *Anónimo de Rávena*[2]—, en donde es nombrada en varias ocasiones. Y a su vez, este mismo rasgo de cruce de caminos le dio el carácter que tuvo en la antigüedad. El destino de la Titulcia romana estuvo íntimamente ligado a la vitalidad de las vías y caminos que llegaron hasta ella, y cuando estos cayeron en desuso o fueron sustituidos por otros trazados, Titulcia languideció con ellos.

La ubicación de Titulcia en el viario romano, sin embargo, no ha estado exenta de debate en la historiografía a lo largo de los últimos doscientos años, siendo muchos los sitios propuestos y en dispares ubicaciones (Saavedra, 1862: 92; Roso de Luna, 1918: 279; Blázquez y Delgado Aguilera, 1921; Fuidio, 1934; Roldán Hervás, 1975; Palomero, 1989; Álvarez y Palomero, 1990; González-Conde, 1987; Fernández-Galiano, 1989; Stilow y Von Hesberg, 2004).

No nos vamos a detener aquí en la revisión sistemática de las propuestas de ubicación de la antigua Titulcia, ya que no es en este caso el objeto del trabajo, solamente incidiremos en que, si revisamos los textos originales que analizaron el trazado estos caminos, como por ejemplo el de la vía XXV, en un alto porcentaje no se aporta ni una sola prueba para desmentir la localización de la Titulcia romana en el municipio homónimo. En este contexto, es paradigmática la propuesta de Antonio Blázquez y Delgado Aguilera y Ángel Blázquez y Jiménez (1921), en la que sitúan a Titulcia a dos kilómetros al norte de Aranjuez, sin aportar ningún elemento arqueológico que acompañe tal aseveración, excepto la mera contabilización de las millas (Blázquez y Blazquez, 1921: 11)[3]. Esta misma propuesta, por tomar este ejemplo, se ha ido repitiendo y trasladando de manera automática en la bibliografía sin ningún afán crítico (Roldán, 1975: 84)[4], lo que ha conducido a que se propongan para Titulcia diferentes ubicaciones, que en realidad aportan endebles datos arqueológicos y que en ocasiones, como muy acertadamente se ha apuntado, se «hacen imposibles por subjetivas» (Fernández Ochoa y Zarzalejos, 2017: 193).

A nuestro entender, muchos de los argumentos y propuestas de ubicación han tenido el denominador común de no valorar ni el dato arqueológico ni el estratigráfico y de volcarse de forma unívoca en el análisis numérico —o kilométrico— de la mera contabilización de distancias entre *mansiones*. Solo recientemente y con métodos de investigación modernos, en los que se conjuga la prospección arqueológica de superficie y los datos ofrecidos por la Carta Arqueológica de la Comunidad de Madrid, se ha vuelto a valorar la situación geográfica de Titulcia en su justa medida. En este caso, la adopción metodológica de los Sistemas de Información Geográfica —basados en la evidencia arqueológica, en los recursos naturales, en los mapas de fricción o de coste de desplazamiento, entre otros muchos factores— para el análisis de los elementos arqueológicos en el viario de la región de Madrid ha sido tremendamente esclarecedora para la situación de Titulcia (Bermúdez, 2017).

Si analizamos los mapas generados aplicando esta metodología, podemos observar que, para el período romano republicano, altoimperial y bajoimperial, existe un eje que conecta Toletum con Complutum y que pasa, en todos los supuestos, por la actual Titulcia (Bermúdez, 2017: 253, figs. 10, 11 y 12), en donde a su vez se produce la más alta concentración de

---

1. El llamado *Itinerarium Provinciarum Antoninum Augusti* es una relación de caminos, calzadas o rutas en la que figura el nombre de antiguas ciudades romanas (*mansiones*) y la distancia entre ellas expresadas en millas (*milia passuum*). Se da por hecho que se escribió en torno al siglo III d. C. —en los primeros años del reinado de Diocleciano— y fue transcrito posteriormente en los monasterios medievales, llegando hasta nosotros algunas copias con diferencias entre ellas producto de la interpolación de los copistas. Errores de transcripción aparte, las distancias que consigna son extremadamente exactas, si las extrapolamos a la actualidad y para las ciudades de ubicación conocida.

2. El *Anónimo de Rávena* o *Ravennate* es una compilación de nombres y lugares de los que se conocían en su época con el afán de crear una verdadera cosmografía. Se cree, casi con total seguridad, que fue escrito en torno al siglo VII por un autor cristiano, sobre la base de un mapa antiguo de época romana fechado hacia el siglo III d. C. A diferencia del *Itinerario de Antonino*, este carece casi por completo de la consignación de las distancias entre las ciudades.

3. Fuidio prospectó este lugar y, a pesar de encontrar restos romanos a dos kilómetros al norte de Aranjuez, cree que «no parecen suficientes estos datos para localizar a Titulcia al norte de Aranjuez» (Fuidio, 1934: 93).

4. Nos llama poderosamente la atención la opinión del profesor Roldán en la que hay una intención «negacionista» para admitir la localización de Titulcia, que vendría derivada del cambio de nombre que se produjo en 1814: «El punto clave, pues, en este tramo lo constituye la localización de Titulcia, aún no satisfactoriamente establecida, ya que no puede tomarse en cuenta su identidad con Bayona del Tajuña, actual Titulcia, absurdo cambio de nombre por Decreto llevado a cabo el siglo pasado con muy endebles datos».

Figura 102. Trazado de la vía romana entre Toletum y Titulcia en el trazado a Complutum.

yacimientos, incluso mayor que en Complutum. Esto lo podemos observar en el mapa de densidades de yacimientos de época romana[5] para la región de Madrid que exponemos a continuación, de donde se infiere que en el entorno de Titulcia se produjo una alta concentración de elementos que han de estar íntimamente relacionados con la característica intrínseca de Titulcia como uno de los más importantes nudos de comunicaciones del centro peninsular, además de concentrar el poblamiento de la época en torno a ella. Para centrar los resultados obtenidos se ha considerado cada yacimiento como una unidad, calculándose los centroides de los polígonos y luego la densidad de puntos. En este sentido, se destaca la importancia de Titulcia como zona de concentración de yacimientos

y su asociación a las vías de comunicación, como demostró en su trabajo Bermúdez (2017), en el cual es evidente la vinculación de los yacimientos con las vías de comunicación en la Carpetania en general, tanto en época romana como en las anteriores y posteriores. Por ende, la concentración de yacimientos indica también concentración de vías o, dicho de otro modo, zonas de confluencia de vías. Por eso es doblemente importante la concentración de yacimientos en torno a Titulcia. Además, si contamos las confluencias de vías en la región de Madrid, se puede ver la importancia de Titulcia justo tras Complutum. Todos los datos coinciden con la visión que plasmó el *Itinerario de Antonino* para la ubicación de Titulcia en el camino de Segovia a Complutum y en el de Toletum a Complutum.

---

5. Queremos aprovechar la ocasión para agradecer a D. Jesús Bermúdez, arqueólogo de la Dirección General de Patrimonio Cultural de la Comunidad de Madrid, la realización del mapa y la incorporación al mismo de los contenidos recogidos en la base de datos Inphis de la Comunidad de Madrid, que ha supuesto un tremendo esfuerzo de síntesis e interpretación. En nuestra opinión, este mapa es determinante para comprender la verdadera magnitud que tuvo Titulcia como cruce de caminos y factor aglutinante del poblamiento de este territorio en época romana.

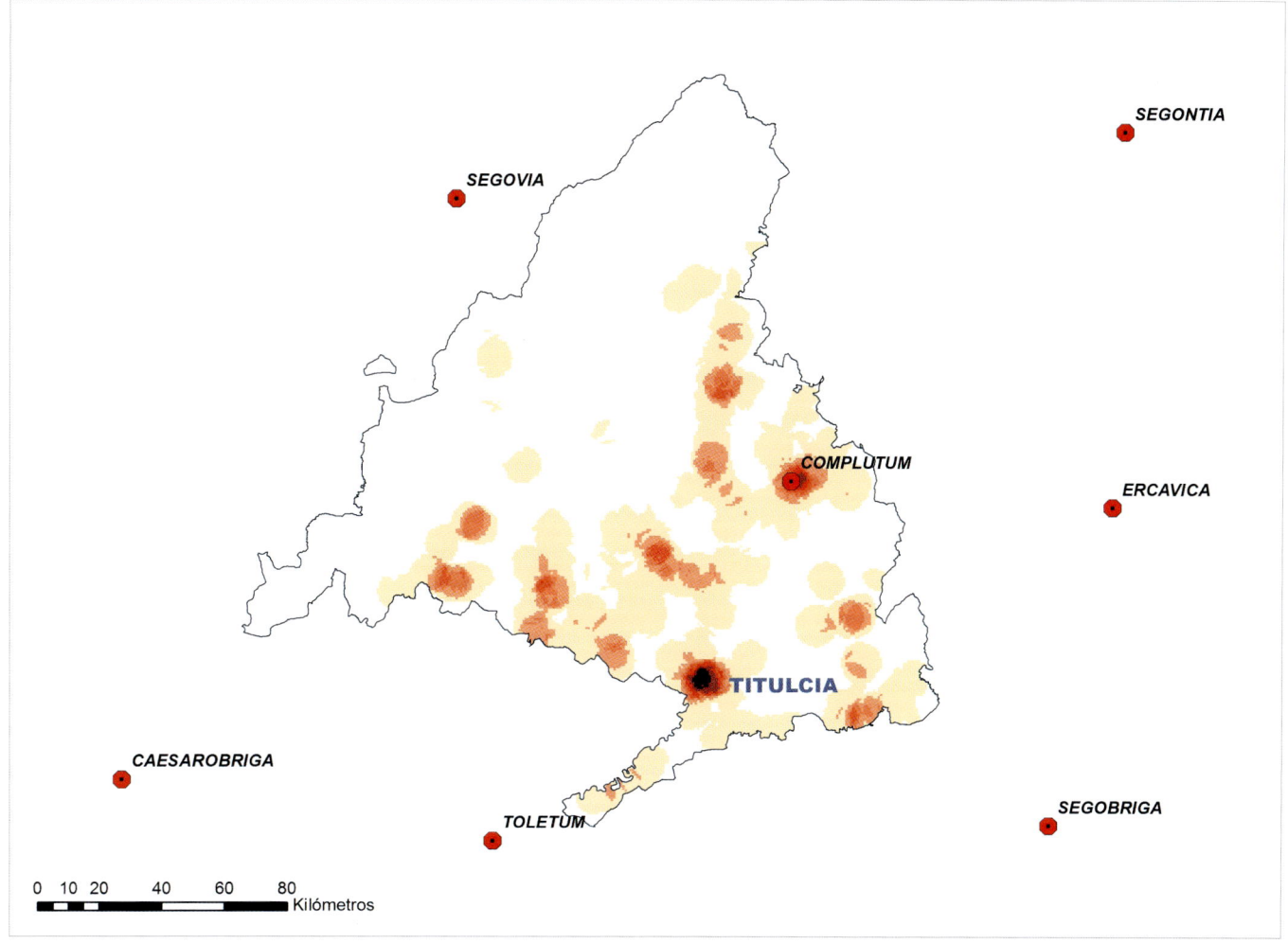

Figura 103. Mapa de densidad de yacimientos de época romana en la región de Madrid en función de la base de datos Inphis de la Comunidad de Madrid.

Este último aspecto —la densidad de yacimientos en torno al núcleo de Titulcia— resultará muy interesante cuando se analice el poblamiento rural de su territorio periurbano.

En resumen, parece claro que hay un núcleo de muy alta concentración de yacimientos en torno a la actual Titulcia, densidad que es la mayor de la región de Madrid y que sin ningún género de dudas estuvo en un punto muy significativo de la vía romana, en la mitad del trayecto entre Toledo y Alcalá de Henares.

Además, en función de la superposición de los yacimientos existentes a los mejores accesos por el relieve, se detecta otra vía de carácter secundario que, saliendo de Titulcia, conecta el bajo Jarama con el bajo Guadarrama, pasando por Ciempozuelos, Torrejón de la Calzada, Torrejón de Velasco, Cubas de la Sagra y Batres.

Por lo tanto y a la postre, parece claro en función de análisis rigurosos del territorio, alejados de propuestas

heurísticas sin datos arqueológicos firmes, que no hay duda para la localización de la antigua Titulcia de las fuentes clásicas y descrita en los Itinerarios, en el actual municipio de Titulcia (Fernández Ochoa y Salido, 2016: 37 y 48; Bermúdez, 2017: 256; Abascal, 2017: 121).

En este sentido, a Titulcia llegaban varias vías de comunicación identificadas en las fuentes antiguas. La más importante, como hemos analizado anteriormente, y conocida es la vía XXV del *Itinerario de Antonino*, una auténtica autopista de la antigüedad que comunicaba Emérita Augusta (Mérida) con Caesaraugusta (Zaragoza), que se corresponde con la actual Senda Galiana —un importante cordel ganadero del sureste de Madrid fosilizado desde época prerromana— y que comunicaba en el tramo que nos atañe, Toletum con Complutum, en sentido SO-NE.

Otro aspecto por señalar es el topónimo «Galiana», que se ha visto reconocido en sí mismo como indicador de las vías romanas y muchos autores coinciden en este aspecto (Menéndez Pidal, 1934: 272; Abasolo, 1990: 12;

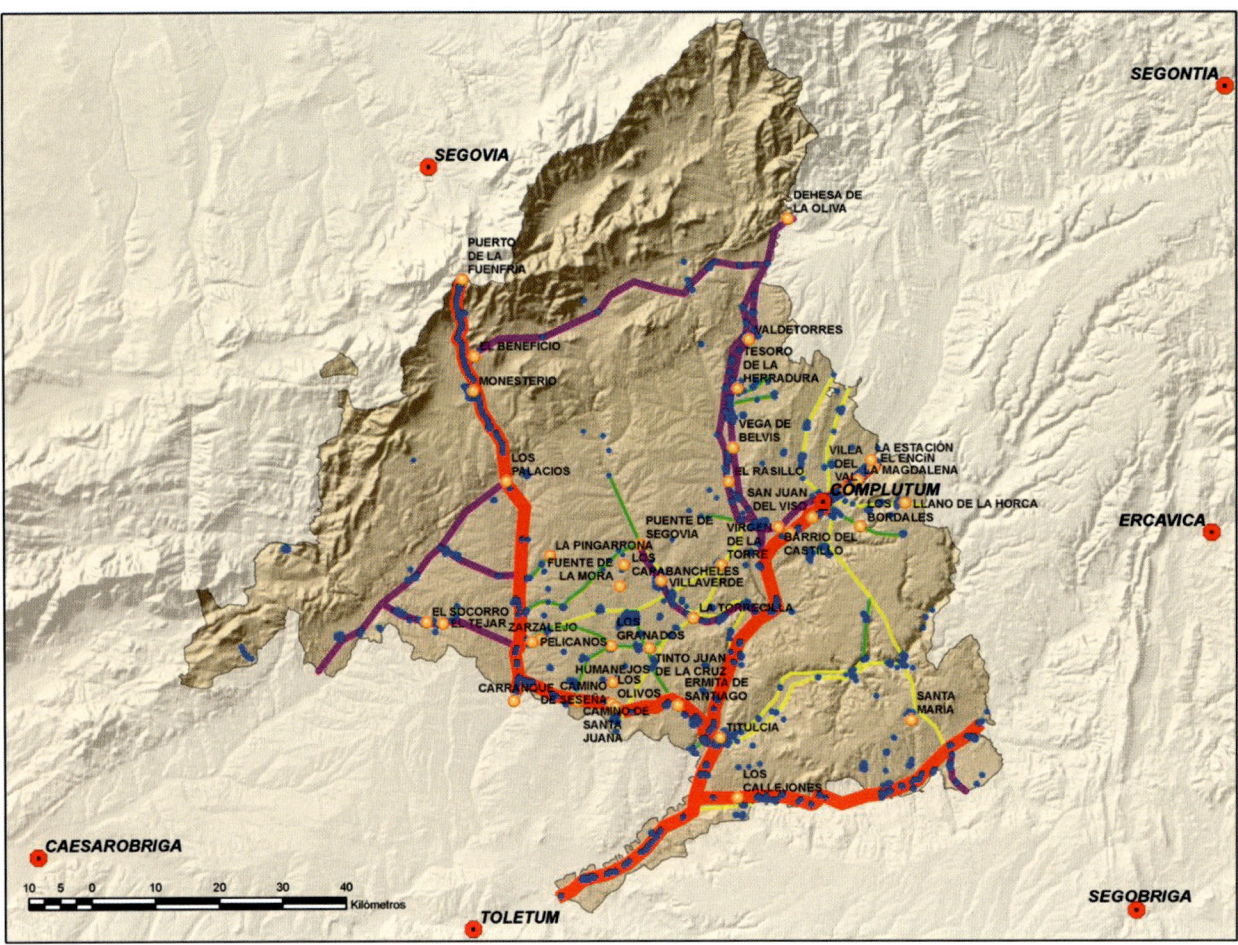

Figura 104. Propuesta de las vías romanas de la región de Madrid según Bermúdez (2017).

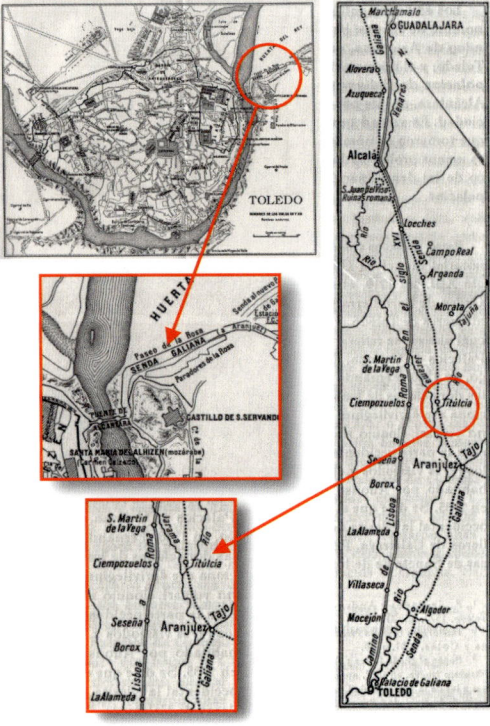

Figura 105. Mapa de la Senda Galiana desde su salida de Toledo y la ubicación de Titulcia, según Menéndez Pidal (1934).

Bello, 2001: 277). Este dato hay que manejarlo en su justa medida y no olvidar que la toponimia, en los casos en los que la delimitación de las vías no es evidente por la falta de infraestructuras —puentes, empedrados, miliarios, etc.—, es una herramienta de primer orden para la delimitación de estas. Así, Menéndez Pidal vincula la frase «vía Galliana» a «vía o calzada que conduce a las Galias», para más adelante aseverar —al relatar acontecimientos que sucedieron en Toledo en época de Alfonso VI— que «… y viniendo concretamente a Toledo, se llama allí senda Galiana al camino viejo que va a Guadalajara, resto de la vía romana que, arrancando de Toledo por el Sur del Tajo, iba a Zaragoza...» (Menéndez Pidal, 1934: 272). Además, aporta en la obra mencionada un mapa en donde ubica la «senda Galiana» o «camino viejo de Toledo» con las principales localidades que se conocen a su paso, entre ellas Titulcia (Menéndez Pidal, 1934: 273, fig. 18).

Desde Toletum, por lo tanto, la vía debió discurrir por la Senda Galiana que saliendo por el puente de Alcántara sube por la margen izquierda del río Tajo, soterrada en gran parte por la carretera N-400, jalonando diversos yacimientos y restos de calzada e incluso alguna

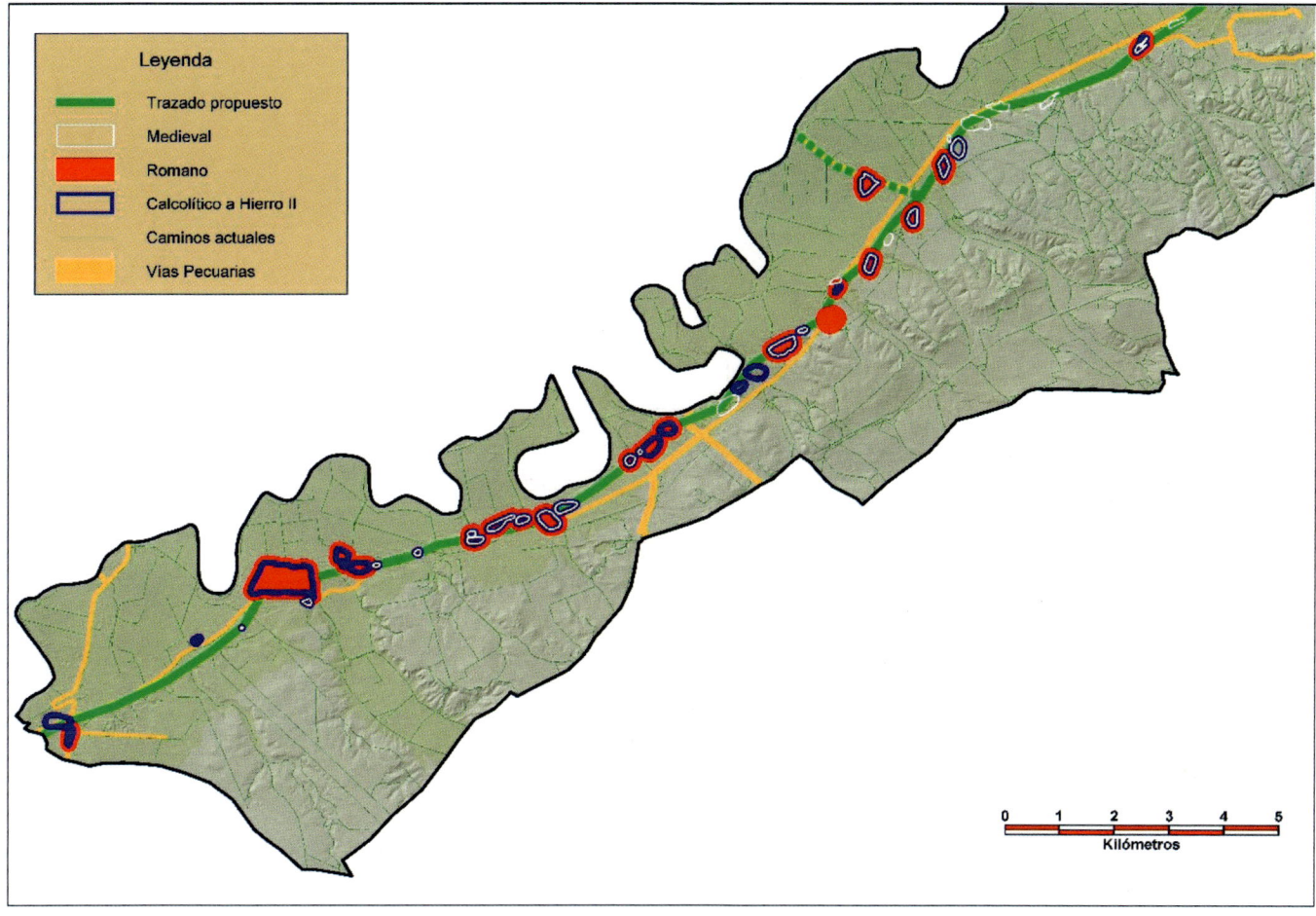

Figura 106. Mapa de yacimientos, obtenido a partir de la base de datos Inphis de la Comunidad de Madrid, según Bermúdez (2017: 251, fig. 7).

piedra miliaria hoy desaparecida en las inmediaciones del puente de Algodor (Toledo) (Blázquez y Blázquez, 1921: 11). A partir de este punto sigue su curso hacía Villamejor y después a Las Infantas (entre la vía férrea y la margen derecha del río Tajo) ya en la provincia de Madrid, muy cerca de Aranjuez. En este trayecto, la vía debió comunicar de manera casi geométrica los diferentes yacimientos romanos que dibujan este trazado, según podemos ver en el mapa generado a partir de los datos elaborados por Bermúdez (2017: 248, fig. 5). En esta zona del suroeste madrileño, los yacimientos están ubicados en una línea casi recta, que no puede ser otra cosa sino la plasmación de un antiguo camino que los comunicaba, llamado de diferentes formas para una única realidad: «camino viejo a Guadalajara», «Senda Galiana» o «vía XXV».

Desde Titulcia hacia el noreste y en dirección a Complutum, la vía sigue la cañada «Senda Galiana»

elevándose paulatinamente por las tierras altas hacia el páramo, ya que la orilla izquierda del río Jarama, en este tramo, es completamente inundable, para ir alcanzando la meseta que separa los valles del bajo Jarama y Tajuña. Con este trazado se obtuvieron las ventajas que los ingenieros romanos trataban de buscar a la hora de elegir la mejor ruta: buena orientación sur para evitar humedades, hielos y bajas temperaturas; terrenos drenados y con escasos cruces de escorrentías por discurrir por la zona más alta y que sirve de delimitación entre las vertientes de ambos valles, lo que evitaría una innecesario gasto en infraestructuras de paso; conservar la línea recta del trazado como uno de los principales condicionantes en la economía de tiempo de traslado, y, por último una pendiente suave y continua en torno al 2 %[6]. Este camino se estuvo utilizando desde la antigüedad hasta finales del siglo XIX para comunicarse con Arganda del Rey y Alcalá de Henares, según tenemos constancia en uno

---

6. Diversos estudios han cuantificado que la pendiente máxima asumible por los ingenieros romanos para el trazado de sus vías, en las zonas intrínsicamente dificultosas —como los puertos de montaña—, era de un 8 % y esto de manera excepcional en sitios en los que no cabía transitar de otro modo y en tramos muy cortos. En general, podría estar entre un 2 y un 6 % (Moreno, 2004: 48).

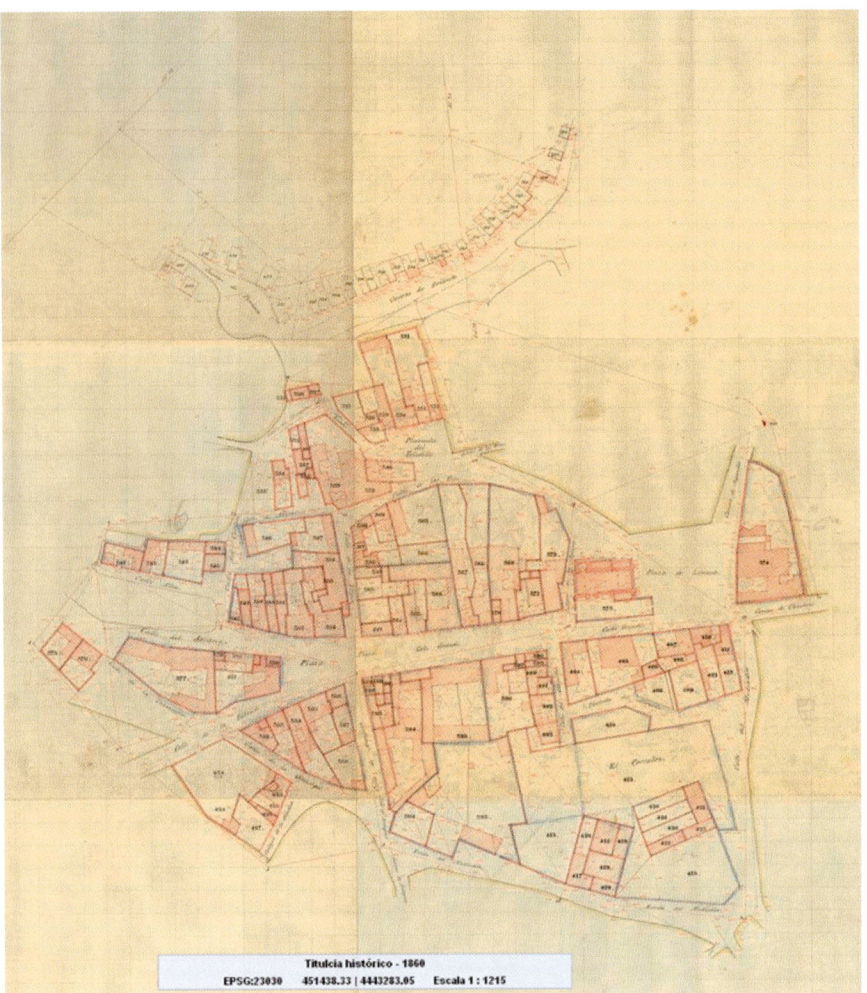

Figura 107. Mapa histórico de población del municipio de Titulcia de 1860.

de planos topográficos de Titulcia más antiguos que poseemos[7].

En este tramo, a un kilómetro de Titulcia en dirección a Arganda del Rey, documentamos hace algunos años huellas de carros esculpidas en el substrato geológico de la propia vía (Polo y Valenciano, 2017: 162, fig. 1). Desde aquí, la vía discurre por lo alto del páramo bordeando los escarpes sobre el río Jarama —siempre por su margen izquierda—, en donde reconocemos topónimos tan significativos como «el Mojonazo», a unos trece kilómetros de Titulcia, en las inmediaciones de la actual fábrica de cementos Portland, ya en el término municipal de Morata de Tajuña. En esta misma zona, encontramos otros dos interesantes topónimos en las inmediaciones de este último, ambos relacionados entre sí, como son la «Casa del Treinta» —en el borde mismo de la Senda Galiana— y el topónimo más general «el Treinta», que

abarca todo este sector. Parece probable que estos dos topónimos estarían relacionados con una unidad de medida, como podría ser la distancia desde algún punto de origen. Si medimos la distancia que hay desde este punto a Complutum, por la Senda Galiana hasta el despoblado de Valtierra —al que luego volveremos— y desde allí hasta Loeches y la ciudad complutense, tenemos un total de 29,60 km aproximadamente, hecho este que nos parece significativo y que sería otro dato para apuntalar nuestra hipótesis de trabajo y el origen de este topónimo.

Además, en esta zona —sin apartarnos en ningún momento de la Senda Galiana— es donde encontramos mayor abundancia de indicios constructivos de la vía. Hemos documentado un total de cuatro puntos en donde se hace evidente la preparación del camino mediante un nivel de gravas de cuarcita de calibre medio.

---

7. Así lo podemos constatar en el plano del municipio de 1860, en donde se denomina a este sendero, a su salida de Titulcia, como «camino de Arganda», lo que demuestra que fue utilizado como conexión habitual con el municipio argandeño, parada obligada en el trayecto hacia Alcalá de Henares.

A partir de este punto, la Senda Galiana gira en sentido norte para ir acercándose a Arganda del Rey, en donde pasa a llamarse «Camino de Bayona». En el reconocimiento visual de este tramo realizado por nosotros en fechas recientes[8], hemos podido constatar la presencia de esta calzada entre el tramo Titulcia-Arganda, por lo menos en tres ubicaciones, en donde incluso se conservan todavía restos de la obra original que debió tener la vía.

Para el correcto análisis del trazado de esta vía es necesario detenerse en este último municipio —más concretamente en el despoblado de Valtierra—, que según el padre Fita podría corresponderse con la Varada citada por Ptolomeo (Fita, 1917: 353), y en donde apareció un miliario de Trajano (CIL II, 4914) —por desgracia desaparecido— que fue fechado en el 101 d. C. (Fita, 1917: 354; Abascal y Fernández-Galiano, 1984: 26), aunque hay otros autores que la adelantan al año 99-100 d. C. (Ruiz Trapero, 2001: 220). Este documento epigráfico es, sin duda, un dato de primer orden de los que avalarían positivamente la localización de Titulcia, ya que permitiría la verificación de uno de los trayectos viarios del sureste de la provincia de Madrid que todavía permanecen sin identificar con claridad. Es evidente que esta piedra itineraria perteneció al tramo de la calzada que enlazaba Titulcia con Complutum, distante desde Valtierra, según la lectura del miliario, en 14 millas[9], justamente en la mitad del trayecto entre ambas ciudades.

De Titulcia, además, salen otras dos calzadas, la vía XXIV que la comunicaba por el norte con Segovia, a través del puerto de la Fuenfría, en donde ya establecimos en su día el verdadero recorrido de esta vía con aportaciones estratigráficas (Fernández Ochoa et al., 2009)[10], y otro camino, que por el sur —la vía XXIX— la comunicaba con Laminium (González-Conde, 1987: 14).

Figura 108. Restos de la vía XXV en las cercanías del topónimo «la Casa del Treinta».

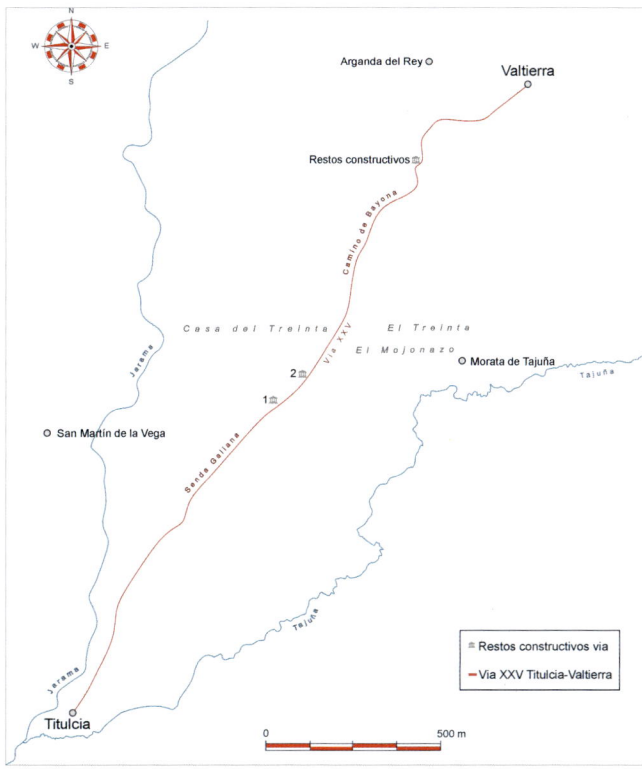

Figura 109. Vía XXV de Titulcia a Valtierra (Arganda del Rey).

2. EL TERRITORIO DE TITULCIA

La reorganización provincial de Hispania fue acometida por Augusto a partir del año 27 a. C., al término de las guerras civiles, ya que esta no se había mostrado eficiente a la hora de administrar la parte occidental del Imperio. Mientras que la administración de

---

8. En la actualidad estamos preparando un trabajo sobre la vía XXV entre Toledo y Alcalá de Henares que verá la luz en fechas próximas.
9. Sobre este miliario, ver el interesante estudio del Dr. Abascal Palazón (2012: 409 y fig. 14) a raíz del redescubrimiento del manuscrito original de las Antigüedades de Ambrosio de Morales (1575-1577) y su comparación con la edición impresa, en el que se evidencia que Morales no respetó la paginación de los epígrafes ni el dibujo original de las piezas, aunque ello no significó que la lectura del miliario que nos ocupa variara sustancialmente o fuera incorrecta.
10. Los trabajos de prospección y excavación que llevamos a cabo en el año 2005 sobre la calzada de la Fuenfría dieron como resultado una nueva propuesta de trazado, fundamentalmente a raíz de evidencias topográficas y excavaciones sistemáticas. La aparición de numerosos fragmentos de TSH, herraduras y clavi caligarii (clavos de sandalia) en la segunda fase del estudio —con sondeos estratigráficos— posibilitó que en la actualidad se conozca el verdadero recorrido de época romana, radicalmente diferente del conocido hasta la fecha, ya de época borbónica. Aparte de la publicación mencionada en el texto, se puede consultar el Informe Final de la Intervención Arqueológica.

Figura 110. Mapa del *territorium* de Titulcia.

la provincia Baetica estuvo en manos del Senado, la Lusitania y la Citerior fueron provincias imperiales, administradas por un gobernador a las órdenes directas del emperador (*legatus Augusti pro praetore*).

Esta implantación del gobierno provincial redundó en una expansión del proceso romanizador a todos y cada uno de los lugares de la península ibérica, posibilitando una evolución cultural y económica a este lado del Mediterráneo sin precedentes. La forma de vida a la romana, con todo lo que ello implica, se fue imponiendo de manera rápida y continuada en un proceso transformador que no tendrá marcha atrás, con un sólido sistema político y continuado en el tiempo (Navarro, 2010: 189).

En su inmensa mayoría, el actual territorio de la provincia de Madrid en época romana estuvo encuadrado en la provincia Hispania Citerior, la más extensa de todo el Imperio y casi con total seguridad una de las más diversas en cuanto a sus contrastes económicos, territoriales y étnicos. Solo el extremo occidental de la provincia (en torno a la localidad madrileña de

Cenicientos) quedaría fuera de la Citerior, encuadrándose en la Lusitania (Abascal, 2017: 118).

Conocemos, hasta la fecha, tres municipios latinos asentados en la región de Madrid: Complutum, Mantua Carpetanorum y la propia Titulcia, de los cuales los dos primeros pertenecieron al *conventus Caesaraugustanus*, quedando Titulcia en el denominado Carthaginiensis, con capital en Carthago Nova, por otro lado, el *conventus* más grande de la Hispania romana.

El territorio de una ciudad romana era, básicamente, la zona de influencia económica de donde se nutría la ciudad y en la que, a su vez, la ciudad ejercía su jurisdicción administrativa, judicial y religiosa. En definitiva, una comarca más o menos extensa, según los casos, en la que la ciudad ejercía el control y explotación de los recursos agropecuarios, mineros, fluviales, etc., para su suministro. Pero, además, el *territorium* marcaba claramente la jurisdicción efectiva de los magistrados locales, que se encargaban, entre otras atribuciones, de actualizar el censo anual de las propiedades locales —tanto urbanas como rústicas—, labor imprescindible para asignar las correspondientes contribuciones económicas de los ciudadanos. En este sentido, *civitates* y *territorium* fueron una unidad indisoluble y se retroalimentaron mutuamente en el tiempo durante los primeros siglos del Imperio.

El territorio de Titulcia (el *ager Titulciensis*) debió ocupar una franja de terreno que se extendía, *grosso modo*, desde el sur de Aranjuez hasta el norte de Móstoles, teniendo como límites orientales del mismo el río Jarama y una franja al norte del río Tajuña que se extendía hasta las vegas de Morata, Perales de Tajuña, Chinchón y Arganda del Rey, en donde debió ser fronterizo con el territorio de Complutum, Segobriga (Polo y Valenciano, 2017: 165; *idem*, 2014: 92) y Caraca (Gamo, Fernández y Sánchez, 2018: 200). Por el oeste se ha puesto el límite en el curso medio del río Guadarrama, donde limita con el territorio de Mantua, y más al sur, junto a las localidades de Arroyomolinos y Torrejón de Velasco, ambas pertenecientes a Titulcia, en donde haría frontera con el territorio de Toletum (Abascal, 2017: 121, figs. 4 y 5)[11].

Por lo tanto, en este territorio quedarían englobados los actuales municipios de Móstoles, Getafe, Leganés, Fuenlabrada, Arroyomolinos, Parla, Ciempozuelos, Seseña, Pinto, Valdemoro, etc. *Grosso modo*, podríamos decir también que el antiguo territorio de Titulcia estaría articulado principalmente por accidentes geográficos, en nuestro caso por los ríos: al este el Manzanares, Jarama y Tajuña, al sur el Tajo y al oeste el Guadarrama.

En suma, la ciudad para el mundo antiguo no era estrictamente el núcleo urbano, sino el terreno que lo rodea hasta los confines con el siguiente *ager* de la ciudad vecina. Este territorio está plenamente antropizado y algunos autores han definido tres niveles de transformación diferentes: el primero correspondería con la propia *urbs*, en el inmediatamente adyacente a esta estarían los campos de labranza, y en el tercero, el territorio representado por los terrenos salvajes por donde discurrirán irremediablemente los caminos y las mercancías (Bendala y Abad, 2008: 20).

3. CARACTERIZACIÓN DEL ENTORNO URBANO

Delimitar exhaustivamente el límite de las ciudades se hace en el mejor de los casos muy complicado por carecer de todos los elementos que componían de forma general una *urbs* romana y, por lo tanto, reconstruir este espacio con certeza absoluta es una tarea ardua y no exenta de grandes dificultades. En nuestro caso, además tenemos el problema de que el municipio actual parece que pudiera estar superpuesto a la antigua ciudad romana, por lo que trataremos de definir en las siguientes líneas los argumentos que manejamos en la actualidad para tratar de delimitar el perímetro de esta en época imperial.

Mientras que el grueso de la investigación arqueológica sobre Titulcia se ha materializado estos últimos años sobre las zonas del yacimiento de clara adscripción carpetana (Polo y Valenciano, 2014; Valenciano, Polo y Blánquez, 2014; Valenciano y Polo, 2017), no lo es tanto el número de excavaciones sistemáticas que se han producido sobre los contextos de cronología romana. Este hecho ha sido debido a varios factores que debemos tener en cuenta; por un lado, a que la antigua ciudad romana debe de estar soterrada, en su inmensa mayoría, bajo las construcciones actuales, y por otro, a que las nuevas zonas de expansión constructiva del municipio se han desarrollado en ámbitos ligeramente alejados del casco y, por ende, con presencia romana más escasa —pero no menos importantes—, aunque estas han incidido en construcciones o estructura periurbanas —como los alfares o las necrópolis—. A esto hay que añadir que, indefectiblemente, las excavaciones en terrenos urbanos están muy relacionadas con la frenética actividad constructiva de principios del siglo XXI, y esta se vio aminorada en la última década, por lo que las intervenciones arqueológicas en terreno urbano han sido exiguas en estos últimos años.

Por estas razones, nos encontramos con serios problemas para tratar de caracterizar el entorno urbano y los límites de la antigua ciudad, al no tener ningún edificio excavado en su totalidad y que nos pudiera dar la pauta de una identificación espacial o funcional de la zona investigada. Por ende, parece que la configuración interna del núcleo urbano en época romana sigue las pautas, *grosso modo*, que así se dictaminan para ellas en los bronces jurídicos, *ad exemplum urbis*, esto es, como en la propia Roma, por lo cual los espacios reservados a las actividades artesanales y productivas hallan su acomodo en el exterior de los centros urbanos, así como también los espacios funerarios. Estos

---

11. Coincidimos en la delimitación del *ager* de Titulcia, propuesta por el profesor Abascal (2017: 121, fig. 4), a excepción de la zona del *ager* Complutensis situada entre las confluencias de los ríos Jarama y Tajuña y que penetra prácticamente hasta las puertas de Titulcia. No nos parece posible que el territorio de Complutum llegara a escasos metros de la ciudad, por lo que la delimitación del *ager Titulciensis* por su lado noreste debió discurrir más alejado de la actual Titulcia, quizás al eje definido por Rivas-Arganda-Perales de Tajuña.

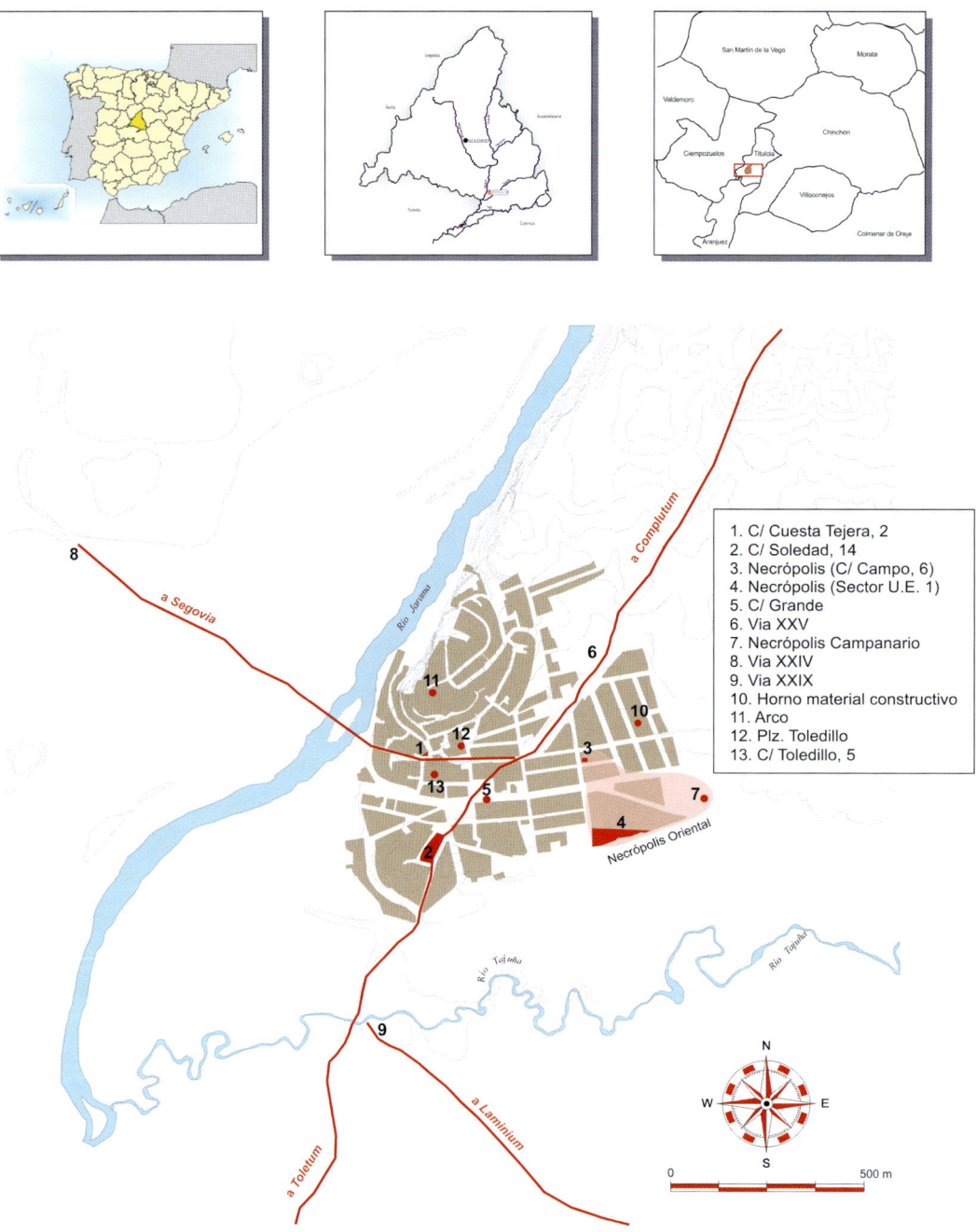

Figura 111. Asentamiento y necrópolis de Titulcia.

dos elementos han sido de capital importancia para tratar de delimitar el espacio interno de la ciudad.

En este sentido, la metodología para tratar de explicar lo que pudo ser el *municipium* romano de Titulcia y obtener unos límites aproximados se debe concentrar en rastrear todos los hallazgos conocidos e identificar su tipología en la medida de lo posible, para así determinar el espacio interno y externo de la ciudad. Para ello habrá que prestar especial atención a la identificación de las zonas artesanales, la red viaria, los ámbitos funerarios, las zonas de vertederos e incluso las de captación de recursos.

En muchas ocasiones estos límites entre la zona urbana (*urbs*) y el campo (*ager*) no estuvieron tan estanqueizadas como podemos suponer, a pesar de que toda una serie de leyes trataron de establecer los límites y las diferentes zonas de actividad. Por lo tanto, se hace imprescindible aplicar una metodología que haga hincapié en el estudio del *territorium*, de la periferia en sentido amplio, para de esta forma ir conformando el espacio urbano. El estudio espacial del territorio de Titulcia no se ha abordado en profundidad y solo disponemos de los datos ofrecidos por la Carta Arqueológica y prospecciones antiguas. No parece plausible otorgarle carta de naturaleza a un entorno urbano sin conocer los centros productivos que debieron existir a su alrededor y que de alguna manera surtieron de productos a la ciudad y al entorno.

Conocemos diferentes enclaves, ninguno de ellos excavado de manera estratigráfica, que han sido asimilados tradicionalmente como *villae*. A falta de un estudio territorial serio, estos elementos se situaron alrededor del núcleo de la ciudad, en un entorno más o menos próximo que estaría entre 1 y 4 kilómetros y distribuidos a lo largo de las fértiles vegas del río Jarama y Tajuña. La misma caracterización de estos enclaves periféricos, hoy por hoy, es inviable sin tener datos de excavación sistemática, por lo que es complicado establecer si hay alguno de ellos que pudiera considerarse con residencia señorial, *villae* en sentido tradicional, *vicii*, etc. Sin embargo, el mero hecho de conocer su ubicación y su extensión nos puede aportar una idea preliminar sobre la conformación del *territorium* de Titulcia.

Este «espacio cultural» que engloba el núcleo urbano y sus centros productivos conformaría un modelo económico habitual en el mundo romano. Pero es imprescindible, en este modelo de ordenación territorial, contar con un eje que pueda vertebrar el tránsito de mercancías, de ideas, de costumbres, de creencias. En este sentido, ya hemos apuntado en otros trabajos cómo cuatro ejes viarios confluyen en el municipio según las fuentes itinerarias (Valenciano y Polo, 2017: 163) y en concreto una de ellas, la vía XXV del *Itinerario de Antonino*, atraviesa el municipio con sentido SO-NE y en donde, en algunos tramos, se observa la huella que ha ido dejando el continuo discurrir de los carros durante cientos de años (Polo y Valenciano, 2017: 162).

Desde luego, y con el conocimiento que poseemos en la actualidad —a falta de mayor número de excavaciones sistemáticas—, no podemos definir con precisión estas zonas periurbanas, al contrario de lo que ocurre en las grandes ciudades hispanas, en donde gracias a un mayor número de excavaciones e incluso a la existencia de epigrafía que hace referencia a

determinados «barrios», se han podido establecer y caracterizar de modo exhaustivo las áreas suburbanas de las mismas, como en el caso de Colonia Patricia Corduba (Córdoba) (Garriguet, 2010: 369)[12]. En el caso de Titulcia, y en función de la extensión de la zona urbana que manejamos en la actualidad, estas áreas no debieron de ser muy extensas y más bien debieron constreñirse a núcleos de mediano tamaño, a excepción —claro está— de las zonas funerarias, que tuvieron —por lo que conocemos por las excavaciones realizadas— una extensión mayor (en torno a 1 ha).

3.1. Las zonas artesanales y productivas

Si bien la vida urbana en el entorno de la ciudad aportaba grandes ventajas a sus habitantes en cuanto a infraestructuras, comercio, oportunidades de crecimiento y salto social —y esto a la postre fue un polo de atracción poblacional importantísimo—, también generó que estas «aglomeraciones» fueran en ocasiones un foco de actividades que no hacían cómoda la vida ciudadana, vinculadas en ocasiones a malos olores, ruidos y humos. Para solventar estas situaciones, se intentó la ordenación de la ciudad en determinados barrios artesanales y la solución fue el traslado de estas, como se ha puesto de manifiesto en el complejo alfarero de Tritium Magallum (Sáenz, 2016: 150 y fig. 11), en el que estas actividades se fueron desplazando al exterior y en ocasiones —dada su envergadura— se convirtieron en verdaderos *vici*.

La delimitación de las zonas artesanales, industriales[13] y productivas de las ciudades hispanas, sabemos que estuvo regulada desde la administración, como por ejemplo en la Lex Ursonensis. En ella se establecían los parámetros que debían regir la ubicación de determinadas actividades que se consideraban insalubres, peligrosas o molestas para la ciudadanía y que por lo tanto no podían estar ubicadas en el interior de la ciudad, por lo que se imponían graves sanciones para quienes no acataran esta norma (Fernández Baquero, 2016: 66)[14]. En este sentido, no han sido muchos los conjuntos urbanos en donde se hayan podido identificar con claridad los «barrios» artesanales, más allá de excavaciones parciales y hallazgos casuales.

---

12. Este ejemplo es muy significativo, en donde varios epígrafes de la ciudad de Corduba hacen referencia al *vicus forensis* y al *vicus hispanus*, sendos «barrios urbanos» (CIL II, 7, 272-273).

13. Para la determinación del concepto del carácter artesanal o cuasi industrial de la producción de la Terra Sigillata Hispanica, es necesario ver la síntesis ofrecida por Sáenz (2014) en la que analiza magistralmente estos aspectos en los que, en este trabajo, no nos vamos a detener.

14. Por ejemplo, en el capítulo 76, se indica que ningún ciudadano podrá tener en el interior de la ciudad un horno que produzca más de trescientas tejas diarias, bajo pena de perder el terreno y el edificio, que pasará a manos municipales: «Figlinas teglarias maiores tegularum CCC tegu|lariumq(ue) in oppido colon(iae) Iul(iae) ne quis habeto. Qui | habuerit it aedificium isque locus publicus | col(oniae) Iuli(ae) esto, eiusq(ue) aedificii quicumque in c(olonia) | G(enetiva) Iul(ia) i(ure) d(icundo) p(raerit), s(ine) d(olo) m(alo) eam pecuniam in publicum redigito».

Un caso bien estudiado y con un número muy alto de estructuras documentadas es el de Augusta Emerita, en donde se localizaron todo un conjunto de instalaciones artesanales de muy diferente tipología —*fliginae* (alfarerías), hornos, molinos, orfebrerías, talleres de vidrio, *fullonicae* (lavanderías y tintorerías), talleres de objetos de hueso, etc.— y ubicadas en la orilla este del río Guadiana, en el *suburbium* inmediato a la ciudad. Si bien no todas las actividades artesanales están fuera de la misma, sí la inmensa mayoría (Bustamante, 2013: 131), y en ningún caso existen en el centro de la ciudad, lo que se ha interpretado como la imposición de una férrea disciplina urbanística por parte de las autoridades locales.

Otro ejemplo similar lo encontramos en la ciudad romana de Pompaelo (Pamplona), en donde intervenciones arqueológicas de urgencia han sacado a la luz un importante núcleo artesanal fechado entre los siglos I-III d. C. con instalaciones de alfareros, metalistería, talleres de hueso, vidrio y curtidos, situados en la periferia sur de la ciudad (García-Barberena y Unzu, 2013: 221).

También observamos esta sectorización de la actividad artesanal en la distribución de los barrios industriales en la ciudad romana de Carthago Nova, en donde recientes investigaciones ponen de manifiesto la existencia de estos barrios en las zonas periféricas de la misma, caso de la ladera occidental del Cerro del Molinete (*arx asdrubalis*), con instalaciones alfareras, pequeñas tintorerías, hornos de vidrio, piletas y posibles zonas de curtido (Arias y Egea, 2007: 437), o en el sector oriental de la ciudad (actual Barrio Universitario), en donde se han detectado alfarerías y pequeños hornos metalúrgicos (Noguera y Madrid, 2014: 26).

En resumen, parece claro que la artesanía alfarera fue una actividad con eminente carácter urbano (Sáenz, 2016: 153), regida por leyes concretas y con disposiciones muy claras en cuanto a su ubicación y disposición en la periferia de las ciudades. Este dato es tremendamente importante para caracterizar el espacio urbano de Titulcia.

En nuestro caso se han documentado los restos de actividad alfarera en dos zonas del municipio. En la primera de ellas, en la calle de la Cuesta Tejera, 2, se encontraron multitud de evidencias de alfar, y en la segunda, en los alrededores de la Senda Galiana, dos estructuras de horno. Ambas localizaciones cumplen con los parámetros básicos que para estas instalaciones marcan las leyes romanas —esto es, no encontrarse en el interior del conjunto urbano— y están situadas en la periferia cercana, en lo que hoy consideramos las zonas exteriores de la ciudad romana. Además, una de ellas está a escasos metros del río Jarama, del que debió nutrirse —Cuesta Tejera, 2—, y la otra, al borde de la calzada romana, de la que debió de beneficiarse — Senda Galiana—. Por lo tanto, su ubicación topográfica nos ha servido para tratar de proponer y dibujar los límites que debió de tener Titulcia en época imperial.

III.3.1.1. La *figlina* de Licinius

III.3.1.1.1. La estratigrafía

Durante el año 2006 se realizó una intervención arqueológica en la calle Cuesta de la Tejera, núm. 2[15]. Un solar situado en el extremo occidental del actual casco urbano de Titulcia y que limita con los desniveles topográficos que caen sobre la vega del río Jarama; una zona que se ubica muy cerca de las grandes cuestas que comunican la parte llana del municipio con los elevados escarpes de la zona de El Cerrón, tradicionalmente asociada a la ubicación de la acrópolis indígena.

Allí pudimos documentar un conjunto muy interesante de materiales, depositados en un contexto estratigráfico de unos tres metros de profundidad, en el que se podían observar diferentes niveles arqueológicos que cronológicamente se desarrollan desde el último momento indígena, en torno al siglo II-I a. C., hasta el siglo III d. C. Nada sabemos de las estructuras que pudieran haber existido asociadas a estos niveles arqueológicos, dada la limitada intervención que se realizó en su día, con la realización de una sola cata estratigráfica.

El depósito estratigráfico, en sus niveles más profundos, comienza con las cerámicas comunes y pintadas de tipo ibérico con superficies muy cuidadas y con esquemas decorativos típicos de esta época como «líneas onduladas verticales» —también llamadas «aguas» o «cabelleras»— entre bandas rojo-vinosas más o menos definidas. La presencia de este tipo de cerámica pintada ibérica es claramente minoritaria en este momento y podría fecharse en torno a la segunda mitad del siglo I a. C.

---

15. El topónimo «Tejera» ha tenido varios significados en la toponimia menor española, en la mayoría de los casos relacionados con elementos vegetales, como la presencia del árbol del tejo, y aunque gramaticalmente el bosque de tejos se denomina «tejeda», la palabra en ocasiones se cruza con la denominación de «tejera», que es una evidencia directa a la hora de definir un lugar en donde existe o existió un «alfar». En nuestro caso, parece evidente que el topónimo fosilizado en el nombre de la calle que nos ocupa debe hacer referencia a la existencia de una instalación alfarera en la memoria colectiva, que se ha ido heredando a lo largo de los siglos.

Figura 112. Reconstrucción ideal del complejo alfarero de la calle Cuesta Tejera, 2 (Titulcia). Dibujo de Arturo Asensio Moruno.

Acompañan a estos tipos las denominadas cerámicas «jaspeadas», bien representadas en los yacimientos carpetanos clásicos como Yeles (Toledo) (Cuadrado, 1973: 357), Illescas (Toledo) (Valiente, 1990: 335), Corral de Almaguer (Toledo) (Santos *et al.*, 1990: 315), Cerro de la Gavia (Madrid) (Morín y Urbina, 2012: 207), Villarejo de Salvanés (Madrid) (Pérez y Bueno, 2007: 337) y típicas en general de la zona carpetana, que van a tener una presencia mayoritaria en los últimos momentos del poblamiento de esta época. Es característica fundamental de este tipo el empleo de una decoración pintada a base de la aplicación con cepillo grueso o brocha, de una aguada de diferentes tonos que va del negruzco al rojizo intenso y naranja, pero predominando el color castaño, sobre superficies alisadas sin engobe. Estas decoraciones esquematizan la imitación a la madera (Valiente y Balmaseda, 1983: 141; Urbina, 1998: 186). Tipológicamente encontramos tinajillas u ollas globulares de borde vuelto con labios tipo «pico de ánade» y también rectos, junto a platos de borde exvasado y con cocciones mayoritariamente oxidantes.

Hay que señalar que, en la estratigrafía del yacimiento de Cuesta Tejera, 2, las cerámicas «jaspeadas» tienen una larga perduración y están presentes desde el siglo I a. C. —conviviendo con cerámicas pintadas de tipo ibérico— hasta momentos relativamente tardíos, apareciendo junto a fragmentos de *terra sigillata* itálica, pintadas romanas de tradición indígena, y *terra sigillata* hispánica, que nos acercan al cambio de era y al siglo I d. C. Este hecho no resulta diferente de lo que acontece en otros contextos de yacimientos cercanos, como el Cerro de la Gavia (Madrid), en el que se apunta una perduración de estos materiales hasta el momento carpetano tardío, época sertoriana o incluso al cambio de era (Morín y Urbina, 2012: 207). Esta misma situación parece repetirse en el yacimiento toledano de El Cerrón de Illescas, en donde las cerámicas jaspeadas están presentes en la secuencia cronológica hasta avanzada la romanización (Valiente y Balamaseda, 1983: 141), o en el yacimiento de la Ermita Virgen de la Torre (Vicálvaro, Madrid), en donde aparecen estas producciones junto a numario republicano de la mitad del siglo I a. C. (Fuentes y Uscatescu, 2017: 339)[16].

16. En concreto, un denario del cónsul Mn. Cordius Rufus, fechado en el 46 a. C.

Figura 113. Cerámica pintada ibérica con motivo de líneas onduladas verticales o «cabelleras».

A partir de este momento —primer cuarto del siglo I d. C.—, comienzan a aparecer tímidamente materiales característicos de época romana altoimperial, como la *terra sigillata* hispánica (TSH), junto con fragmentos de platos de *terra sigillata* hispánica brillante (TSHB) y las pintadas romanas de tradición indígena tipo Meseta Sur[17], que aportan porcentajes significativos dentro del elenco ceramológico.

Las formas mayoritariamente representadas en los tipos Meseta Sur son los vasos globulares de labio sencillo —forma 18a— y los de labio moldurado —forma 18b— (Abascal, 1986), estos últimos claramente minoritarios. Presentan decoraciones pintadas bícromas a base de bandas paralelas de color rojo vinoso —en ocasiones delimitadas por un fino trazo negruzco— que conforman frisos horizontales en los que se inscriben normalmente las decoraciones: líneas onduladas verticales, retículas oblicuas, escaleriformes, puntos seriados o el típico árbol esquemático. Todo ello sobre

una preparación previa del vaso con una aguada/engobe de tono anaranjado brillante. Las pastas suelen ser muy depuradas, con una buena cocción, lo que les proporciona firmeza y un característico sonido metálico.

En cuanto a su cronología, fueron datados de forma precisa en la Casa de Hippolytus (Complutum, Alcalá de Henares) en época claudia junto con materiales gálicos (Polo, 1998: 163)[18], en una tumba de Segobriga entre el 25-50 d. C. (Abascal, 1986: 110). Estos productos, en líneas generales, no debieron sobrepasar la primera mitad del siglo II d. C.

A partir de la mitad del siglo I d. C. aparecen formas del repertorio hispánico de *terra sigillata* (formas 8, 15/17, 27, etc.) junto con materiales de cerámica común de mesa y cocina, que serán ya claramente mayoritarios.

La secuencia estratigráfica parece que termina en torno a finales del siglo II d. C., no apareciendo materiales tardíos entre los ejemplares recuperados en la excavación.

3.1.1.2. Elementos de alfar: separadores y ajustadores

Junto a los materiales cerámicos antes comentados, detectamos la presencia de otros elementos subsidiarios de los propios alfares, que en muchas ocasiones no han sido bien identificados en las excavaciones arqueológicas o no se les ha prestado un adecuado análisis, como son los separadores y ajustadores —también denominados «prismas cerámicos»— (Gutiérrez, Sáez y Reinoso, 2013). Estos elementos están relacionados con las funciones de cocción, secado y almacenaje. Su origen, en la península ibérica, se remonta a las primeras colonias comerciales fenicias[19] y hoy en día se los considera un elemento tecnológico de primer orden para identificar la presencia de hornos y testares.

Los separadores son anillos cilíndricos con pie elevado que debieron de servir para separar las piezas dentro

---

17. La denominación de estos tipos de cerámicas pintadas de época romana como «Meseta Sur» fue propuesta por el Dr. Dimas Fernández-Galiano (1984: 441) en función de un área geográfica que él delimitó por las provincias de Toledo-Cuenca-Madrid y Guadalajara. Además, caracterizó someramente los tipos decorativos y la atribución cronológica en función de diversas excavaciones en el Cerro de San Juan del Viso y Complutum.

18. En concreto este tipo morfológico (Abascal 18a) apareció en un contexto cerrado, tipo vertedero, de la Casa de Hippolytus, asociado a una forma de TSG 15/17 con marca de alfarero OF SABINI.

19. Sobre la incorporación de estos elementos al marco tecnológico de los hornos en la península ibérica a partir de las primeras colonizaciones fenicias y su origen sirio-cananeo, se hace imprescindible la consulta del excelente trabajo de Gutiérrez, Sáez y Reinoso (2013). En su investigación se rastrean estos elementos con multitud de paralelos en el ámbito mediterráneo y se proponen tipologías, funcionalidades y cronologías, sentando las bases fundamentales para su estudio.

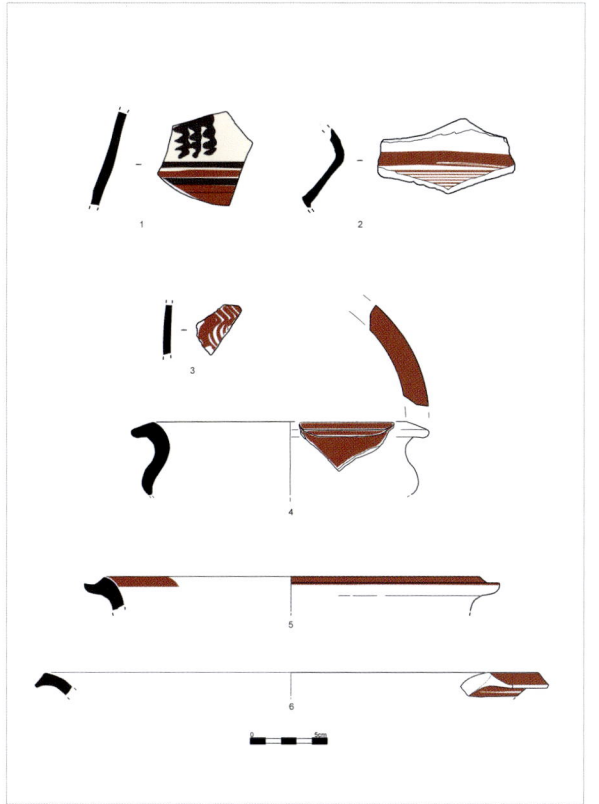

Figura 114. Cerámica pintada ibérica y jaspeada carpetana.

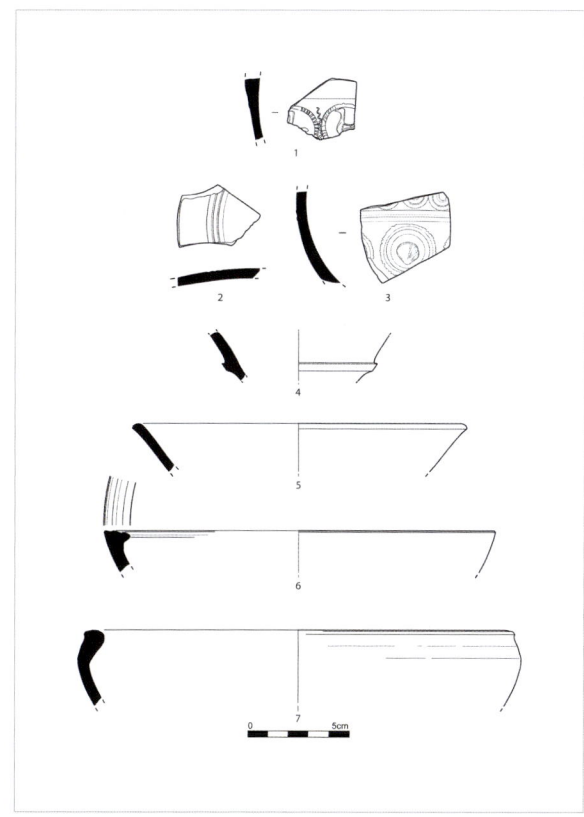

Figura 115. Fragmentos de TSH (1-5) y TSHB (6 y 7).

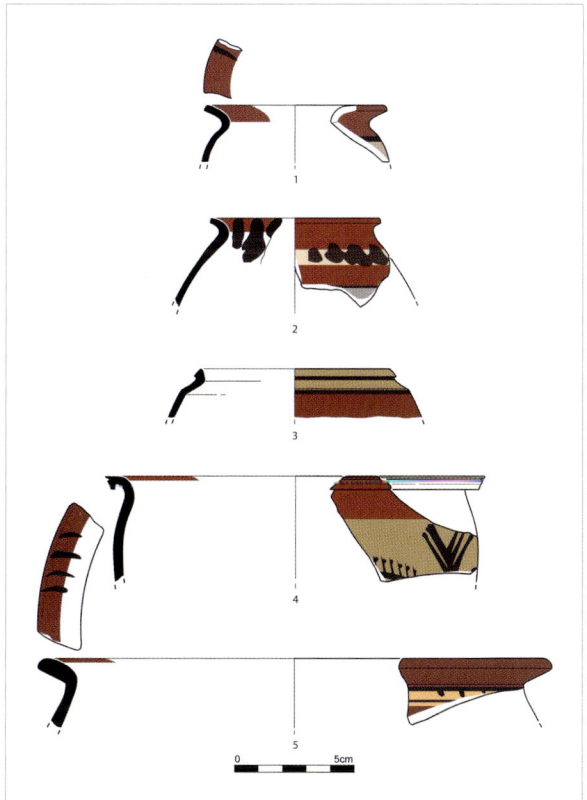

Figura 116. Vasos globulares de cerámica pintada romana de tradición indígena tipo Meseta Sur, forma Abascal 18a (1, 2 y 5), Abascal 18b (4).

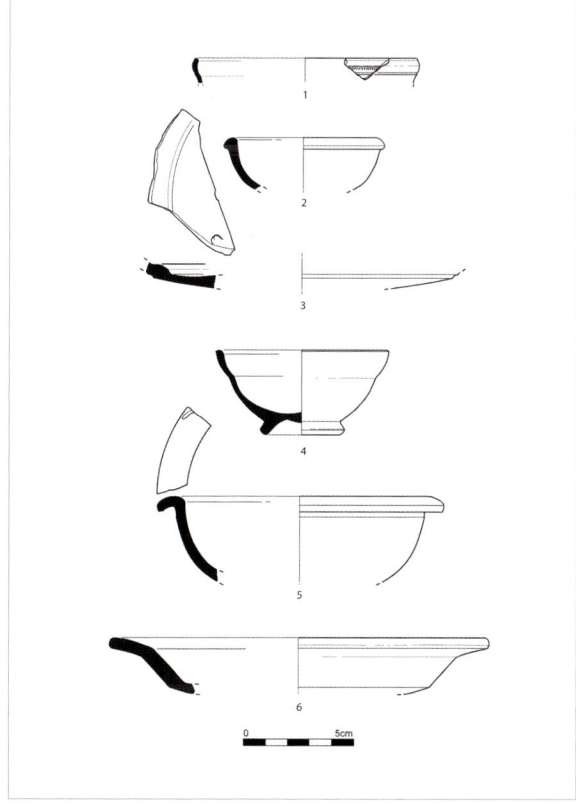

Figura 117. TSI (1) y TSH (2-4).

Figura 118. Separadores.

Figura 119. Ajustadores.

del horno y así evitar problemas con los barnices y engobes, o en el propio alfar para el secado de las piezas, y están facturados a torno.

Los ajustadores se utilizaban para distanciar y colocar de forma segura la forma cerámica en la cámara de cocción del horno y normalmente están fabricados a mano, *in situ*, con barro cocido en el que se pueden apreciar las digitaciones producidas al moldear

el elemento. Estos últimos muestran tamaños muy variables, pero con el denominador común de presentar una sección triangular más o menos definida en sus vértices.

La presencia de estos ajustadores —o prismas cerámicos de forma triangular— se ha constatado en un buen número de yacimientos ibéricos en la zona de la Contestania y han sido muy bien sistematizados en los estudios sobre el alfar de la Illeta dels Banyets (El Campello, Alicante) (Perdiguero-Asensi, 2019). Elementos similares aparecen en los alfares riojanos —caso del complejo alfarero de Bezares— con idéntica funcionalidad (Garabito, 1978: 30, lám. 87), en el alfar de Santa Cruz de Baños de Río Tobía (La Rioja) (De Las Heras, 1988: 97, fig. 16), en el alfar de *sigillata* de Talavera de la Reina (Juan, 1983: 172), o en Calagurris (Calahorra) (Cinca, 2000: 328; Cinca *et al.*, 2009: 179). La cronología que podemos apuntar es de mediados del siglo I d. C.

La aparición de estos ajustadores y separadores, junto con otros aspectos significativos de las cerámicas documentadas en la excavación y que comentaremos más adelante, es de enorme importancia para la caracterización de este lugar como *figlina* (alfar) (Polo y Valenciano, 2014: 168, lám. 3). Es evidente que hay una relación intrínseca entre estas piezas y la funcionalidad del sitio, por lo que estamos convencidos que estos elementos tuvieron que estar y pertenecer a la producción alfarera que se desarrolló hacia la mitad del siglo I d. C. en el enclave de Cuesta Tejera, 2.

3.1.1.3. Defectos de cocción

Entre todos los fragmentos cerámicos de esta excavación, se detectó un significativo número de materiales que presentaban abundantes defectos, con paredes reviradas, labios aplastados sobre el cuerpo, pastas con caliches que sobresalían en las paredes de la forma y fracturas abundantes junto con escorias vitrificadas.

Este hallazgo es doblemente interesante, ya que aporta una ubicación periurbana para este alfar (que nos delimita el lado oeste de la ciudad romana) y además demuestra inequívocamente la presencia de un taller alfarero desde la mitad del siglo I d. C. (Valenciano y Polo, 2016: 149) que producía cerámicas pintadas romanas de tradición indígena tipo Meseta Sur, en concreto y con seguridad, la forma Abascal 18a.

3.1.1.4. Grafitos y marcas de taller

Una cantidad muy significativa de conocimientos y aspectos relacionados con la estructura de la sociedad hispanorromana, de la idiosincrasia de los individuos, sus orígenes, estatus y condición social del usuario —esclavo, liberto, etc.—, nos la proporcionan las inscripciones epigráficas sobre soporte cerámico que normalmente se denominan en los estudios específicos como «graffiti». Estos los podemos encontrar en dos variantes: *ante cocturam* o *post cocturam,* según se trate de grafitos realizados antes de la cocción de

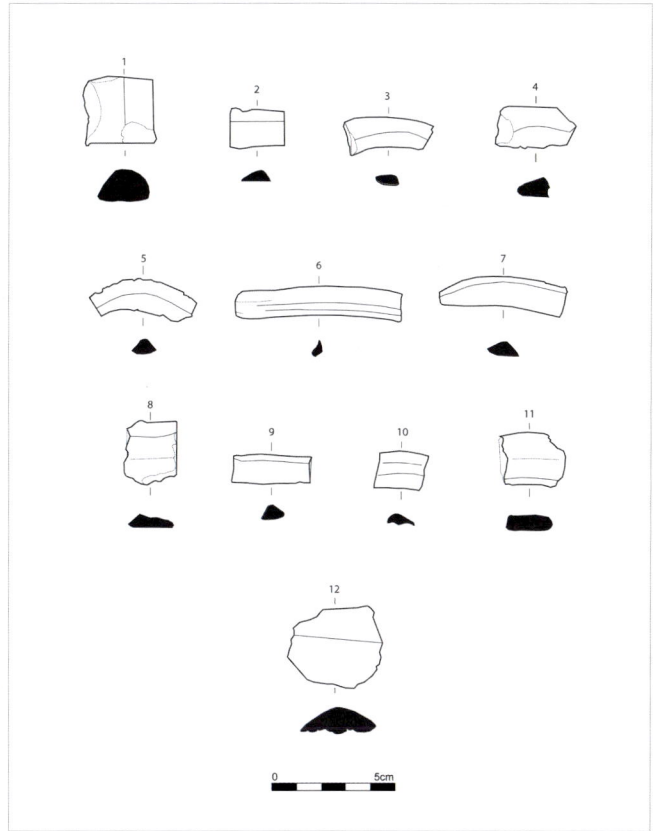

Figura 120. Ajustadores y soportes.

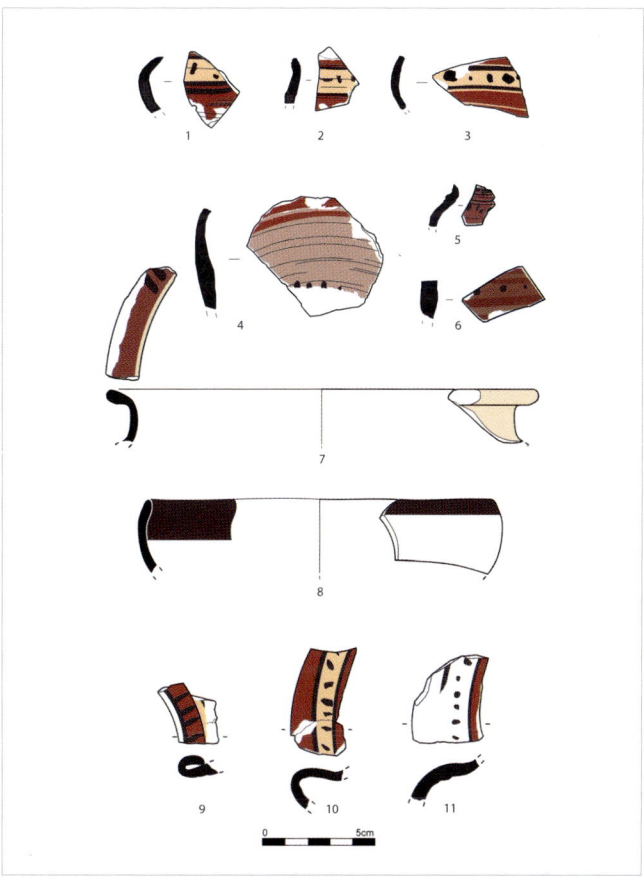

Figura 121. Defectos de cocción en cerámica pintada de tradición indígena.

la pieza cerámica —y que normalmente se relacionan con el dueño de la *figlina* o del propio alfarero— o posteriormente a la cocción de la pieza —y que se relacionan en la mayoría de las ocasiones con el usuario final de la pieza, como marcas de propiedad o uso—. Al fin y al cabo, estas epigrafías menores, inscritas casi siempre en el fondo exterior de los vasos cerámicos y realizadas con estiletes y buriles, servían para identificar al propietario y así evitar el robo o la confusión a la hora de su utilización.

Como se ha apuntado en otros trabajos de investigación, los nombres de los individuos a los que hacen referencia los grafitos pertenecen a una población latina o latinizada, como ocurre en los contextos altoimperiales de Complutum (Rascón *et al.*, 1994: 266) o Augusta Emerita (Hidalgo *et al.*, 2012: 138), por citar solo un par de ejemplos.

En el contexto arqueológico de Titulcia y en concreto de la *figlina* de Cuesta Tejera, aparecieron dos ejemplares con inscripción *post cocturam* y ambos con marca de taller.

El primero de ellos presenta grafitos en la base y galbo exterior de un vaso de *terra sigillata* hispánica de la forma 15/17, con la inscripción *VR[---?]*, que podría tratarse de la abreviación de un nombre personal como VRBANUS (Polo *et al.,* 1999: 577; Sánchez-Lafuente, 1990: 11) o quizá las iniciales de un *duo nomina*. En su base interior, conserva una marca de alfarero sobre una forma hispánica 46 e inserta en un cartucho rectangular sencillo y a su vez inscrita dentro de un círculo de 35 mm. La lectura no ofrece ninguna duda y se puede leer OF.G.SCR., por lo que parece que pudo pertenecer al alfarero G. SCRIBONIVS de Tritium Magallum. La fórmula de la firma que aparece en Titulcia está representada así mismo en centros del norte de África como Volúbilis y Sala (Boube, 1965: 150), además aparece en Complutum —bajo la forma CRIBON— (Fernández-Galiano, 1976: 75), en Arcobriga (Juan, 1992: 73) y recientemente se ha dado a conocer en el yacimiento arévaco-romano de Termes (Pérez y Arribas, 2016: 137). Hasta hace pocos años, se tenía la percepción que este alfarero solo comercializaba sus productos en la Mauritania Tingitana, estando escasamente representado en los contextos altoimperiales peninsulares; sin duda, este fenómeno se ha debido la escasez de datos que han proporcionado hasta ahora las intervenciones arqueológicas, por lo que este panorama está cambiando paulatinamente, al que se suma nuestro ejemplar.

El segundo ejemplar grafitado se corresponde con un plato de *terra sigillata* hispánica*,* de la forma 15/17, con inscripción *V[---?]* en su fondo exterior, del que caben otras muchas lecturas. En su fondo interior aparece la marca del taller —o *sigilla*— CAI.LV.OFI. Puede tratarse de un sello con nomen y cognomen de un ceramista del centro productor de Tritium Magallum (Tricio, Prado Alto) o la agrupación de dos alfareros —CAIUS y LVCRETUIVS— (Garabito, 1978: 245). Este alfarero —o la agrupación de ambos— no tiene una presencia significativa fuera del centro productor de Tricio, a excepción de los centros del norte de África, como Banasa, Cotta, Lixus o Volúbilis. Esta producción ha sido encuadrada cronológicamente en época de Domiciano (81-96 d. C.).

Junto a estos elementos, apareció una pesa de telar (*pondus*) de forma paralepipédica y base rectangular de 336,6 gr de peso, con dos orificios pasantes de suspensión y con sello en la cara superior del mismo, realizado antes de cocción. Presenta cartela simple rectangular monolineal de bordes ligeramente curvados, de medidas 3,3 × 1,5 cm y con texto en su interior, que se lee de forma directa, de izquierda a derecha, y con algún carácter reflejado (caso de la «N»). En ella se puede leer *LICINI(I)* (literalmente, «de Licinius»), lo que debe de hacer alusión directa al propietario de la *figlina* en la mayoría de las ocasiones (Simón, 2008: 266).

La funcionalidad de estos elementos, de forma general, viene determinada por su utilización en los telares como contrapesos para tensar los hilos, aunque algunos investigadores les han atribuido una relación directa como unidad de peso y medida (Martín *et al.*, 1995: 77) e incluso otros los han relacionado con elementos de orden ritual. En yacimientos romanos tan significativos como en los alfares de Los Villares de Andújar, han aparecido numerosos elementos de este tipo entre los desechos de alfar, de donde se ha apuntado la idea de que pudiera haber existido una *oficina textoria* que los hubiera fabricado junto con las demás producciones cerámicas (Moreno *et al.*, 2013: 301). En el caso de Titulcia, el contexto arqueológico es muy similar, ya que esta pieza apareció asociada a desechos de alfar y fallos de cocción, de diferentes producciones cerámicas.

Un elemento epigráfico similar al aparecido en la calle de Cuesta Tejera, en este caso sobre *tegula,* está depositado en las colecciones epigráficas de la Real Academia de la Historia (Abascal y Gimeno, 2000: 268)[20],

---

20. Fragmento de *tegula* con medidas de 14,8 × 20 × 2,6 (n.º de inventario 1141), con idéntica marca *Licini(i)* a la aparecida en Titulcia.

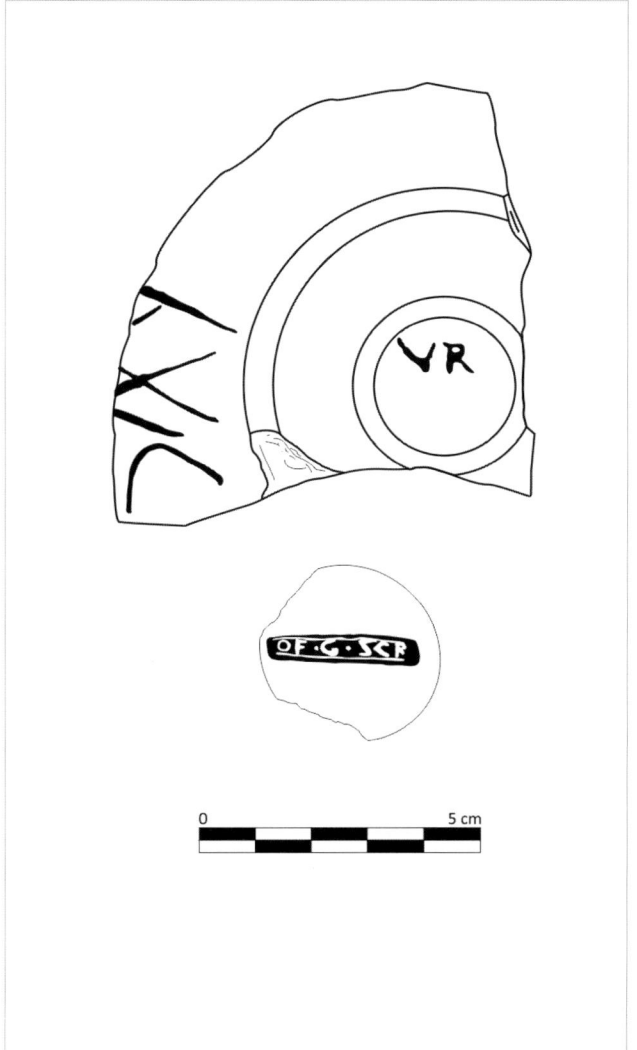

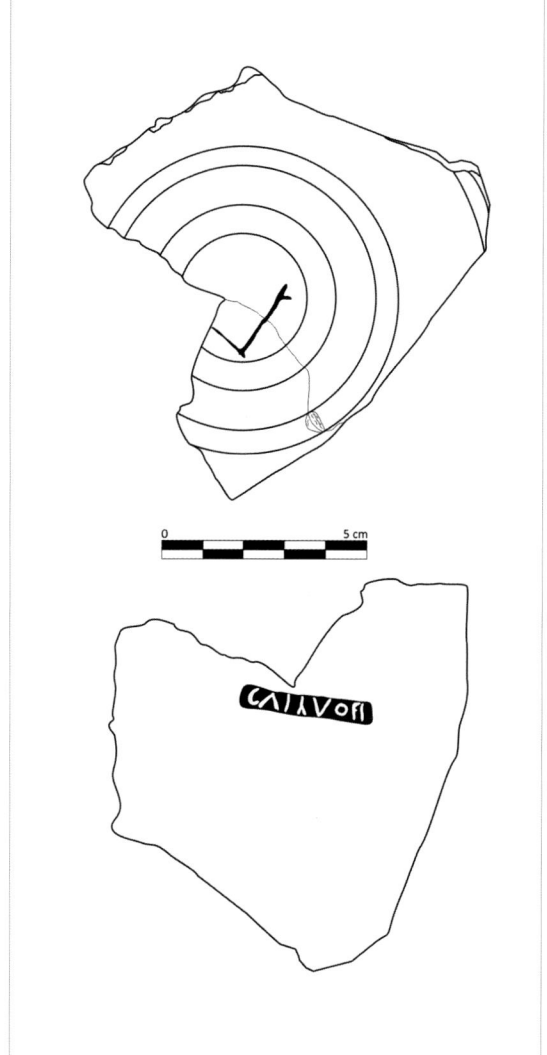

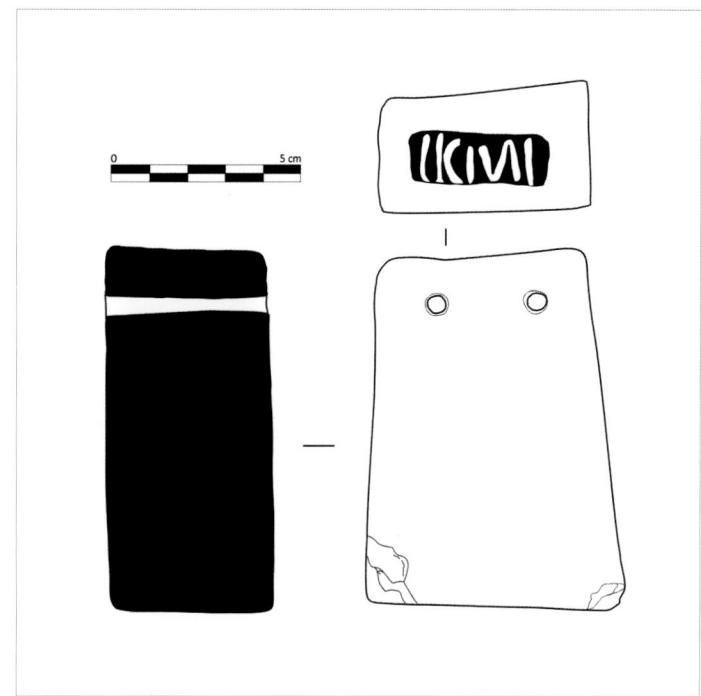

Figura 122. Marca de alfarero y grafito sobre *terra sigillata* hispánica.

Figura 123. Marca de alfarero y grafito sobre *terra sigillata* hispánica.

Figura 124. *Pondus* o pesa de telar con la marca LICINI(I) aparecido en la *figlina* de la calle de la Cuesta Tejera, 2 (Titulcia, Madrid).

con medidas de cartela de 2 × 6 cm —justamente el doble que nuestro ejemplar— y por desgracia de procedencia desconocida. Llama poderosamente la atención la idéntica similitud de este sello con el que presentamos ahora, por lo que creemos con toda certeza que este debió de provenir del entorno de Titulcia, si no del mismo taller de Licinius.

Existen otras inscripciones en el entorno cercano de Titulcia en las que el sujeto de estas tiene como nomen *Licini(i)*. Así, en el municipio de Morata de Tajuña —a escasos 15 km— se menciona en las Relaciones Topográficas de Felipe II una inscripción de carácter funerario en la que se puede leer (Ceán Bermúdez, 1832: 95):

> D(is) [M(anibus) S(acrum)]
> Licinia [---]

Así mismo, se conocen otras dos inscripciones funerarias de la antigua Complutum con nomen *Licinia/us*; la de *Licinius Iulianus Uxamensis* (CIL II 3036), fechada a finales del siglo I o comienzos del siglo II d. C. (Knapp, 1992: 119), y la de *Licinio Fessto* (realizada la inscripción a su vez por *Licinia Quieta*), fechada en la segunda mitad del siglo II d. C. (Ruiz, 2001: 87) y que se ha señalado como una de las principales familias complutenses durante este período (González-Conde, 1987: 121). Así mismo, se documentan un nutrido grupo de *Licinia/us* en la ciudad de Uxama (García Merino, 1987: 100).

El nomen *Licinius* fue bastante repetido en la epigrafía hispana, contabilizándose más de trescientos ejemplos (Abascal, 1994: 29) a los que sumamos el que presentamos en estas páginas. La *gens Licinia* tuvo una numerosa representación epigráfica en Lusitania, en el valle del Ebro y en Levante, pero sobre todo en la colonia augustea de Barcino (Berni *et al.*, 2005: 168), siendo una familia que tuvo grandes propiedades en el nordeste de Hispania, en el denominado *fundus Liciniorum* y en el que posiblemente el arco de Bará —a las puertas de Tarraco— marcaría su límite (Melchor, 2013: 121). La importancia de la *gens Licinia* de Barcino queda puesta de relieve en la promoción de algunos de famosos integrantes, como el tres veces cónsul L. Licinius Sura, consejero del emperador Trajano, nombrado en veintidós pedestales en esta ciudad, junto con su liberto L. Licinius Secundus, que ejercería como subalterno de sus negocios (Berni *et al.*, 2005: 169).

También hay una nutrida representación de esta familia en la Betica, concretamente en la ciudad de Italica, en donde son una de las principales familias de la clase decurional, e incluso promocionaron al orden senatorial. En este sentido, estas grandes familias, como en el caso de Barcino antes comentado, solían tener libertos destacados al frente de sus negocios (Molina, 2008: 249). La *figlina* de Licinius quizás podría tratarse de un caso similar, en el que un liberto está al frente de la misma como encargado de la gestión de los negocios de su patrono.

Y por último, como breve repaso de esta importante *gens*, hemos de aludir a varios restos epigráficos que se han estudio de esta familia en el municipio romano de Laminium (Alhambra, Ciudad Real), con el que Titulcia conectaba directamente por una vía que partía hacia el sur atravesando las tierras de la Alcarria. En este municipio flavio se documentan varios epígrafes de esta familia, que en origen procedían de la ciudad romana de Saetabis (Játiva, Valencia), en los que estos ocuparon importantes puestos en las magistraturas locales.

3.1.2. La *figlina tegulariae* de la Senda Galiana

Otra zona importante para tratar de delimitar el espacio urbano de la ciudad de Titulcia es la periferia este, lo que se denominó en su día como «SAU D», hoy parcialmente urbanizado. En las excavaciones que se produjeron en esta zona como consecuencia de la expansión del municipio por su lado oriental, aparecieron diferentes construcciones que hemos relacionado con actividades artesanales de carácter latericio. Las estructuras aparecidas se corresponden con dos hornos, varias estructuras murarias y algunos vertederos cerámicos[21].

Este hito, por otra parte, cumple con las características que suele presentar la ubicación de los alfares en ambientes urbanos (Juan, 1990)[22], ya que se encuentra al borde de la vía —en este caso, la que une Titulcia con Complutum—, a la salida del núcleo urbano y en su

---

21. Damos las gracias a nuestro querido colega D. Jorge Juan Vega y Miguel, arqueólogo director de los trabajos efectuados, que nos ha proporcionado la Memoria Final de la excavación y algunos otros datos de notable interés para determinar la funcionalidad de estas estructuras. Para su consulta, ver: J. J. Vega y Miguel: *Memoria de la intervención arqueológica realizada en S.A.U. D «La Soledad» de Titulcia (Madrid). Campaña del año 2000 y campañas de los años 2005-2008*, informe depositado en la Dirección General de Patrimonio Cultural de la Comunidad de Madrid (inédito).

22. Para estudiar la correcta relación entre complejos alfareros y vías de comunicación, consultar el excelente trabajo de Luis Carlos Juan Tovar (1990: 294), en el que se hace hincapié en la innegable necesidad de ubicar este tipo de talleres al borde de vías seguras y

Figura 125. Restos del horno de material constructivo documentado en la Senda Galiana (Titulcia, Madrid).

entorno inmediato; además, se encuentra en una zona de suelos favorables de donde es posible efectuar la extracción de materia prima (Beltrán, 2004: 24).

Tipología de los hornos

Del primero de los hornos documentados —que estuvo excavado en el terreno geológico para conservar mejor el calor y favorecer su aislamiento térmico—, se conservó el *praefurnium* y parte de la cámara de combustión, que es la única que pudo ser documentada, forrando la estructura interna de la misma con adobes y ladrillos enlucidos de barro en su cara externa. La planta de este es rectangular, con seis *pilae* de adobes afrontadas tres a tres (aunque creemos que faltó por excavar algunas más). Sus medidas aproximadas son de 2,60 × 2 m y la orientación del eje del lado más grande es N-S. Presenta un corredor central, alineado con el *praefurnium,* con las *pilae* de sustentación de la parrilla en los laterales, lo que en la tipología de los hornos romanos se correspondería con el tipo IIb de Cuomo di Caprio (1971: 407). Nada sabemos de la cubierta del horno —que pudo ser permanente, semipermanente o temporal—, ya que no se conservó. Una estructura de similar morfología se documentó en el

alfar romano de Villamanta (Madrid), en donde la Dra. Zarzalejos (2002) estudió de forma exhaustiva y pormenorizada un horno que presenta unas características constructivas y tipológicas muy similares y que fue fechado en el último tercio del siglo I d. C. (Zarzalejos, 2002: 79).

Respecto a la funcionalidad de este horno y los materiales que pudieran haberse producido en él, pudimos ver en su día, durante los trabajos de excavación, numerosos restos de *imbrices* con fallos de cocción y deformidades evidentes, por lo que parece oportuno relacionarlos con la producción del horno. En este sentido, parece que el horno de la Senda Galiana también es similar al de Villamanta, en el que la producción de *imbrices* está fuera de toda duda, aunque su investigadora no descarta que, a falta de la localización de sus respectivos testares, no nos sea posible aseverar que estos hornos no produjeran alguna otra variedad cerámica de forma esporádica (Zarzalejos, 2002: 89). También en Talavera de la Reina, por mencionar un ejemplo relativamente cercano, se documentó un horno de similar funcionalidad y características estructuras (Morales y De la Llave, 2015: 503). Apuntalando este argumento, se ha indicado de igual manera que,

bien comunicadas. Además, la ubicación de estos alfares constituyó un factor de primer orden para la mejora de las vías de comunicación y, por ende, como foco de atracción de poblamiento.

Figura 126. Horno n.º 2 de la *figlina tegulariae* de la Senda Galiana (Titulcia, Madrid).

Figura 127. Estratigrafía de un vertedero de la *figlina tegulariae* de Senda Galiana.

en la evolución tipológica de los hornos de Tritium Magallum, se observa como los hornos rectangulares se dejan de utilizar para la cocción de la producción cerámica y su uso pasa a ser fundamentalmente para la cocción de material laticio (Sáenz, 2014: 151).

La segunda estructura presenta unas características diferentes en cuanto a tamaño. En planta se define con forma cuadrangular, con unas dimensiones de 1 m de alto por 1,40 m de ancho y con una pilastra en el

interior de la cámara de combustión que sujeta la pared oeste de la estructura. Con orientación este-oeste, conservaba parte de la parrilla y un pequeño alzado de la cámara de cocción (*laboratorium*), todo ello realizado en adobes. En la zona frontal conservaba dos *pilae* de ladrillos —de dimensiones 20 × 20 cm— que debieron enmarcar el inicio del *praefurnium*; del resto no se conservó nada, a excepción de una pequeña porción del suelo rubefactado. Toda la estructura tuvo un revestimiento de arcilla que parece haber sido colocado por presión con las manos, ya que se recuperó algún fragmento con improntas de los dedos. Este revoco, aplicado sobre la estructura de los adobes/ladrillos, impide las pérdidas y fugas caloríficas cuando el horno está a pleno rendimiento. El fragmento de parrilla que llegó hasta nosotros estuvo formado por un ladrillo de forma rectangular —con dimensiones de 60 × 50 cm y un grosor de 10 cm—, alrededor de la cual aparecen cuatro pequeños orificios pasantes lateralizados —realizados con pequeños adobes de 20 × 10 cm— por los cuales subía el calor de la cámara de combustión, aunque en origen tuvo que completarse con otros tantos ladrillos colocados en sentido horizontal. En cuanto a su tipología, parece corresponderse, al igual que el anterior, al tipo IIb de Cuomo di Caprio.

En todo caso, en cuanto a la funcionalidad de estos dos hornos de Titulcia, parece oportuno catalogarlos como pertenecientes a una *figlina tegulariae* y, por lo que sabemos hoy en día, enfocados a la producción de material constructivo.

Entre ambos hornos, se pudieron documentar parcialmente tres estructuras excavadas en el terreno de forma oblonga subcircular, reduciéndose en anchura conforme se profundizaba —alcanzando los 1,5 metros de desarrollo vertical—, rellenas de materiales cerámicos —*terra sigillata* hispánica, cerámica pintada romana tipo Meseta Sur[23], cerámicas comunes de mesa y almacenamiento, escorias y restos de material constructivo (fundamentalmente ímbrices)— y que en origen podría haber servido para la adquisición de materia prima para la fabricación del material constructivo o incluso para el mantenimiento y reparaciones. Este tipo de estructuras son relativamente frecuentes en las cercanías de los hornos, aunque no siempre interpretadas de forma correcta.

Además, este complejo se encuentra situado muy cerca de la necrópolis oriental, de la que dista una

---

23. Llama significativamente la atención que, del conjunto de material cerámico recuperado en las inmediaciones de los hornos, las cerámicas pintadas romanas de tradición indígena —tipo Meseta Sur— supongan el 24 % del material selecto procesado. Así mismo, las cerámicas

cincuentena de metros. En ocasiones se han querido ver ciertas interrelaciones entre los complejos alfareros y determinadas necrópolis que se sitúan cercanos a ellos, de lo que hay algunos ejemplos significativos en la Bética y la Lusitania. Sin que lo podamos interpretar así en nuestro caso, estas necrópolis se han caracterizado como los espacios funerarios de los propios complejos alfareros y no debieron ser un caso aislado ni puntual (Bernal *et al.*, 2006: 243).

3.2. Las zonas de captación de materia prima

Las zonas de captación de materia prima no han tenido la suficiente atención por parte de los estudios especializados sobre alfares, hornos y cerámica a la hora de identificar y caracterizarlos correctamente en las excavaciones arqueológicas. Estas zonas de captación han sido en ocasiones identificadas como simples vertederos —en el mejor de los casos— y por desgracia, en muchas otras, obviadas. Las zonas de captación de materiales —arcillas, limos, etc.— para las alfarerías se localizaron en las zonas aledañas al taller alfarero o en su proximidad inmediata, para de esta forma economizar los costes de transporte. La huella que dejaron en el subsuelo son depresiones irregulares de forma circular oblonga, de medidas dispares —entre los 50 cm y los 4 m de diámetro— y de profundidad variable —entre los 40 cm y los 2,5 m de profundidad para el caso de Titulcia—. Evidentemente, estas labores extractivas se dan en terreno netamente arcilloso o de características litológicas que permitan la mezcla del material con otros componentes para fabricar cerámica o elementos constructivos.

En el yacimiento de Los Bordales (Villalbilla, Madrid)[24], pudimos constatar en su día la presencia de estos elementos junto a los restos de varios hornos cerámicos y una gran estructura hidráulica; estos presentaban la misma forma oblonga circular excavada en los niveles arcillosos. La relación con los hornos documentados es evidente, y sin duda sirvieron para aprovisionar de materia prima —o incluso para la construcción del propio horno— a los artesanos que poblaron este enclave en los primeros años del siglo I d. C.

Figura 128. Fosas de extracción de arcilla del yacimiento romano de Los Bordales (Villalbilla, Madrid).

Estructuras tipológicamente semejantes se excavaron en el yacimiento de La Alberquilla (Santa María de Benquerencia, Toledo), en donde aparecieron junto a hornos de época carpetana (Gutiérrez *et al.*, 2007: 306). El estudio más completo sobre este tipo de fosas excavadas en el terreno se ha efectuado sobre un conjunto muy amplio del complejo alfarero de Rabatún (Jerez de la Frontera, Cádiz), en donde se identificaron cerca de dos centenares de estas estructuras relacionadas claramente con la extracción de arcillas y que estuvo en funcionamiento desde mediados del siglo I a. C. hasta bien entrado el siglo II d. C. (Díaz *et al.*, 2016: 732).

Centrándonos en Titulcia, hemos podido documentar durante estos años alrededor de medio centenar de estructuras de este tipo, concentradas fundamentalmente en la periferia de lo que pudo ser el núcleo de la ciudad romana.

En el solar de la calle Soledad, 14, de Titulcia[25], realizamos una intervención arqueológica en el año 2008 en la que, entre otras estructuras, pudimos excavar un conjunto de fosas realizadas en el subsuelo de diferente tipología y tamaño. Todas ellas horadan el suelo arcilloso de la zona y fueron rellenadas

---

pintadas romanas «tipo Clunia» están completamente ausentes (datos proporcionados por D. Jorge Juan Vega y Miguel, director de la intervención). Estos datos habrá que estudiarlos pormenorizadamente en posteriores trabajos monográficos, pero podrían estar en relación con la producción que sabemos que realizo la *figlina* de Licinius, en la que se han encontrado numerosos fragmentos del tipo Meseta Sur, con fallos de cocción.

24. Esta excavación arqueológica la dirigimos los autores a finales del año 2004. Para su consulta, ver: J. Polo López y M.ª C. Valenciano Prieto: *Informe final de la excavación arqueológica en el Sector SI-2 «Los Bordales»: Yacimiento arqueológico de Los Bordales (Villalbilla, Madrid).* Informe depositado en la Dirección General de Patrimonio Cultural-Comunidad de Madrid (inédito).

25. Para la consulta del correspondiente informe de la excavación arqueológica, ver: A. Rollano Godoy (2008): *Memoria final de la excavación arqueológica en la calle de la Soledad, 14 (Titulcia, Madrid).* Memoria depositada en la Dirección General de Patrimonio Cultural de la Comunidad de Madrid (inédito). Marzo de 2008.

Figura 129. Excavación arqueológica en la calle de la Soledad, 14, de Titulcia. 1: Localización del solar en el casco urbano del municipio. 2 y 3: Fosas de captación de materia prima. 4: Cantimplora de *terra sigillata* hispánica brillante. 5, 6 y 7: Diferentes recipientes.

posteriormente con material cerámico y restos de fauna. El estudio del material cerámico de esta intervención arqueológica aportó que las fosas se colmataron con diferentes tipos de *terra sigillata* hispánica, *terra sigillata* hispánica brillante (TSHB), cerámica común romana de cocina y mesa y algunas piezas muy significativas de cerámica pintada romana de tradición indígena tipo Meseta Sur. Todo ello nos da una fecha de finales del siglo I-II d. C. Esta zona se encuentra a 150 metros de la *figlina* de Licinius y pudiera tratarse probablemente de una zona de captación de recursos para este alfar.

Otra zona que ha sido muy prolífica en presentar este tipo de estructuras ha sido la calle Grande, eje que vertebra el centro del municipio en sentido este-oeste. Durante el verano del año 2018 y a consecuencia de la realización de una obra de canalización, en las labores

previas de desbroce y control arqueológico se detectó la presencia de abundantes y potentes niveles de época romana. Una vez efectuado el correspondiente desbroce de los niveles de aglomerados asfálticos y niveles superficiales, se constató la presencia, en una gran parte del recorrido de la zanja, de estructuras circulares de diferentes tamaños. Debido a que la excavación se efectuó constreñida al ancho exacto de la canalización que se acometió (1,30 m), no se pudo obtener una topografía extensiva de este tipo de fosas. Aun así, la intervención arqueológica proporcionó importantes datos para el conocimiento y ubicación de los restos de época romana de Titulcia.

De las siete estructuras excavadas, las 3, 4, 5 y 6 se tratan de posibles pozos excavados en el substrato geológico con una profundidad que alcanza, en algunos casos, los 4 metros y con toda seguridad estuvieron

Figura 130. Excavación arqueológica en la calle Grande de Titulcia. 1: Localización de la intervención arqueológica en el casco urbano del municipio. 2: Vista general de la excavación arqueológica con las fosas de captación de materia prima. 3: Esqueleto de cánido encontrado en una de las fosas amortizada como vertedero. 4, 5, 6, 7 y 8: *Terra sigillata* hispánica de época altoimperial. 9, 10 y 11: Cerámica pintada romana de tradición indígena tipo Meseta Sur.

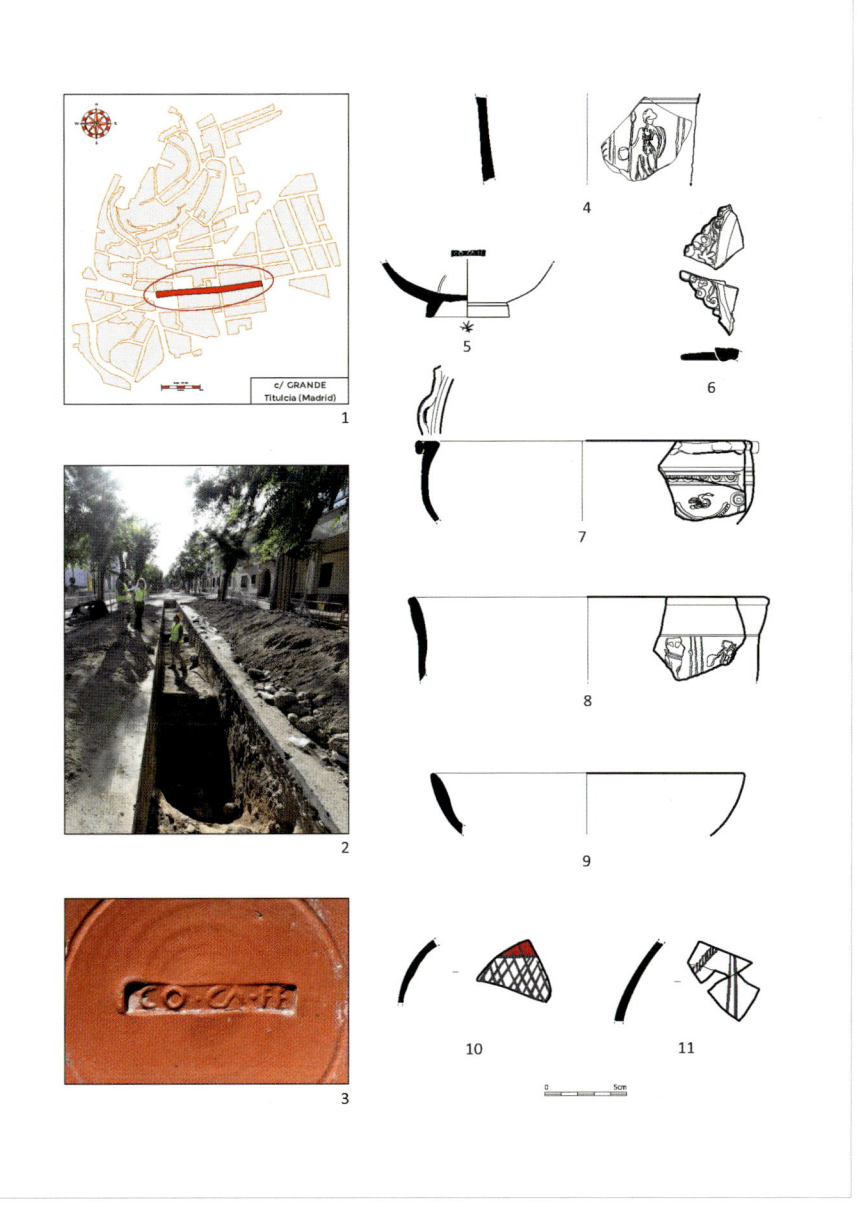

destinados a la extracción de materias primas, tanto de cerámica como para materiales constructivos. Tras finalizar el uso primigenio para el cual fueron realizadas, se amortizaron como basureros y zonas de vertido, generando los rellenos antrópicos que estudiamos en su día[26]. Los restos cerámicos recuperados se sitúan desde la mitad del siglo I d. C. hasta bien entrado el siglo II. Es característica de los contextos excavados la casi total ausencia de materiales cerámicos hispánicos de época tardía, con lo que cronológicamente debemos estar en el momento flavio de la ciudad de Titulcia. Posteriormente, en torno a los siglos VII-VIII d. C., el área se convierte en zona cementerial, con inhumaciones de individuos que más adelante analizaremos con las dataciones absolutas que se les realizaron.

3.3. Los espacios funerarios

Desde el punto de vista del estudio de las referencias del mundo funerario en las fuentes escritas antiguas, la ley más antigua que contiene una prohibición de incinerar e inhumar dentro de las ciudades es la Ley de las XII Tablas, que prohibía, por cuestiones de salubridad, efectuar estos rituales funerarios dentro de la ciudad, y marcaba para el enterramiento, como mínimo, un

---

26. Para la consulta del estudio de materiales y las características de esta intervención, ver: M.ª C. Valenciano Prieto: *Informe de excavación arqueológica para el proyecto renovación del colector en la calle Grande (Titulcia, Madrid).* Informe depositado en la Dirección General de Patrimonio Cultural de la Comunidad de Madrid (inédito). Julio de 2018.

espacio de sesenta pies de la última vivienda (XII, 10, 4), por lo que las necrópolis se situaban fuera de los muros y a lo largo de las principales vías. A pesar de todo, había excepciones de enterramiento dentro del *pomerium* de la ciudad en casos muy excepcionales, como los de algunos hombre ilustres de marcado rango social. Estas leyes se cumplieron a rajatabla por lo menos hasta bien entrado el siglo v d. C., en el que fueron derogadas[27]. Por lo tanto, el *pomerium* se convierte, fundamentalmente hasta la cristiandad, en la frontera entre el mundo de los vivos y de los muertos.

En este sentido, la ley municipal de la Colonia Genetiva Iulia Urbanorum Urso (Lex Ursonensis) reguló todos los aspectos relacionados con el uso del espacio funerario: prohibía de forma concluyente las cremaciones o los enterramientos *intra pomerium* y establecía un perímetro separación a las murallas de al menos quinientos pies, sancionando con fuertes multas a los infractores y llegando incluso al derribo de cualquier construcción que invadiera el espacio funerario. Esta ley, a su vez, recoge las prescripciones de la Ley de las XII Tablas (Lex XII Tabularum) —promulgada en el siglo v a. C.— que rigió para la ciudad de Roma; por lo tanto, parece que esta norma debió de ser una constante en todas las ciudades del Imperio, independientemente de su tamaño, rango o estatus jurídico. En este sentido, las fuentes clásicas argumentan varios aspectos: Cicerón aduce que no ha de incinerarse a los muertos dentro de la ciudad, por el peligro que conlleva incendiar la misma, y san Isidoro aboga más por un tema de salubridad del entorno (Abascal, 1991: 221).

Topográficamente, las necrópolis se ubican, de manera general y mayoritaria, a la salida o entrada de las ciudades, en torno a las principales vías de comunicación y en la confluencia con los caminos secundarios. En este sentido, el mundo funerario romano dedicó un gran esfuerzo constructivo en dotar a los monumentos funerarios de elementos que permitieran el reconocimiento del difunto, en aras de la pervivencia del recuerdo, de la memoria y de la autorrepresentación[28]. Esta preocupación por el hecho de ser recordados implica la realización de un epitafio —con

diferentes fórmulas que fueron variando a lo largo del tiempo— sobre un soporte pétreo, que podía ir desde una modesta inscripción sobre piedra caliza hasta un monumento funerario de los más exóticos materiales, dependiendo del poder económico del difunto y de su familia. Por lo general, la creencia romana en el más allá suponía que un individuo no enterrado con los ritos que emanaban de las tradiciones seculares estaba condenado a vagar eternamente sin descanso y en ocasiones podría incluso volver del mundo de los muertos para molestar a los vivos, por lo que se trataba de cumplir, de forma inexorable, con un enterramiento digno[29]. El terreno en donde un romano era enterrado —ya fuera cremado o inhumado— se convertía en lugar sagrado (*locus religiosus*) y se castigaba de forma implacable la violación de estos, desde el destierro o los trabajos en las minas hasta la pena de muerte (Remesal, 2002: 374).

En cuanto al rito de enterramiento, en el mundo romano se utilizó indistintamente la cremación y la inhumación para despedir a los difuntos, y hay algunas cuestiones sobre la antigüedad del empleo de un rito u otro que son divergentes. Tanto Cicerón como Plinio afirmaron que el rito más antiguo que efectuaban los romanos para sus muertos fue la inhumación, aunque se tiene constancia de que la cremación coexistió sin ninguna tensión con la primera (Vaquerizo, 2010: 27)[30], pero al fin y a la postre la inhumación fue imponiéndose conforme avanzaban los primeros siglos de la era. Esta tendencia paulatina al abandono de la cremación es constatable, por ejemplo, en las necrópolis de la ciudad de Complutum y áreas periféricas (Contreras, 2017: 239), en donde recientes análisis del ritual funerario avalan que, conforme avanza el siglo II y fundamentalmente el siglo III d. C., la generalización del rito de inhumación se fue imponiendo, al igual que ocurre también en otras ciudades hispanorromanas como la misma Corduba (Sánchez Ramos, 2005: 173). Los datos que tenemos de la necrópolis de Titulcia —ejemplos que veremos a continuación— participan de todos estos condicionantes, tanto en su localización con respecto a la ciudad como en los aspectos generales del rito funerario.

27. Las leyes que regulaban el entierro de los difuntos y por ende su prohibición dentro del espacio de la ciudad fueron derogadas por el emperador León (457-474 d. C.).

28. En palabras del profesor Remesal: «Cuando era olvidado, su individualidad desaparecía y el ánima del individuo entraba a formar parte de una masa indefinida, los *dii inferi*, los manes, de los que los romanos creían que podían ser perniciosos para el hombre» (Remesal, 2002: 370).

29. Se dan algunas excepciones, por ejemplo, en el caso de los suicidas por ahorcamiento, que pierden el derecho a la sepultura y a los funerales por no haber muerto en contacto con la tierra (Polo y García Prosper, 2002: 144).

30. A este respecto, D. Vaquerizo comenta de forma exhaustiva el caso de las necrópolis romanas de la Bética, en donde la convivencia de los dos ritos está plenamente atestiguada en Urso (Osuna), Astigi (Écija), Córduba, Iliberri (Granada), Carmo (Carmona) y otras (Vaquerizo, 2010).

3.3.1. La necrópolis oriental

En la zona suburbial de Titulcia se han documentado, desde los años setenta, varias zonas con enterramientos que, en su totalidad, han permanecido inéditas hasta la fecha. Las excavaciones arqueológicas sitúan el principal espacio funerario al este del actual municipio, justamente en los alrededores de donde hoy se encuentra el cementerio municipal.

En el año 1977 el profesor D. José María Blázquez Martínez realizó un conjunto de siete catas aleatorias en ambos lados de la carretera a Chinchón, a la salida del municipio por el este (actualmente calle del Campo, la última del municipio en aquellos años) (Polo y Valenciano, 2017: 164)[31]. En el informe se recoge una somera descripción de los resultados de cada cata, en la que se menciona la aparición de materiales ibéricos y *sigillatas* altoimperiales; es de subrayar la mención que hace de las estructuras funerarias aparecidas, y así comenta que «estas tres catas indican que la ladera es un área de cementerio usada desde el siglo IV a. C., fecha a la que pertenecen las cerámicas de la primera cata descrita, y en época romana imperial de la segunda mitad del siglo I. Como la necrópolis está muy superficial, las labores agrícolas han destruido y removido las tumbas, que están prácticamente destruidas».

Posteriormente, en el año 2006, en las calles Escuelas, Campo y Grande (la misma zona donde realizó sus investigaciones el profesor Blázquez) se construyeron unas viviendas y, con motivo de los estudios previos arqueológicos, se identificaron diferentes estructuras de inhumación de época romana altoimperial[32], con cuatro individuos depositados en fosa simple sobre el terreno geológico en posición decúbito supino —excepto uno de ellos, en posición fetal y a una cota más profunda que los demás individuos[33]—, sin delimitación exterior aparente y con orientación NO-SE. Además de las fosas de inhumación, se documentaron junto a ellas «manchas oscuras sobre el terreno» con las características típicas de haber estado sometidas a un intenso fuego, con restos en su interior de «materiales cerámicos a torno, TSH, tejas, huesos y hierro quemados y un objeto en forma de disco con círculos concéntricos que finalizan en una exterior con pequeños orificios y fabricado en bronce. En su lado norte se aprecia una fila de adobes quemados y endurecidos por el calor»[34]. Planteamos como hipótesis de trabajo que esta descripción de las estructuras ha de corresponderse con el ritual que acompañó al proceso de inhumación de los individuos, en donde probablemente se efectuó un pequeño y humilde banquete funerario. Entre los materiales aparecidos y asociados a los enterramientos —aunque no pertenecientes al ajuar, según relatan sus excavadores—, cabe mencionar diferentes fragmentos de TSH de época altoimperial, cerámicas pintadas romanas tipo Meseta Sur, clavos de hierro de sección cuadrangular y una moneda de bronce que no pudo ser identificada, lo que nos situaría *grosso modo* en un momento entre finales del siglo I y comienzos del II d. C.

Seguramente, estos restos excavados fueron los que identificó en su día el profesor Blázquez en la peritación que realizó y que coincide con la descripción que hace en su informe, más arriba mencionado.

Durante el año 2007 y con motivo de un desarrollo urbanístico (el denominado sector U.E. 1) entre la

31. La zona en cuestión la hemos identificado por las fotografías antiguas de la propia excavación del profesor D. José María Blázquez y se correspondería, *grosso modo*, con los números 4 y 6 de la calle del Campo y con el solar que está inmediatamente al sur de la carretera a Chinchón (M-404). Con fecha 1 de abril de 1977 se concede el correspondiente permiso de excavación por parte de la Diputación Provincial de Madrid, y el informe preliminar remitido a la misma tiene fecha de 15 de diciembre de 1978. Los resultados de esta excavación han permanecido inéditos hasta el momento.

32. La correspondiente Memoria Final de la excavación fue depositada en la Dirección General de Patrimonio Cultural de la Comunidad de Madrid, de donde hemos extraído los principales datos para la caracterización del yacimiento. A. Escudero García (2006): *Memoria de los trabajos en la calle escuelas c/v campo c/v grande n 17.* Inédita.

33. En concreto para el enterramiento II (M-24) se describe lo siguiente: «Se ha iniciado la excavación de M 24. Enterramiento II. Enterramiento en fosa simple con orientación que sigue el eje norte-sur, en la que el individuo aparece colocado en posición decúbito supino, acostado sobre su lado izquierdo y con la mirada orientada hacia el oeste [...]. No presenta ningún elemento de ajuar, dentro de la fosa hay cerámicas a torno y a mano, destacando un fragmento de TSH y dos fragmentos de cerámica pintada en tonos muy oscuros» (Escudero, 2006: fotografía 17). Particularmente, creemos que esta inhumación no se corresponde con el período cronológico romano y que los materiales encontrados en el sedimento que colmataba la fosa tienen un carácter intrusivo. Este mismo fenómeno de enterramientos altoimperiales sobre necrópolis más antiguas (en este caso de la Edad del Bronce) se ha determinado en el yacimiento complutense de La Magdalena (Alcalá de Henares, Madrid), en donde la necrópolis altoimperial reconoce el espacio funerario calcolítico y se disponen las tumbas en torno a él (Contreras, 2017: 233), aunque en el caso que nos ocupa no creemos que fuera este el motivo, sino la propia casualidad. Enterramientos en posiciones semifetales se dan en época altoimperial, pero siempre en inhumaciones infantiles de pocos meses, como se ha puesto de manifiesto en los enterramientos 8, 57 y 68 de la necrópolis de Astigi (Écija, Sevilla) (Tinoco, 2005: 474 y ss.)

34. *Idem* Escudero García (2006). No podemos aportar la página concreta del comentario por carecer de paginación el informe correspondiente.

Figura 131. Tumbas de inhumación y estructuras edilicias asociadas, en la necrópolis de la calle Campo, 6 (Titulcia, Madrid).

calle Grande c/v a la calle Campo y el «camino de la dehesa»[35], se realizó una intervención arqueológica consistente en el desbroce mecánico superficial de la parcela y su posterior excavación sistemática. Esta zona se sitúa a las afueras del actual municipio en dirección este y muy cerca del paso de la antigua vía romana que se dirige hacia Complutum (vía XXV). La intervención se desarrolló en dos zonas (denominadas sector 1 y 2 por el equipo de arqueólogos) en función de los resultados del desbroce previo. En el sector 1, situado en el lado septentrional de la parcela, se documentaron estructuras excavadas en el subsuelo de planta irregular, con tendencia ligeramente circular y de profundidad variable, identificadas por sus

excavadores como basureros de época romana[36]. En el sector 2, que ocupaba la mitad meridional, se localizaron una serie de estructuras deposicionales, de las cuales se identificaron como enterramientos un total de cincuenta y siete fosas de inhumación. Por motivos ajenos al equipo de arqueología, solo se pudieron excavar cuatro enterramientos.

Se trata de fosas simples, de tendencia rectangular, excavadas en el terreno y, en ocasiones, delimitadas interiormente por bloques de pequeño tamaño o restos constructivos reutilizados y lajas de piedra a modo de cubierta. Presentan todas ellas orientación este-oeste, con el individuo inhumado depositado en

---

35. Para la consulta de esta intervención, ver: E. Delgado Arceo y A. Vera Cornejo: *Informe preliminar de excavación y desbroce del yacimiento arqueológico «Camino de la Vega» en el ámbito del sector UE-1. Titulcia, Madrid.* Informe depositado en la Dirección General de Patrimonio Cultural de la Comunidad de Madrid (inédito). Noviembre de 2007.
36. Analizando la documentación gráfica del informe preliminar, creemos que podrían tratarse de estructuras para la captación de materia prima para la construcción de hornos o cerámicas, ya que este solar se encuentra a escasos doscientos metros al sur de la *figlina tegulariae* de la Senda Galiana y la tipología de las estructuras es idéntica a las excavadas por nosotros en la calle Soledad, 14. Además de estas estructuras, se pudieron documentar los accesos a varias bodegas-cuevas de época medieval-moderna que no se excavaron en su totalidad.

decúbito supino, con la cabeza a poniente[37], las extremidades superiores dispuestas en paralelo al tronco y con la mano izquierda sobre la pelvis. En dos ocasiones presentan una piedra como base para sostener la cabeza del difunto.

Analizando la disposición topográfica de las tumbas, hay una delimitación clarísima del espacio funerario, como se puede ver en la correspondiente planimetría de la intervención, en donde las estructuras funerarias están muy concentradas y quedan perfectamente alineadas por su lado norte y adaptadas a la topografía del terreno por el sur, por lo que pensamos que necesariamente tuvo que existir una delimitación física del espacio funerario con algún elemento de carácter perecedero (valla, cerca, hitos, etc.) que no ha llegado hasta nosotros. Además, observamos en el centro del espacio funerario una gran estructura constructiva rectangular, en torno a la cual se disponen las tumbas y que podría estar relacionada con algún edificio funerario o de culto y que condiciona y organiza el espacio interno de la necrópolis[38]. Así mismo, se recogieron algunos ejemplares de clavos de hierro de sección cuadrangular que estaban dispuestos en las esquinas de la fosa, lo que indicaría que el receptáculo del individuo fue un ataúd de madera. La asignación cronológica dada por sus excavadores es de época tardorromana.

Muy cercano a este lugar —junto a las tapias del actual cementerio municipal—, del que dista unos doscientos metros en dirección noreste y sin duda relacionado con él, excavamos en el año 2007 un conjunto de cinco inhumaciones en fosa[39]. Los individuos excavados presentaban diferente grado de conservación, debido a las alteraciones del depósito arqueológico producido con posterioridad a los enterramientos, como consecuencia de la reutilización del espacio funerario como zona de vertidos y a la realización de pozos para la extracción de arcillas. Los individuos inhumados estaban en posición decúbito supino, sin ajuar, con orientación este-oeste y sin ningún tipo de delimitación exterior que se conservara in situ.

Del estudio antropológico de los restos óseos que efectuamos en su momento, pudimos inferir que, del total de los cinco individuos excavados, todos ellos eran adultos, dos varones, un indeterminado y dos mujeres, dando por tanto como resultado un cuarenta por ciento de margen para cada sexo. Además, sus edades estaban comprendidas entre los 24 y los 35 años. Esta estimación de la edad se vería corroborada posteriormente con la aparición de una placa de mármol con inscripción funeraria[40] en las inmediaciones de las tumbas, pero desplazada de su posición original y en un contexto cerrado, en la que se dice que la mujer enterrada y protagonista de la inscripción —Fabricia Domitina— tenía 33 años[41].

La inscripción, realizada en una placa de mármol blanco con veteado gris de diferente tonalidad (seguramente reutilizada, ya que el texto se adapta a la morfología ligeramente irregular del soporte), presenta campo epigráfico en ambas caras de la lápida[42]

---

37. La orientación de los individuos inhumados en las necrópolis romanas mantiene, en líneas generales, dos tipos de deposición en la tumba: orientaciones norte-sur en época altoimperial y orientaciones este-oeste en época bajoimperial, y así se constata en numerosas ocasiones en necrópolis bien estudias como, por ejemplo, en las de Corduba (Sánchez Ramos, 2005: 171) o en los ejemplos que presentamos en este trabajo de Titulcia.

38. Dado que no se pudieron excavar estas estructuras y solo fueron delimitadas en planta, no sabemos si se corresponde con una construcción o con una estructura funeraria, aunque tenemos la sospecha de que se trata de la primera, ya que en la planimetría del informe no está catalogada como tumba.

39. El origen que dio lugar a la intervención arqueológica fue el proyecto de realización del denominado Plan Parcial «El Campanario», para lo que se realizaron una serie de catas arqueológicas preventivas que dieron resultado positivo, con materiales arqueológicos de época altoimperial romana. En una segunda fase, se delimitó el yacimiento y se procedió a su excavación, en la que aparecieron los restos óseos de los individuos comentados. Para la consulta del expediente puede verse: A. Rollano Godoy (2007): *Memoria final de la excavación arqueológica en el Plan Parcial «El Campanario» (Titulcia, Madrid)*. Informe depositado en la Dirección General de Patrimonio Cultural de la Comunidad de Madrid (inédito). N.º expediente 513/06.

40. La placa de mármol con inscripción apareció en los trabajos de excavación sistemática y dentro de la UE-1901, un contexto excavado en el subsuelo de forma circular, tipo vertedero, de unos 2 metros de profundidad por 1,5 metros de diámetro, junto con otros materiales cerámicos dispersos y bastante fragmentados.

41. La esperanza de vida en época romana se ha establecido, *grosso modo*, en torno a los 33-38 años, según apuntan algunos estudios realizados en la Bética. Hispania era una de las zonas del Imperio con más densidad de población y en donde la esperanza de vida era de las más altas (Martín Ruiz, 2006). En todo caso, y salvando las peculiaridades y diferencias entre las provincias romanas de Hispania, los estudios realizados sobre demografía en el Alto Imperio indican que la edad media de supervivencia estaría siempre por debajo de los 40 años. Para la consulta de estos aspectos es fundamental el excelente trabajo de Gozalbes Cravioto (Gozalbes, 2007), en donde se analizan las diferentes conclusiones de la investigación obtenidas fundamentalmente sobre estudios epigráficos funerarios (García y Bellido, 1954; Balíl, 1955; García Merino, 1975; Pitillas, 1998).

42. En este caso no se podría hablar de una inscripción opistógrafa, *stricto sensu*, dado que por definición en esta categoría estarían encuadradas las inscripciones con texto por ambas caras, pero con un intervalo cronológico amplio entre ellas y con una temática diferente (Abascal, 2000-01: 283), producto casi siempre de reutilizaciones en necrópolis amortizadas o abandonadas. En nuestro caso, aunque

(inscripción opistógrafa), tratándose de la misma persona dedicada, pero con diferentes dedicantes: en la cara 1 los padres junto con el esposo, y en la cara 2 solo los padres. En ella se puede leer:

Cara 1

Dib(us) Man(ibus) sac(rum)
Fabr(iciae) Dom(itinae) an(norum) XXXIII
Fabr(icius) Calpur(nianus) et Domit(ia)
Maxima parent(es) infelicis(simi)
f(iliae) p(ientissimae) et
M(arcus)C(alpurnius?)Prim(---s)ux(ori) pient(issimae)
faciendum curaverunt
H(ic) <s(ita)> s(it) t(ibi) t(erra) l(evis)

Consagrado a los dioses Manes.
A Fabricia Domitina de 33 años
Fabricio Calpurniano y Domitia
Maxima padres infelicísimos
a su hija piadosísima, y
Marco Calpurnio? Prim[---o?] a su esposa piadosísima
lo mandaron hacer.
Aquí yace. Que la tierra te sea leve.

Cara 2

DisMan (ibus) sac(rum)
Fabriciae Domitin(a)e ann(orum) XXXIII
Fabricius Calpurnianus et Domi
tia Maxima parentes infelicis
simi filiae pientissimae de suo
faciendum curaverunt
huius luci proprietas nemini datur
s(it) t(ibi) t(erra) l(evis)

Consagrado a los dioses Manes.
A Fabricia Domitina de 33 años
Fabricio Calpurniano y Domi-
tia Maxima padres infelicísimos
a su hija piadosísima, de su
dinero lo mandaron hacer.
Que la propiedad de este lugar no se conceda a nadie.
Que la tierra te sea leve.

La placa de mármol presenta un texto muy pronunciado con líneas de pautado incisas horizontales y paralelas entre sí, ligeramente descendentes en su cara 1 y

resueltas en letra capital. En la cara 2 encontramos las mismas líneas de pautado en las cuatro últimas líneas de texto antes de la formula final, junto con una línea vertical incisa en su lado derecho, que sin duda sirvió para que el *quadratarius* centrara el texto dentro del soporte. Un ejemplo similar al que aquí presentamos apareció en el yacimiento de Cacera de las Ranas, en Aranjuez, con una placa de mármol inscrita de difícil lectura, aunque también se trata de un epitafio funerario (Tantimonaco, 2013: 187) que presenta grandes similitudes con el de Fabricia Domitina, en cuanto a las fórmulas empleadas y al texto de la inscripción. El ejemplar de Aranjuez ha sido fechado a mediados del siglo II d. C., aunque apareció reutilizado en un contexto de finales del siglo V d. C. Según la autora de su estudio, cabe la posibilidad de que la inscripción de Aranjuez también pertenezca al entorno municipal de Titulcia (Tantimonaco, 2013: 188).

En el caso que nos ocupa, es difícil dilucidar qué cara fue esculpida en primer lugar. A nuestro entender, proponemos como hipótesis que la cara 1 podría haber sido la original, ya que la formula final emplea el *h(ic) sit(a)* junto con el *s(it) t(ibi) t(erra) l(evis)*. En la cara 2, por el contrario, se omite el *h(ic) sit(a)* en la fórmula final, dejando solamente el *S.T.T.L.*, y esto se ha querido identificar con un rasgo de mayor modernidad en algunas epigrafías de la Bética (Stylow, 1995: 223; Abascal, 2000-01: 288), que se fechan a mediados-finales del siglo III d. C. Nos parece este un dato curioso y a tener en cuenta a la hora de establecer la sincronía de ambas caras del epígrafe.

En cuanto a la cronología de la pieza y atendiendo a sus aspectos formales, podemos apuntar que la inclusión de la fórmula inicial *DM* o *DMs* aparece en la Bética desde la segunda mitad del siglo I d. C. (Stylow, 1995: 223; Pastor, 2004: 388) extendiéndose y generalizándose por las demás provincias hispanas en el siglo II d. C. (Tantimonaco, 2017: 121, not. 10)[43], para empezar a desaparecer progresivamente a finales del siglo III o comienzos del siglo IV d. C. (Abascal, 2000-2001: 287).

Los materiales arqueológicos que aparecieron dentro de la estructura donde fue hallada la inscripción de Fabricia Domitina son fundamentalmente fragmentos de *terra sigillata* hispánica, cerámicas comunes de

---

ligeramente diferentes los textos de cada cara, la protagonista de la inscripción es la misma, con la salvedad de la introducción del nombre del marido en una de ellas. Creemos que el intervalo temporal entre la escritura de ambas caras fue relativamente corto, ya que no se había perdido la memoria de la difunta por parte de sus parientes.

43. Los primeros ejemplos de esta fórmula funeraria en Roma (Regio X) se remontan un poco antes, con ejemplos a lo largo de la primera centuria, aunque al igual que en Hispania, su uso se ve generalizado en los siglos II y III d. C. (Tantimonaco, 2013b: 264).

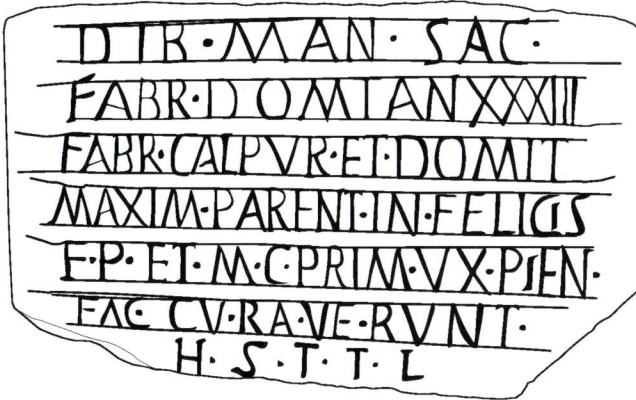

Figura 132. Inscripción funeraria de Fabricia Domitina.

Figura 133. Anverso y reverso de la inscripción funeraria de Fabricia Domitina.

mesa y cocina, cerámicas pintadas romanas de tradición indígena junto con fragmentos de *terra sigillata* hispánica brillante. Estos materiales altoimperiales, junto con la total ausencia de materiales cerámicos tardíos, nos enmarcan un cuadro cronológico de principios del siglo II d. C.

4. CARACTERIZACIÓN DEL ENTORNO RURAL

Si analizamos el actual territorio al sur del sistema Central hasta la cuenca del Tajo, observamos que las fuentes mencionan fundamentalmente tres núcleos urbanos importantes: Complutum, Titulcia y Mantua.

Han sido muchos autores los que han tratado de delimitar con precisión los antiguos *territoria* de estas ciudades y, de manera resumida, podemos decir que el *ager* de Titulcia abarcaría una amplia zona, superior al actual término municipal, como no podía ser de otra manera, dado el numeroso grupo de restos arqueológicos epigráficos asociados a nuestro núcleo.

Gran parte de estas huellas epigráficas, como las encontradas en Aranjuez, Ciempozuelos, Morata de Tajuña, Fuentidueña de Tajo, Chinchón e incluso Getafe y Móstoles, pertenecieron a la zona de influencia económica y administrativa de la antigua Titulcia. Por lo tanto, parece plausible otorgarle una amplia zona

Figura 134. Necrópolis oriental. 1: Localización de enterramientos. 2 y 3: Vista general de la necrópolis y proceso de excavación. 4: Planimetría de las estructuras funerarias.

de influencia que estaría delimitada al noreste con la de Complutum, al noroeste con la de Mantua Carpetanorum, al este con Segóbriga y al suroeste con Toletum.

Asimismo, hay que reseñar que la zona tuvo una rápida romanización, y ya desde el 150 a. C. aparece mencionada como territorio plenamente pacificado. Esta asimilación temprana a los modos de vida romanizados implicó una transformación de la forma de explotación del territorio extraurbano.

Consecuentemente, para caracterizar el territorio inmediato de la antigua Titulcia, se debe rastrear la presencia de elementos arqueológicos del siglo I al IV d. C. en los alrededores de la actual Titulcia. Es

sabido que toda ciudad romana tiene un *ager* cercano en el que proliferan una serie de explotaciones de marcado carácter rural de las que se nutre. Sin ellos parece poco acertado tratar de definir la presencia de un núcleo urbano en época romana. Estos espacios se configuran como dependientes del centro urbano y su tamaño está en función, precisamente, del tamaño de la propia ciudad. Por lo tanto, para definir la presencia de una ciudad hay que contar con estos núcleos dependientes para tener una visión realista del territorio en época romana.

A lo largo de la última década de investigación en Titulcia se ha tratado de ir perfilando tanto el espacio urbano como el periurbano inmediato, aunque por desgracia la información recopilada no ha sido,

Figura 135. 1: Localización del yacimiento El Campanario. 2: Inscripción funeraria. 3 y 4: *Terra sigillata* hispánica con grafitos incisos. 5: Cerámica pintada romana de tradición indígena con árbol esquemático. 6: *Acus crinalis*. 7: *Terra sigillata* hispánica brillante con inscripción.

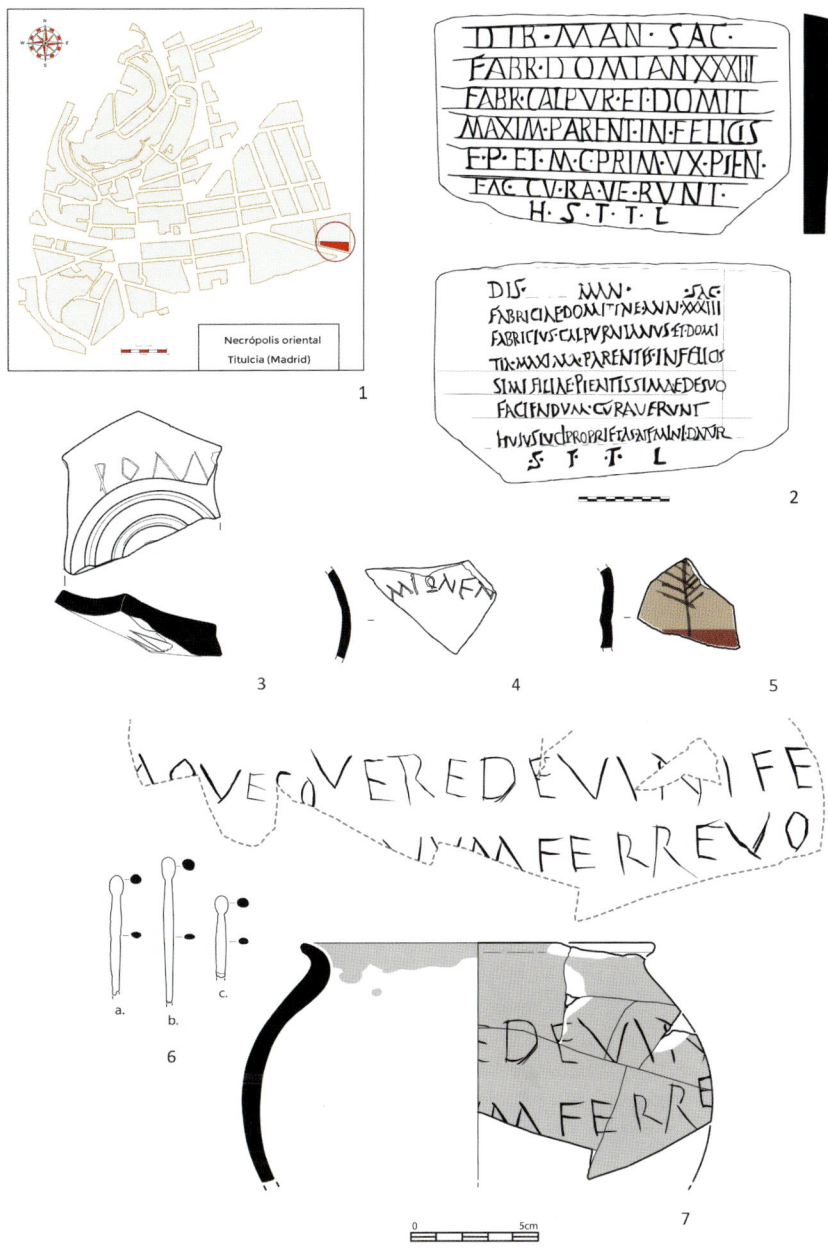

en muchas ocasiones, producto de una investigación sistemática y, por el contrario, ha venido derivada de obras y remociones de terrenos. Aun así, el análisis de la Carta Arqueológica, junto con los datos de estas intervenciones parciales, va configurando lo que podría ser el paisaje de Titulcia desde el cambio de era hasta bien entrado el siglo VI d. C.

Si establecemos un arco alrededor de la actual Titulcia con un radio aproximado de dos kilómetros y analizamos los datos aportados por su Carta Arqueológica, observamos la presencia de diferentes asentamientos con un tamaño que varía entre 2 y 18 hectáreas (Casa del Campanario: 9,6 ha; Soto del Hinojar: 18 ha; El Tomillar II: 3,2 ha; La Encomienda: 8,8 ha; La Vega: 5 ha; Los Arenales: 2,1 ha; Chozo

Bajo: 3,3 ha; El Butarrón: 9,9 ha). Poco se sabe de ellos, puesto que no han sido excavados y solo conocemos la presencia de determinados materiales cerámicos recogidos en superficie, pero parece que se configura un hábitat de marcada tendencia agropecuaria situado fundamentalmente en la vega del Tajuña, espacio natural que presenta unas características edafológicas ideales para el cultivo y cuyo río ha sufrido un escaso movimiento a lo largo de los siglos, dado el encajonamiento de su curso fluvial, extremo que no se produce en el río Jarama, en donde los desbordamientos fueron continuos hasta bien entrado el siglo XX, debido a la mayor anchura de su vega. Por esta razón, seguramente compondrían un paisaje altamente antropizado con todo lo que ello supone a nivel económico y administrativo.

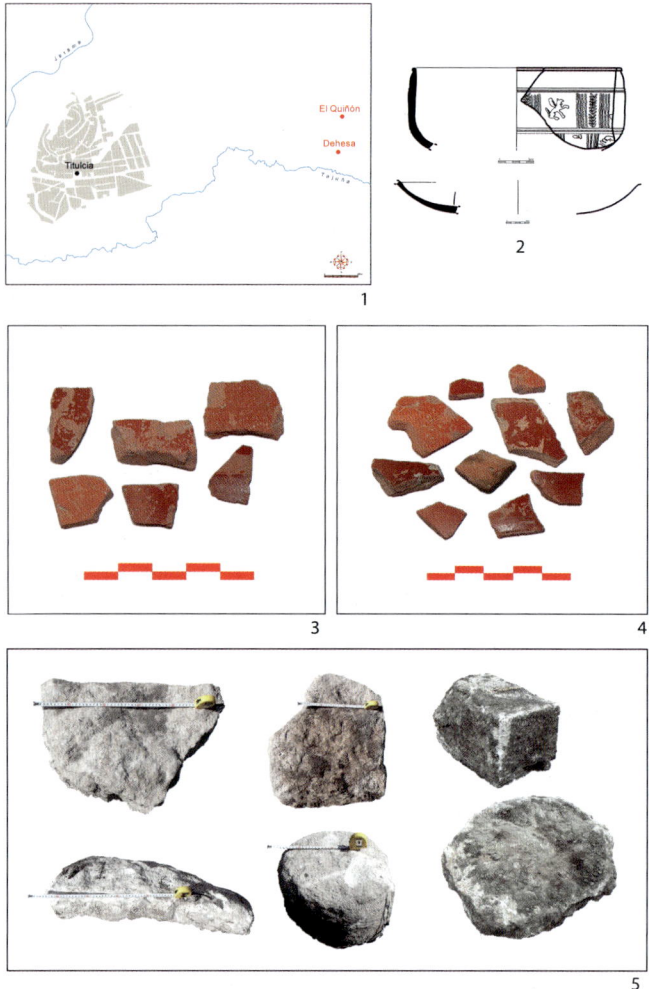

Figura 136. 1: Mapa con la situación de los yacimientos El Quiñón y La Dehesa. 2 y 3: Restos cerámicos de El Quiñón. 4 y 5: Restos cerámicos y material constructivo de La Dehesa.

En el enclave de La Dehesa, situado en las inmediaciones del anterior, se pudo documentar la presencia de abundante material cerámico, situado cronológicamente entre los siglos I y IV d. C., junto con un impresionante material constructivo compuesto por sillares paralelepípedos de caliza de gran porte, quizás de Colmenar de Oreja, de donde se ha extraído históricamente, y poco habituales en los yacimientos de Titulcia dado el alto grado de expolio sufrido durante siglos.

Más allá de esta consideración, resulta presuntuoso definir si estos asentamientos suburbanos fueron *horti, praedia, villa* o *fundi*. Solamente se constata el abigarramiento de las explotaciones y el tamaño de alguno de ellos, que sobrepasa lo que es norma común en los asentamientos de este tipo. Esta gran densidad, en un marco espacial tan reducido, nos obliga a abrir otra serie de consideraciones, como es el reparto de tierras en época tardorrepublicana que explicaría en parte la temprana romanización de esta zona.

En definitiva, la ubicación de estos asentamientos en torno al actual núcleo de Titulcia parece determinante a la hora de ubicar la ciudad antigua y, por lo tanto, la presencia de estos yacimientos cobra sentido si existe una ciudad en sus cercanías de la cual serían jurídicamente dependientes.

Además, en el año 2008, durante unas obras para la realización de una canalización de riego proveniente del término municipal de Chinchón, aparecieron dos yacimientos no catalogados (El Quiñón y La Dehesa) en los que se pudo recoger abundante material cerámico (cerámicas comunes de cocina, *terra sigillata* hispánica), así como importantes restos constructivos.

En el yacimiento de El Quiñón, situado al S de la carretera M-404 y a un par de kilómetros de Titulcia, se documentó —aparte de la ergología típica de estos yacimientos— un posible *specus* perteneciente a una construcción de carácter hidráulico, compuesto por una base latericia revestida de *opus signinum*.

5. EL ARCO HONORÍFICO DE TITULCIA

La epigrafía de Titulcia constituye un conjunto de materiales distribuidos en una zona bastante amplia que se debió corresponder con el antiguo *territorium* que tuvo la ciudad, siendo la gran mayoría de ellas funerarias[44]. Pero de todos los elementos epigráficos documentados en el entorno de Titulcia, sin duda el mayor y más importante ejemplar es el arco honorífico.

Los arcos romanos en Hispania no son un conjunto muy numeroso, en torno a la veintena, muchos de ellos en mal estado, desaparecidos o solo conocidos por las epigrafías que coronaban sus frontales y que fueron copiadas y transcritas, siglos atrás, por los eruditos de la época. La singularidad que presenta el de Titulcia, entre otras peculiaridades, es que se trata de un arco honorífico privado, cuyos ejemplos no son habituales ni en Hispania ni fuera de ella (Nünnerich-Asmus, 1996: 504).

---

44. Para la revisión y consulta actualizada de la epigrafía de Titulcia, se puede acceder al catálogo del CIL II² (http://www3.uah.es/imagines_cilii/Inscripciones_CAM/Conttitulcia.htm), en donde se identifican veintiocho inscripciones, de las cuales dieciocho son de carácter funerario, a las que habría que sumar la presentada en este trabajo de Fabricia Domitina.

Aparece en 1976 a una cincuentena de metros de la actual Titulcia —enfrente del pueblo por su lado occidental, a la orilla del río Jarama por su margen derecha—, pero administrativamente en el término municipal de Ciempozuelos. Es importante recordar a este respecto las palabras del profesor Blanco Freijeiro contenidas en la propuesta de declaración de monumento histórico-artístico de carácter provincial para la Real Academia de la Historia (Blanco, 1982: 195):

En aras de la claridad, propondríamos que estas piezas se asignasen a un «monumento romano de Titulcia», puesto que al pie de esta villa se han encontrado, y no de Ciempozuelos, de la que se hallan a una distancia que no permite su relación física con esta localidad.

A pesar de todo, como en otras muchas cuestiones relacionadas con Titulcia, pasó a la bibliografía especializada como el «monumento de Ciempozuelos».

El monumento, dada su excepcionalidad, despertó rápidamente el interés de la investigación y fue estudiado por diversos autores (Blanco, 1982; Mariner, 1983; Knapp, 1992; Nünnerich-Asmus, 1996; Stilow y Hesberg, 2004; Andreu, 2004), con diferentes interpretaciones sobre su funcionalidad y tipología constructiva (puente, arco, monumento funerario, etc.), aunque sí parece que hubo consenso en la investigación a la hora de establecer el carácter honorífico y conmemorativo de la inscripción, en este caso dedicada a un familiar fallecido. Además, propició varias intervenciones arqueológicas en el lugar de su hallazgo (Caballero y Mariné, 1982: 83)[45], con resultado negativo, como no podría ser de otra manera, a la luz de los datos que conocemos hoy.

Lo cierto es que este arco se erigió en la zona más elevada de la ciudad, en lo que hoy suponemos fue la acrópolis carpetana, para que fuera visto por los comerciantes y viajeros que se desplazaban por las vías de comunicación que pasaban por Titulcia.

Como comentábamos anteriormente, hoy sabemos a ciencia cierta que los restos epigráficos y constructivos de este monumento —parte de ellos depositados en el Museo Arqueológico Regional de Alcalá de Henares y otros tantos en el Museo Arqueológico Nacional— no tuvieron su acomodo en el sitio donde fueron encontrados en el año 1976. Durante el año 2011 tuvimos noticia, por boca de algunos vecinos, de que el sitio donde fueron encontrados los sillares inscritos era su «segunda morada». A partir de estas pequeñas noticias fuimos indagando mediante entrevistas orales a varios vecinos de Titulcia sobre la noticia de la aparición de los restos epigráficos. Todos coincidían en que habían salido en lo alto del pueblo, en la zona denominada El Cerrón, durante las obras de rehabilitación en el patio de una vivienda. Por fin pudimos localizar a uno de los obreros que habían trabajado en ella y nos corroboró nuestras sospechas. La construcción en cuestión se localizaba en la actual calle de los Chalets, 2, una vivienda unifamiliar dispuesta en la zona más alta de Titulcia[46]. Esta calle, a su vez, es el eje viario que comunica las partes meridionales del pueblo con la zona alta de El Cerrón. De allí fueron «trasladados» por el contratista de la obra a la margen opuesta del río Jarama —ya en el término de Ciempozuelos—, dada la alarma que produjo en su día la magnitud de tales sillares.

Otro dato que apuntala nuestra hipótesis de su ubicación primaria es que, en esa misma época, el profesor D. José María Blázquez Martínez visitó algunas de las obras que se estaban produciendo en la zona, constatando la presencia de «restos de sillería caída, pero in situ, de unos 15 metros de longitud perfectamente alineada»[47], incluso realizó algunas excavaciones en las cercanías del monumento[48]. A causa de esta investigación, pudimos localizar una fotografía de él inspeccionando la zona de los sillares epigráficos[49].

Desgraciadamente, a partir de aquellas fechas —finales de los años setenta— no se han vuelto a producir

45. En la breve nota publicada por Caballero y Mariné se comenta textualmente lo siguiente: «Además del estudio de los sillares recuperados se han realizado varias tentativas de localización del resto del monumento en el lecho del Jarama. Así, varios sistemas, ejecutados gracias a la colaboración del Servicio Geológico del MOPU, como el topográfico, batimétrico, prospección geográfica, sondeo geológico..., sin que hasta el momento hayan dado resultados positivos».
46. La entrevista la realizamos a D. Alejandro Corral Collado en Titulcia, el día 22 de julio de 2011, al que agradecemos su contribución y testimonio para esclarecer la verdadera ubicación del monumento.
47. Estos datos nos los proporcionó el profesor D. José María Blázquez, en una amable entrevista que mantuvo con los autores de este trabajo en la Facultad de Geografía e Historia de la Universidad Complutense de Madrid, el día 30 de octubre de 2012.
48. En concreto, la cata arqueológica fue realizada en la misma calle de los Chalets, a la altura del número 2. No tenemos constancia del correspondiente informe de excavación.
49. La fotografía fue cedida amablemente por Dña. Pilar Manzanero Zudaire, esposa de D. Armando Rico, un apasionado por la arqueología y erudito local que mantenía una estrecha relación de amistad con el profesor D. José María Blázquez Martínez (ver fotografía en el capítulo de historiografía).

Figura 137. Localización de la fotografía del profesor D. José María Blázquez en la calle de los Chalets, 2-4 (zona de El Cerrón) de Titulcia, visitando las remociones de tierra.

Figura 138. 1: Vista general de los bloques expuestos en la actualidad en el Museo Arqueológico Regional de Alcalá de Henares. 2: Inscripción. 3: Reconstrucción hipotética del arco honorífico.

intervenciones arqueológicas en esta zona del municipio.

Hoy está expuesto en el Museo Arqueológico Regional, y la inscripción, por desgracia, está incompleta, por lo que no se puede hacer una lectura satisfactoria. La característica más interesante es que, al menos, uno de los protagonistas que erigieron el monumento era un ciudadano que pertenecía a la tribu Quirina, adscripción fundamental a la hora de caracterizar el municipio de época flavia y prueba irrefutable de la existencia en Titulcia de individuos con la ciudadanía romana a finales del siglo I d. C.

Parece que hay consenso en la investigación en que la adscripción a la *Quirina tribus* debe ser tenida como un factor de primer orden para atribuirle la condición de municipio flavio a la comunidad en la que se encuentra la inscripción (Andreu, 2004: 356; Gómez-Pantoja, 2013: 71).

La inscripción grabada sobre un conjunto de cinco sillares es la siguiente:

[- - -] F QVIR · SEVERVS · NEPO[- - -]
[- - -] EIDEM[Q]VE · DEDICARVNT ·
[- - -] SEX · PRISCO · FILIO

Sex (to) Prisco Filio
¿f(ilius)? ¿et? ¿? ¿? ¿? f(ilius) Quîr(ina) Seuerus
nepo[ti]
¿fecerunt? O ¿posuerunt? Eîdem[a[ue dedicarunt

Traducción:

A Sexto Prisco, hijo. ... Severo Nero, hijo de ...,
de la tribu Quirina, y a ellos mismos lo dedicaron.

En cuanto a la cronología, la mención del abuelo e incluso bisabuelo es una característica del siglo I d. C. y desaparece definitivamente en época trajanea (Stylow, 1995: 222). Por las características formales de su escritura (empleo de la cola de la letra «Q» alargada y ondulada y de la «I» longa), se ha datado a finales del siglo I o comienzos del siglo II d. C. (Ruiz, 2001: 147). Esta datación epigráfica contrasta con la propuesta para los elementos constructivos del monumento (ménsulas, arquitrabes, dentículos, casetones y cornisas), que llevan a pensar en una datación del primer momento altoimperial (época julio-claudia) (Nünnerich-Asmus, 1996: 509).

En conclusión, queremos resaltar que el dato fundamental de la mención a la *Quirina tribus* parece ser un claro indicativo de la obtención de un individuo, o de una familia, de la ciudadanía y casi siempre relacionada en Hispania con las reformas municipales flavias (Andreu, 2004: 344), aunque también fue empleada por Claudio y Nerón en ocasiones más tempranas. Nuestra hipótesis de trabajo, en espera de que nuevos testimonios epigráficos corroboren nuestro planteamiento, es que se debe incluir a Titulcia como municipio flavio a tenor de la adscripción de un privado provincial a la *Quirina tribus*.

IV. TITULCIA DESDE ÉPOCA MEDIEVAL A NUESTROS DÍAS

M.ª del Carmen Valenciano Prieto

1. ÉPOCA MEDIEVAL

Son exiguas las fuentes escritas de la época de dominación árabe de la comarca en la que se asentaba la antigua Titulcia romana —en esta época denominada Bayona—, si bien es sabido que estuvo bajo su control desde el principio de la conquista. Sin embargo, sí hay constancia documental de que fue la única población importante en la zona del bajo Tajuña. Además, se sabe que se produjeron numerosos cambios y traslados de población debido a las luchas internas de las diferentes etnias, al hambre o las epidemias, entre otras causas.

Recientes excavaciones arqueológicas han arrojado nuevos datos que confirman la existencia efectiva de estos en el municipio, concretamente en la calle Soledad, en donde aparecieron, asociados a estructuras identificadas como basureros, diversos restos cerámicos de época islámica, todos de producción andalusí de los siglos IX y XI, y , entre los que destacan una olla y una jarra.

Tras cuatro siglos de dominio árabe, el rey Alfonso VI logró conquistar Toledo en el año 1085, quedando todo el centro peninsular bajo el reino de Castilla. Fue entonces cuando empezó la lenta pero minuciosa empresa de repoblar de nuevo la zona, que, en su mayor parte, se encontraba prácticamente abandonada como consecuencia de los largos años de luchas contra los musulmanes. La población anterior estaba formada por mozárabes, cristianos descendientes de los antiguos visigodos que habían conservado los ritos y la religión de sus antepasados, pero que vivían sometidos al poder y autoridad de sus conquistadores (algunos, tras la reconquista, decidieron quedarse en estas tierras y se les llamó mudéjares). También había mahometanos conquistadores, siendo los más numerosos los bereberes africanos, y tampoco podemos obviar la presencia de los judíos —tanto de procedencia española como africana— que habían acompañado a los invasores.

Es interesante mencionar que Pedro de Rojas comenta la destrucción de Bayona durante los años de dominación árabe, que fue Alfonso VI quien la reconstruyó en el mismo sitio en el que estaban las ruinas de la ciudad de Titulcia y que la llamó Bayona por estar en la unión de dos ríos que hacen una hoya en ese lugar[1], y de ahí su nuevo nombre (Rojas, 1654: 220)[2].

Pero la reconquista fue temporal, ya que se siguieron produciendo luchas constantes durante medio siglo. Así, en 1109, los almorávides, con Alí ibn Yúsuf al mando, asaltaron y ocuparon el castillo de Alcalá de Henares. Alfonso VI intentó reconquistarla, ya que era fundamental para la defensa de Toledo, pero moriría el 1 de julio de ese mismo año. Un año después, desde Alcalá por la calzada de Complutum hacia Titulcia, estos ejércitos ejercieron duras represalias y arrasaron todas las aldeas del Tajuña, incluida Titulcia.

Titulcia perteneció a los almorávides en 1113 y un ejército norteafricano con Mazdalí a la cabeza se asentó en tierras del Tajuña hasta el lugar del castillo de Aurelia, más tarde llamado de Oreja (en Ontígola), desde donde dominaba todo el territorio circundante. Fueron años de tremenda inseguridad y guerra en algunos territorios hasta que el rey Alfonso VIII los derrotó definitivamente en la batalla de las Navas de Tolosa en 1212.

Desde 1139, el territorio de Bayona de Tajuña quedó incorporado a la jurisdicción de la rica e importante ciudad de Segovia y en el año 1150, durante el reinado de Alfonso VII, se donó al obispo Juan de la iglesia de Segovia el terreno llamado La Requejada (Receixada), perteneciente al término de Bayona, para construir allí una aldea, pero desafortunadamente desconocemos la situación de esta (Ávila Seoane, 2005: 50).

Cuatro años más tarde, en 1154, el rey recuperó dicha propiedad y se la dio, junto al Castillo de Ribas, al arzobispo de Toledo, si bien años después, reinando ya Alfonso VIII, este decidió donar de nuevo Bayona a Segovia mediante privilegio —que además ratificaba los límites con los alfoces de Madrid y Toledo— para que construyese y poblase la localidad, tal y como aparece reflejado en un documento fechado el 12 de diciembre de 1208 (Asenjo González, 1986: 129)[3].

Lo cierto es que existieron numerosas pugnas entre distintas instituciones —Madrid, Segovia y el Arzobispado de Toledo— por las villas del sexmo de Valdemoro —al que pertenecía Bayona— y el rey Alfonso VIII, poco antes de morir, se las restituyó nuevamente al

---

1. Hace referencia a los ríos Henares y Tajuña, equivocando el primero con el Jarama.
2. Si bien es cierto que se han puesto en duda los datos aportados por los cronicones, es posible que algunas afirmaciones fueran ciertas, como, por ejemplo, esta breve referencia sobre Titulcia. Tal vez su antigua ubicación permaneciera aún en el recuerdo y no se hubiera borrado de la memoria colectiva de la gente.
3. En el artículo aparece reflejado el año 1218 por error.

Figura 139. Piezas islámicas aparecidas durante las excavaciones de la calle Soledad, 14.

Arzobispado de Toledo en 1214, recobrando a cambio Talamanca. El rey afirmó haber entregado esas aldeas a Segovia cuando era joven porque precisaba el servicio de los ciudadanos de esa ciudad.

Se vuelve a tener noticias de Bayona en el ordenamiento del 15 de agosto de 1302 (Carrasco Moreno, 2010: 8-17), que establecía un plan de ocupación para un territorio muy poco poblado y necesitado de habitantes. Se daba así ímpetu a la repoblación de la zona al sur de la sierra de Guadarrama, que, junto con la zona de Manzanares, La Jara y Valle del Lozoya, era un quiñón o espacio mancomunado, repartido entre las cuadrillas de caballeros de la Santísima Trinidad (anteriormente de San Miguel), San Martín, San Millán y San Esteban. Pertenecía de nuevo a la ciudad de Segovia.

Ante las incursiones de los árabes asentados a orillas del río Tajo, fue preciso fortalecer las líneas cristianas con una estrecha vigilancia, necesidad que dio origen a la fundación de los quiñones, institución armada formada por cuatro escuadrones de cien lanceros cada uno —cuatrocientos hombres a caballo— con sus correspondientes caballeros, escuderos, dueñas y doncellas. Posteriormente les fue encomendada la misión de garantizar la repoblación de la zona efectuada por el concejo de Segovia a principios del siglo.

Los miembros que formaban esta oligarquía, residentes en Segovia, se denominaban quiñoneros, y percibieron derechos sobre estas tierras concejiles para arrendarlas a cambio de prestar servicio en la milicia urbana y de mantener armas y caballo de guerra (González Couto, 2007: 9).

La cuadrilla de Bayona —territorio acotado por mojones y distribuido entre los quiñoneros— y su poblamiento son tratados de manera representativa en dicha orden, puesto que se le otorgó un mayor impulso para su repoblación. Esta cuadrilla se localizaba en las inmediaciones del actual Chinchón y comprendía un territorio extenso al sur de Madrid. Constaba de una dehesa comunal y el uso de los baldíos se reservaba a los quiñoneros o a las personas que acordasen las condiciones de uso con el arrendador (Asenjo González, 1982: 67). De igual forma, se le otorgó un ordenamiento que constituyó un cabildo, órgano de autogobierno local que establecía las normas para los beneficiarios de los quiñones, circunstancia que solo se realiza al describir esta cuadrilla, lo que parece indicar que Bayona, a diferencia de otras zonas, debía encontrarse ya colonizada y en plena repoblación.

Parece quedar patente en este documento que la población más preponderante de esta comarca era, sin duda, Bayona, que daba nombre genérico a toda la cuadrilla o territorio. De hecho, tuvo tres importantes dehesas —significativa fuente de riqueza para la villa— que ocupaban un terreno que iba mucho más allá de los límites del actual término municipal.

Sin embargo, este sistema de repoblación en el que la corona cedía enormes territorios para que fueran gestionados por rentistas ausentes no dio buen resultado y además la situación empeoró con la llegada de la peste en el año 1350, dejando un panorama de lugares con escasos habitantes y campos sin cultivar. Por esta razón, los quiñoneros acabaron vendiendo los quiñones al organismo denominado Ayuntamiento General de los Pueblos de la tierra de Segovia.

La situación de Bayona volvería a cambiar nuevamente en 1344, cuando Alfonso XI permutó a Bayona, Valdemoro y Capilla por Puebla de Alcocer, Ferrera y Alconcero —pertenecientes a Toledo—[4], aunque fue de manera temporal, ya que en un documento conservado en el Archivo General de Simancas, fechado el 9 de junio de 1480, los Reyes Católicos ordenaron segregar definitivamente de Segovia mil doscientos vasallos incluidos en el sexmo de Valdemoro, dentro del cual se encontraba Bayona, y parte del de Casarrubios. El 5 de julio concedieron el título de marqueses de Moya a su mayordomo, Andrés Cabrera, y a su mujer, Beatriz de Bobadilla, con el fin de premiar su fidelidad, y el día 20 del mismo mes los reyes les otorgaron los vasallos eximidos anteriormente de Segovia para dotar dicho marquesado (Rodríguez Guillén, 2011: 25-26).

De esta manera, Bayona y un despoblado denominado La Puebla —cuya ubicación se desconoce— pasaron a convertirse en villa, perteneciente al mayorazgo que los marqueses de Moya fundaron en 1496 y que supeditaron a su tercer hijo, Juan Fernando de Cabrera y Bobadilla, nombrado primer conde de Chinchón por real cédula dada por Carlos V el 9 de mayo de 1520. Tras ciento doce años de pleito entre los condes de Chinchón y el concejo de Segovia, se efectuó una concordia en 1592 aceptando pagar las compensaciones necesarias a los segovianos para poder quedarse con varios dominios, entre ellos Bayona.

Hay que mencionar que existe un memorial presentado al rey Juan II el día 4 de enero de 1450 en el que se cita la renuncia de las posesiones de un ciudadano segoviano llamado Juan de Contreras «el Viejo» a favor de su hijo Vasco de Contreras, quien se convertiría entonces en señor de la Puebla de Horcajada, Alcobendas, Bayona y Casasola (Guío Castaños y Guío Martín, 2007: 38).

Vasco de Contreras empezó a construirse una casa fuerte y una torre en un cerro cercano a Bayona —tierras que le dio Enrique IV en agradecimiento por los

Figura 140. Representación de la conquista de Toledo en 1805 por Alfonso VI. Plaza de España de Sevilla.

Figura 141. Dinar de oro acuñado en Almería bajo Alí ibn Yúsuf. Año 52 (6) de la Hégira. Fotografía: https://es.wikipedia.org/wiki/Archivo:Almoravid_dinar_ali_ben_yusuf_22312.jpg.

---

4. En un documento que se conserva en el Archivo Histórico de la Nobleza se habla de dicha permuta realizada entre Alfonso XI, rey de Castilla, y la ciudad de Toledo (Signatura OSUNA, C.351,D.5-6) y en él se menciona un castillo en Bayona.

Figura 142. Lápida funeraria de Vasco de Contreras, 1479 (Museo Arqueológico Nacional. Inv. 50047). Fotografía: Ángel Martínez Levas.

servicios prestados—, pero el pueblo alegó que esos terrenos no eran propiedad real, sino de la ciudad de Segovia, y se inició un contencioso contra él en 1466. El rey mismo le ordenó parar la construcción y derribar todo (Contreras, 1985: 74), pero Vasco de Contreras no obedeció y, en 1469, Bayona volvió a enviar sus quejas al monarca. Desconocemos el desenlace final, pero sabemos que la mantuvo en pie al menos hasta el 9 octubre de 1479, pues en un documento del Archivo Histórico de Chinchón se menciona que poseía una casa y fortaleza en el Cerro de Bayona (Carrasco Moreno, 2010: 52).

Vasco de Contreras, fiel al rey Enrique IV de Castilla, le ayudó, a principios de 1471, en la toma de la fortaleza de Perales de Tajuña, propiedad del arzobispo toledano Alonso Carrillo, que estaba en continuo enfrentamiento con el monarca. Ocho años después de la toma de la fortaleza de Perales, cuando ya los

Reyes Católicos habían accedido al trono de Castilla, el poderoso arzobispo, que no había olvidado las afrentas recibidas de Contreras, consiguió que los monarcas ordenasen a la recién creada Hermandad de los Reinos de Castilla y León que hiciera las diligencias para arrestar a Vasco de Contreras. Todo ocurrió ocho meses antes de que los Reyes Católicos segregasen las tierras de Chinchón para crear el señorío de los marqueses de Moya. Las tierras de Vasco de Contreras fueron confiscadas, y Pedrarias Dávila, conde de Puñonrostro, pasó a ser el administrador de estas. Su hijo las compró en el año 1523.

2. MADRID, VILLA Y CORTE. TITULCIA EN ÉPOCA MODERNA (SIGLOS XVI AL XVIII)

El primer documento en el que encontramos referencias a Bayona es el Censo de Pecheros de Carlos I, que fue realizado en 1528. Dentro del sexmo de Valdemoro aparece esta villa, que tenía sesenta vecinos pecheros con un pago de 150 maravedís cada uno. En el censo de población realizado en 1591 descendió el número de vecinos a 40 —39 pecheros— y había también un clérigo.

Las Relaciones Topográficas de Felipe II constituyen una fuente de información importante para conocer de primera mano la situación de muchas localidades en el siglo XVI, pero, desafortunadamente, las de este municipio no se han conservado. Conocemos algunos datos interesantes por las referencias a Bayona que aparecen en los cuestionarios de otros pueblos. Sabemos, por ejemplo, que sus habitantes practicaban la pesca, que desde muchos pueblos (San Martín de la Vega, Borox, Cubas, Esquivias, Griñón o Humanejos, entre otros) venían a moler sus cereales a los molinos que aquí existían (Ortega Rubio, 1918: 237; Viñas y Paz, 1963: 137 y 400), que tenía fuentes de agua muy buena y que cruzaban el Jarama mediante una barca, ya que no había puente[5].

Bayona debía de tener buena comunicación y estar dotada con algunas infraestructuras adecuadas para el tránsito de comerciantes y viajeros, porque aparece mencionada por Pedro Juan de Villuga (1546) y Alonso de Meneses (1576) en sus respectivos repertorios de caminos de España de la época, concretamente en el camino que desde Valencia iba hacia Salamanca.

En el siglo XVI comenzaron las disputas entre poblaciones cercanas para conseguir posesiones territoriales

---

5. Barca que mereció una cita de Lope de Vega en su comedia de *La noche toledana* (acto segundo): A la barca de Vayona / madrugo, y atento miro / los diques en medio el agua / contra su curso excesivo...

IV. TITULCIA DESDE ÉPOCA MEDIEVAL A NUESTROS DÍAS

más extensas, como fue el caso entre Bayona y la vecina Chinchón al querer adquirir las mejores dehesas y tierras para el cultivo, pugnas fronterizas que se extendieron hasta finales del siglo XIX[6]. Durante esos años de conflicto, Bayona fue reduciendo paulatina y considerablemente la extensión de su jurisdicción. De hecho, la llamada Dehesa Boyal de Bayona, ubicada en la vega de San Juan, fue adquirida por Chinchón en 1690.

La población de Bayona estuvo bajo la jurisdicción administrativa de Chinchón desde 1600 hasta 1695, y en 1706 pasó a ser villa de señorío de D. Francisco de Hermosa y Revilla, caballero de la orden de Calatrava y nombrado primer conde de Torrehermosa el 12 de enero de 1706 por decreto de Felipe V, al prestar una gran cantidad de dinero a la Real Hacienda y apoyarle en la guerra de sucesión española[7]. La villa formaba parte de la provincia de Segovia, pero, religiosamente, estaba supeditada al Arzobispado de Toledo y le correspondía la Vicaría General y el Arciprestazgo de Alcalá de Henares.

A la muerte de Carlos II en el año 1700, se desencadenó la susodicha guerra de sucesión al trono español y afectó, particularmente, a estos territorios, siendo el valle del Tajuña escenario de enfrentamientos entre los dos bandos. Como el pueblo de Bayona apoyaba a Felipe V, las tropas francesas del archiduque Carlos de Austria asolaron la villa durante diez días en 1706 causando graves destrozos al saquear las casas vecinales y profanar la iglesia, en cuyos muros llegaron a abrir troneras.

En septiembre del año 1723, Joaquín Antonio Orejón y Miranda vendió la villa de Bayona con su jurisdicción y derechos[8] —que pertenecía entonces al mayorazgo de Orejón fundado por Diego Pérez Orejón y Dionisia de Orcasitas— a D. Manuel Antonio de Acevedo Ibáñez de la Riba, conde de Torrehermosa, cuyo título le fue concedido por casamiento con Ana Antonia Hermosa Núñez del Prado y a la muerte de su suegro, D. Francisco de Hermosa y Revilla, en 1714. En el documento de la venta se mencionan, entre otros bienes, un molino harinero que llaman del Henar junto al río Tajuña y al caz, unas cuantas dehesas, casas con bodega y

lagar, así como la presencia de varios puentes y fuentes en la villa.

En el Archivo de la Real Chancillería de Valladolid se conserva un expediente[9] con varios mapas[10] de Bayona realizados por Ángel Hurtado y Antonio Ruiz entre el 26 de junio y el 1 de julio del 1723, a raíz de un pleito litigado por Fernando María de Guillamas Escudero con Joaquín de Arce y Guillamas, descendientes de Juan Antonio Alonso de Arce, vecino de San Juan del Río de Nicaragua, sobre la herencia, tenuta y posesión del mayorazgo fundado por Cristóbal y Juan Morillas Osorio en Bayona de Tajuña en el año 1580.

Al analizar estos dibujos y el largo texto que los acompaña podemos rescatar diversos datos muy interesantes de la villa, como, por ejemplo, la presencia de un castillo viejo, un palomar con corraliza cercada en el cerro, tres molinos (uno de ellos del mayorazgo, denominado molino nuevo porque el anterior llamado de la Peñuela fue derrumbado por una crecida del Jarama), la barca que cruzaba el río Jarama, los dos puentes que había (el de la villa o del concejo sobre el caz de los molinos y el San Juan de cal y canto sobre el Tajuña), las eras concejiles del Calvario, una alameda de álamos negros y blancos (propiedad del mayorazgo), la pesca que se realizaba en las riberas de los ríos Jarama y Tajuña, la calle Real, que era la principal del pueblo, o algunos límites de la jurisdicción de Bayona con otras localidades vecinas como Ciempozuelos o Aranjuez (con esta última alcanzaban, atravesando los Reales Bosques de Aranjuez, hasta el llamado puente verde). De igual manera se mencionan ciertos lugares o topónimos que todavía hoy en día conservan la misma denominación: la Senda «Galeana», el Pavillo, las Encerradillas (hoy Cencerradillas), la peña de San Juan o el arroyo de la Amarguilla y, como curiosidad, se menciona también la caída al río Jarama de una parte del cerro en el sitio que llamaban la Peña, hundida allá por el año 1506, lo que provocó el desvío de la madre del río, alejándolo de la población de la villa.

Gracias a la realización habitual de censos y catastros de los pueblos de la geografía española en esta época nos podemos acercar, por primera vez, a la realidad socioeconómica que tenía Bayona. Así, en el Catastro

---

6. En el Archivo Histórico Nacional se conserva algún documento de aquellas disputas, como, por ejemplo, el recurso interpuesto por la villa de Bayona contra la sentencia dada por el licenciado Carrillo, juez de términos, por el reparto de varias tierras y heredamientos que se aplicaron a la villa de Chinchón (código de referencia: ES.28079.AHN//CONSEJOS, 27807, exp. 3).

7. Siendo consciente de que no sería devuelto ese dinero prestado, negoció cancelar parte de esos préstamos a cambio de la concesión de un título nobiliario (Felices, 2010: 680-681).

8. Dicho documento se encuentra en el Archivo Histórico de Protocolos de Madrid: t. 15047, f. 339r-459v.

9. PL. CIVILES, FERNANDO ALONSO (OLV), CAJA 87, 1.

10. ES. 47186. ARCHV/1.10//PLANOS Y DIBUJOS, DESGLOSADOS, 333, 334 y 335.

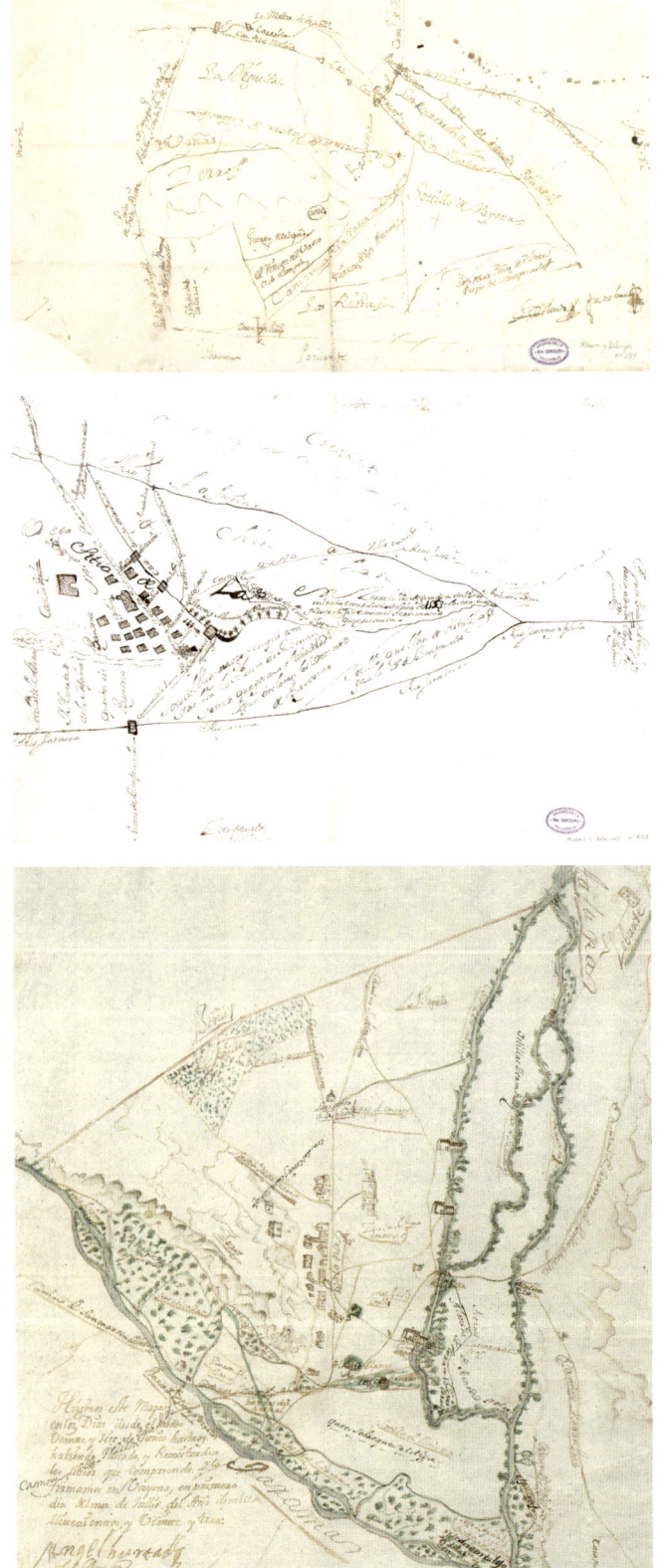

Figura 143. Plano y dibujos. Archivo de la Real Chancillería de Valladolid. 1 de julio de 1723 (ES. 47186. ARCHV/1.10//PLANOS Y DIBUJOS, DESGLOSADOS, 333, 334 y 335).

del Marqués de la Ensenada de 1752 se habla de la existencia de cuarenta casas habitables (seis de ellas altas) y cuarenta y dos vecinos que desempeñaban diferentes oficios: labradores, jornaleros, mozos de labranza, pastores, un cirujano, un maestro de niños, un sacristán, un mesonero, un tabernero, un abacero, un molinero y sus mozos, un carnicero o cuatro viudas (tres mendicantes). Además, estaba la casa del Ayuntamiento, un mesón (propiedad del conde de Torrehermosa), una carnicería y una casa multifuncional que servía, a la vez, de taberna, abacería, mercería y bodegón.

Sus habitantes pescaban en el río Jarama y, en sus fecundas tierras, cultivaban numerosas especies, tales como trigo, cebada, centeno, cáñamo, viñas, olivos, habas, melones y ajos. Tenían ganado vacuno, lanar, cerdos —que producen lana, carne, leche y queso— y yeguas. En el término había alamedas blancas y negras, eras, prados, pastos de atocha y monte de carrasca. Se registran tres molinos harineros en el río Tajuña y junto al caz de los molinos: el Nuevo (propiedad de don Juan Antonio de Arce), el de Pascuala, hoy desaparecido (propiedad de la capellanía de Nuestra Señora de la Piedad y de la Capellanía fundada por los perillanes de Valdemoro), y el Herreño (propiedad del marqués de las Fuentes, Francisco Quijano y Francisco Miguel Benedid), así como un molino de aceite propiedad del conde de Torrehermosa que lo utilizaba solo para su cosecha personal, ya que tenía unos olivos en la vecina Chichón. Este poseía además una fábrica de jabón con una caldera, siete colmenas y un palomar de palomas bravas, el cual no vuelve a aparecer citado en ninguna de las fuentes escritas posteriores.

Sabemos que Bayona formaba parte de la Red de Postas de España en 1760-1761, ya que aparece reflejada en el mapa realizado por Tomás López para el libro *Itinerario de las carreras de posta de dentro y fuera del Reyno*, de Pedro Rodríguez Campomanes, siendo una de ellas la ruta que comunicaba Aranjuez con la carretera de Barcelona a través de la Senda Galiana y también en la que iba hacia Getafe. Este mismo autor apunta en su *Diccionario geográfico de España* que desde Bayona se podía pasar a Ciempozuelos con una barca que cruzaba el río Jarama, del que salía una acequia que regaba la vega. Además, contaba con dos alamedas o sotos muy abundantes de pasto en los que había álamos blancos y chopos, uno perteneciente a la villa y otro del conde Polentinos.

En el Censo de Aranda de 1768 se hizo un recuento según la edad, sexo y estado civil; en él fueron anotadas un total de 256 personas (no vecinos), y como

Figura 144. Detalle de mapa del *Itinerario de las carreras de posta dentro y fuera del Reyno* (Rodríguez Campomanes, 1761).

Figura 145. Ermita de la soledad en torno al año 1992. Fotografía: Carlos González Algovia.

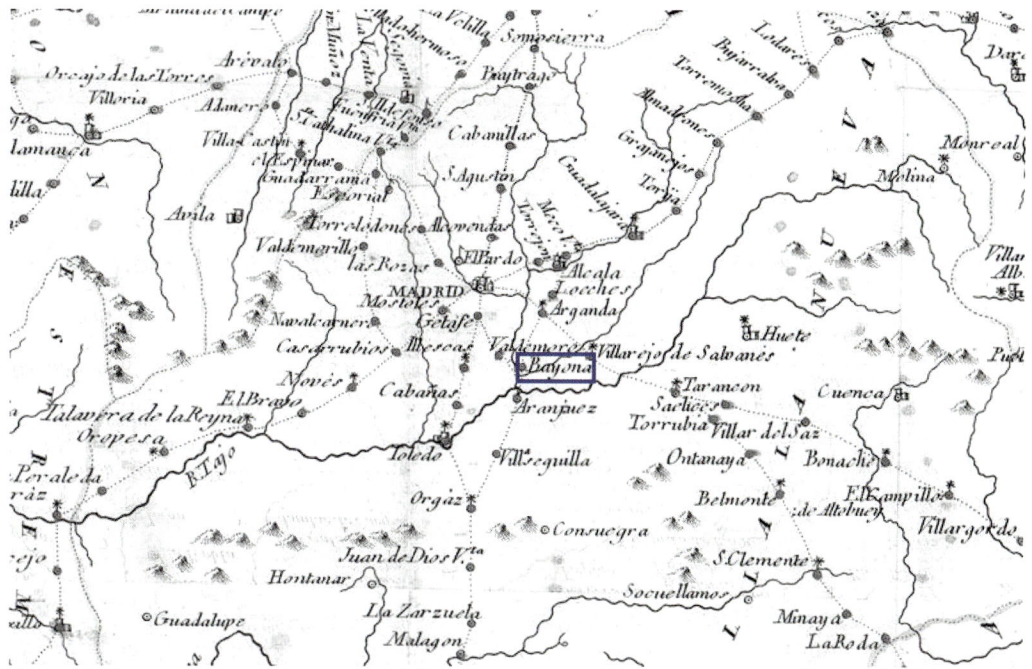

eclesiásticos y sirvientes de la Iglesia se apuntan un cura llamado Pedro Díaz Campaya, un sacristán y un monaguillo.

Años más tarde, en 1784, contamos con el manuscrito de las Relaciones del cardenal Lorenzana —por aquel entonces arzobispo de Toledo—, que era un cuestionario de catorce preguntas al que debía contestar el cura párroco de Bayona para recabar información de la villa. Por las respuestas dadas sabemos que la villa tenía una densidad de población de 65 vecinos y, como edificios importantes, una iglesia parroquial con advocación a Santa María Magdalena (construida en el siglo XVI) y, muy cerca del pueblo (hoy dentro del recinto del cementerio), una ermita dedicada a Nuestra Señora de la Soledad que, tiempo antes, fue humilladero. Fue construida por orden del cardenal Cisneros para conmemorar la aparición, en enero de 1509, de una cruz en el cielo justo en la unión de los dos ríos Jarama y Tajuña, cuando iba con su ejército a la conquista de Orán (Quintanilla, 1653: 194 y 231-232).

No hay datos del origen de la iglesia, pero sabemos que sus muros de mampostería de yeso conformaban

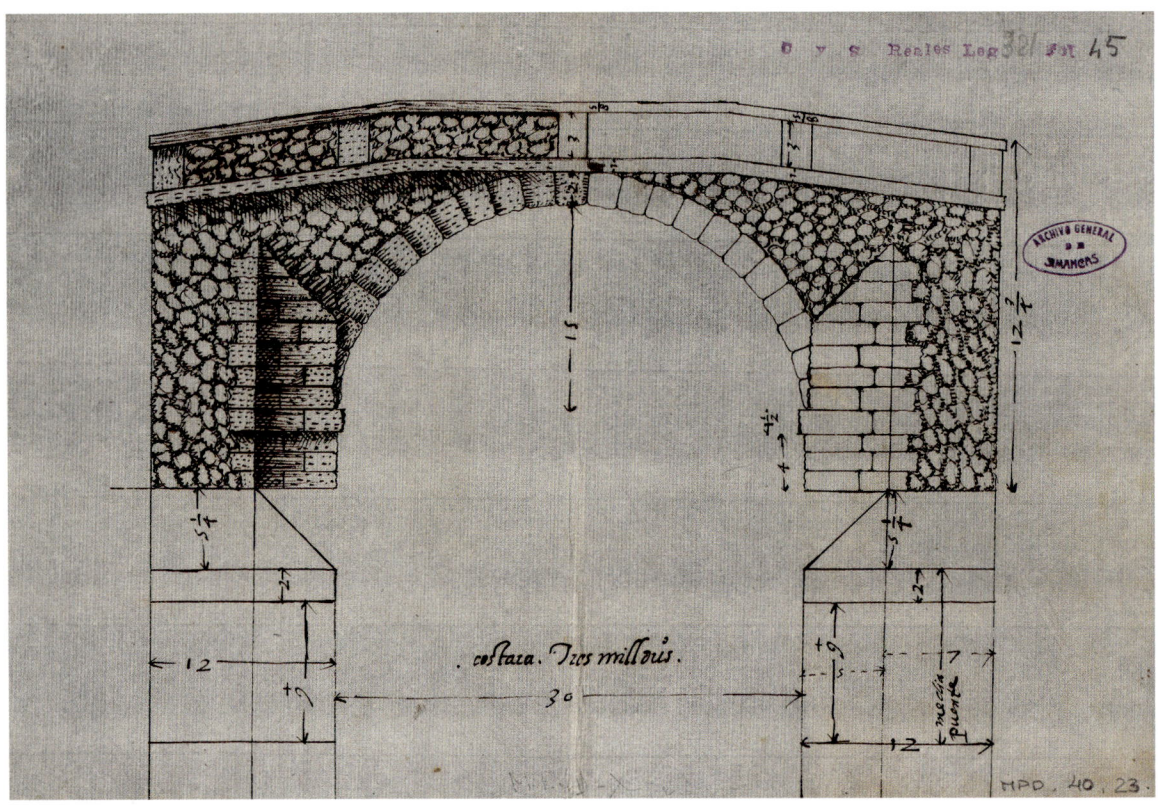

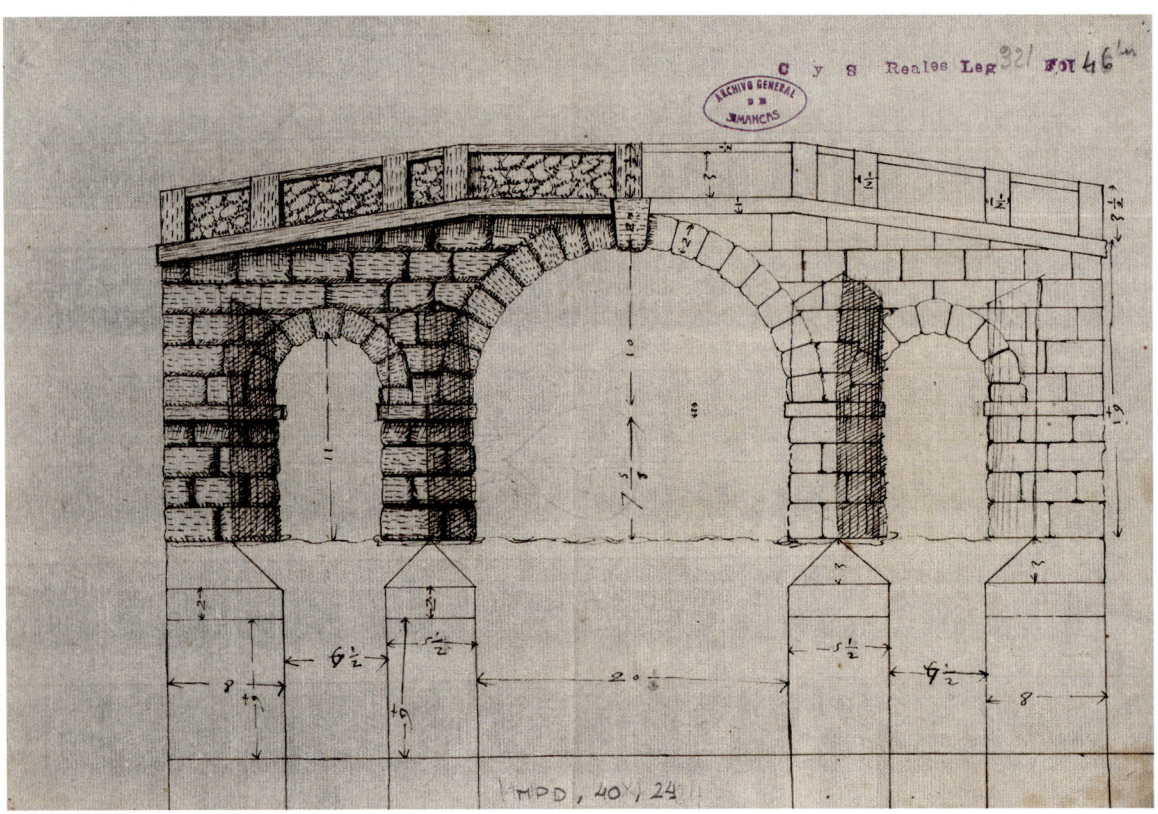

Figura 146. Trazas del puente sobre el río Tajuña (1985). Ministerio de Cultura. Archivo General de Simancas (MPD_40_023 y MPD_40_024).

una sola nave con un coro a sus pies y una espadaña o campanario. En origen, la entrada principal estaba al sur, justamente donde se disponía un pequeño recinto tapiado que era el cementerio. Estuvo decorada con varias pinturas, esculturas y un retablo central con escenas de la vida de María Magdalena, ubicado en el altar mayor, que fue encargado por D. Gonzalo de Herrera, cura de la iglesia, y Pedro del Moral, su mayordomo y beneficiado de la iglesia de Ciempozuelos, a Jorge Manuel Theotocópuli (hijo del Greco), y su buen amigo Giraldo de Merlo se encargó de realizar las esculturas. Dicho contrato se acordó por escritura pública el 3 de noviembre de 1607 ante el escribano de la villa de Ciempozuelos, Miguel Aguado (De San Román, 1910: 56).

El retablo fue entregado en 1621 tras un litigio por el pago entre 1609 y 1612. Estaba compuesto de cinco pinturas realizadas al óleo que, por diferentes circunstancias, fueron desapareciendo y de las que trataremos detenidamente más adelante.

Al igual que otros autores anteriores, nos informa de que el paso del río Jarama hacia Ciempozuelos se hacía mediante una barca, mientras que sobre el río Tajuña había un puente de piedra. La necesidad de construir un puente en Bayona viene de antiguo. De hecho, se conserva una carta enviada al Concejo de Bayona de Tajuña[11], fechada en Ocaña el día 23 de febrero de 1499, en la que se pide que se edifique un puente entre los ríos Tajuña y Jarama para que, de esta manera, pudieran transitar hombres y ganado, sobre todo en otoño e invierno, cuando eran épocas de grandes crecidas.

Existen también varias trazas de puentes de sillería conservadas en el Archivo General de Simancas que datan del año 1585 (Fig. 146), realizadas para reconstruir un puente anterior que se había hundido por las continuas y fuertes avenidas del río y por el frecuente trasiego de los vecinos, comerciantes e incluso por los propios monarcas y su servidumbre cuando iban hacia la vecina Aranjuez.

En el expediente de la Real Chancillería de Valladolid del año 1723 que hemos comentado más arriba, se dice que el puente de San Juan sobre el río Tajuña estaba construido en caliza y canto. Sin embargo, esta circunstancia se contradice con lo ampliamente expuesto en un conjunto de documentos conservados en el Archivo Histórico Nacional, fechados entre 1741 y 1762. Se trata de varias solicitudes formales por parte

de las villas de Bayona y Ciempozuelos para obtener licencia y permiso para la construcción de un puente de piedra, pues alegaban que, durante el invierno, las continuas avenidas y crecidas del agua del río Tajuña destruían uno de madera que había hecho el conde de Torrehermosa con ayuda del Real Sitio de Aranjuez en torno a 1731. Dicho puente se había arreglado en numerosas ocasiones, pero no debía de ser muy resistente y acababa arruinado de manera frecuente.

Estaba situado a medio cuarto de legua de la villa o mil pasos (aproximadamente a unos seiscientos metros), concretamente en el sitio comúnmente conocido como de San Juan, y por él pasaba el Camino Real de Valencia, Murcia, La Mancha, la Alcarria Aragón y Andalucía, paso frecuente de postas, abastos como carbón, grano, plomo o aguardientes y gentes que venían a moler en los molinos harineros o a labrar las haciendas.

Asimismo, se afirma que cerca de allí y con motivo del hundimiento del primero, los naturales del lugar construyeron más abajo otros dos con vigas de álamos y madera del soto del Real Sitio de Aranjuez, pero que también se acabaron hundiendo debido al paso frecuente de carretas pesadas.

Por real provisión y tras una visita en persona, don Antonio Neri Villarroel, abogado de los Reales Consejos, Corregidor, Justicia Mayor y Capitán a Guerra de la villa de Illescas, dio fe de que únicamente existían unos palos atravesados y restos de madera, pero nada de piedra de cantería. Además, llamó a declarar a las cuatro ciudades más cercanas (Ocaña, Chinchón, Colmenar y Pinto) y a ocho vecinos de Bayona y Ciempozuelos para que testificasen sobre todo lo referido al puente e igualmente nombró a dos maestros arquitectos (Antonio Rodríguez Pantoja, aparejador y delineador del Real Palacio, y Joseph Rodríguez García, maestro mayor de la Real Acequia de Jarama) para que revisasen el sitio donde estuvo el puente, hiciesen cálculos del coste que tendría hacer uno nuevo y diseñasen su planta y alzado. Ambos manifestaron que debía hacerse uno de piedra labrada con dos ojos para que fuera permanente por muchos años y así se evitasen riesgos y daños, aportando los planos con las dimensiones que debía tener y los costes, que ascendían a 220 mil reales de vellón.

Igualmente se aseguraba que no era obligación de estos dos pueblos ni de persona alguna la construcción del puente, ya que, por ser de uso y beneficio público

---

11. Archivo Histórico Nacional. Signatura RGS, LEG, 149902, 112.

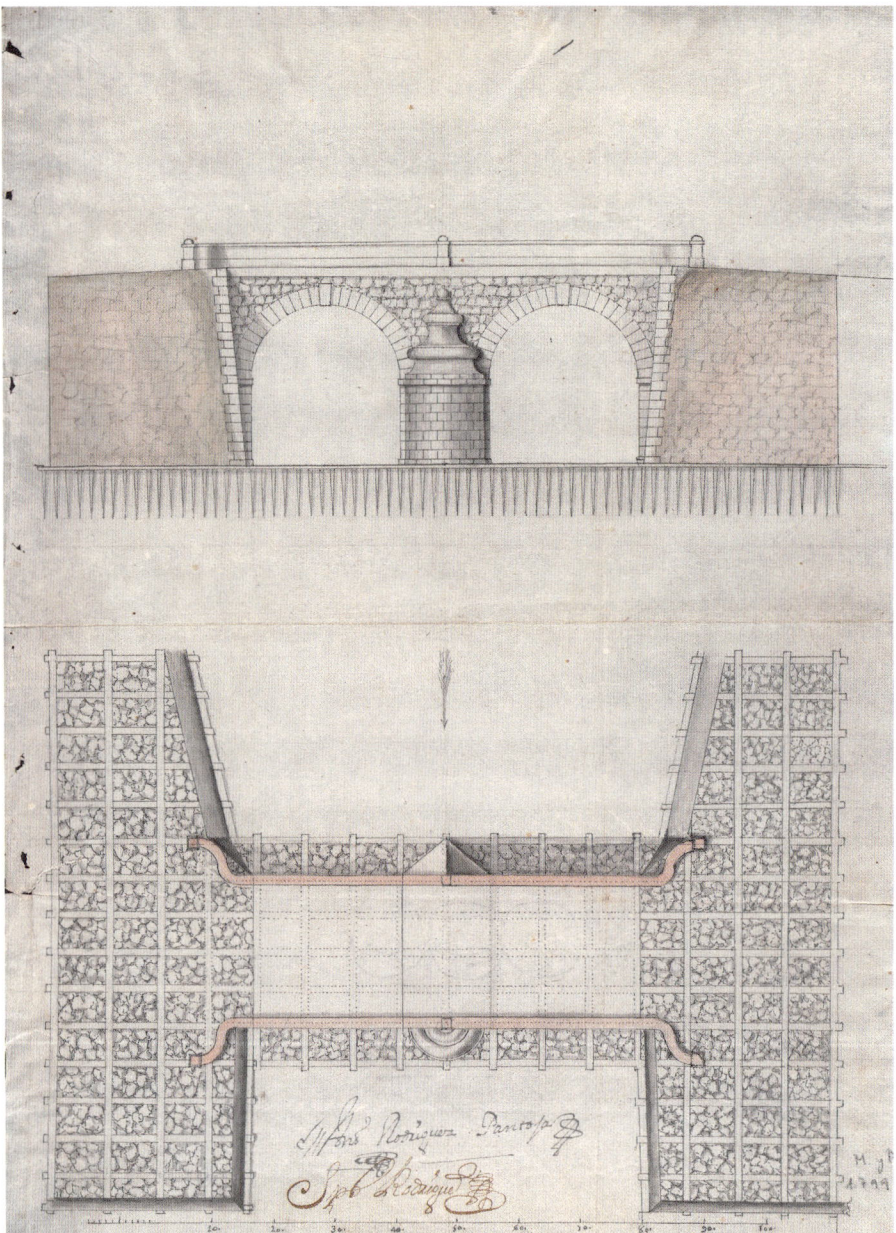

Figura 147. Alzado y planta de un puente de dos ojos. Antonio Rodríguez Pantoja. Ministerio de Cultura. Archivo Histórico Nacional (CONSEJOS, MPD.1799_r).

y común, les correspondía a las ciudades, villas y lugares en torno a veinte leguas alrededor, repartiendo el coste según su población, pues, al ser muchas, no sería tan gravoso.

Esta solicitud se denegó, entre otras razones, porque se alegaba que el citado puente no estaba en carretera pública y precisa hacia los reinos de Andalucía, Murcia y Valencia y por la desproporción del coste de un puente de dos ojos. Pero lejos de darse por vencidas, en julio de 1762, Bayona y Ciempozuelos volvieron a solicitar permiso y licencia para hacer uno de un único ojo, cuyo coste era mucho menor: tan solo 60 mil reales de vellón. Esta vez se pidió declaración a las villas de San Martín de la Vega, Seseña, Villaconejos y Colmenar de Oreja y a varios testigos vecinos de Chinchón, quienes testificaron que existía dicho puente de

madera y que era camino real hacia varios reinos y provincias.

Sin embargo, esta segunda petición tampoco fue concedida por las autoridades competentes, por lo que, ante la necesidad urgente de reconstruir un puente mucho más recio que perdurase más tiempo y al carecer de recursos, el 18 de julio de 1773 la villa de Bayona de Tajuña se dirigió al rey, a quien le propuso un canje: ceder y renunciar, voluntariamente y a perpetuidad, a una parte de su jurisdicción municipal a cambio de la construcción. La proposición fue aceptada el 24 de diciembre y fue comunicada a la villa de Bayona el 3 de enero de 1774 (Corella, 1990: 54).

El puente de la mejor «sillería labrada a picón», procedente de las canteras del cerro de la Marañosa, se

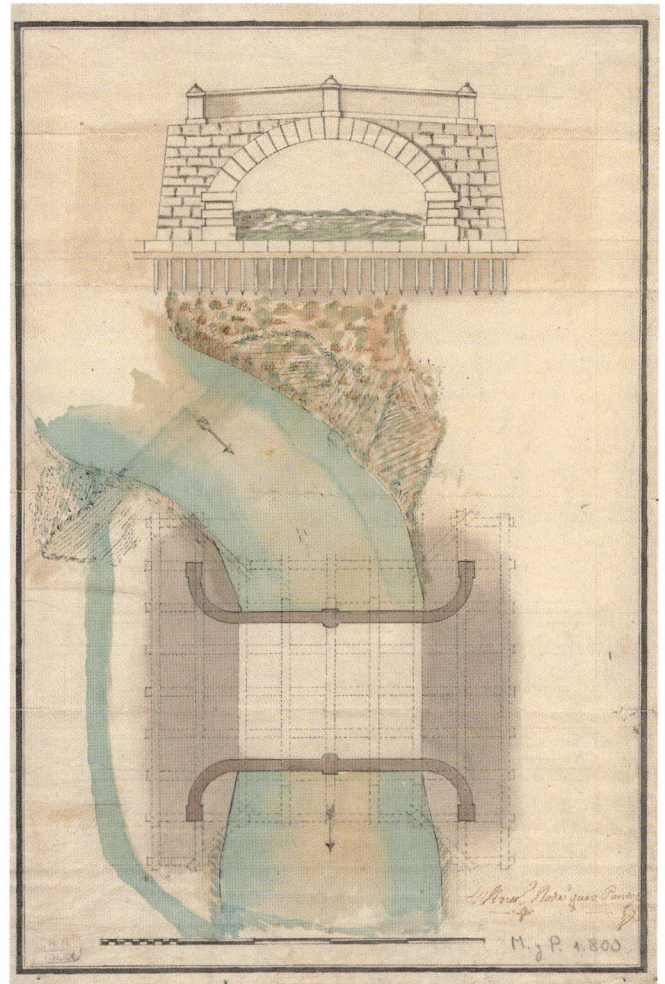

Figura 148. Alzados y plantas del puente de Antonio Rodríguez Pantoja y Bernardo Barba. Ministerio de Cultura. Archivo Histórico Nacional (CONSEJOS, MPD.1800_r y MPD.1801_r).

Figura 149. Vistas actuales de ambos lados del puente de Carlos III sobre el río Tajuña.

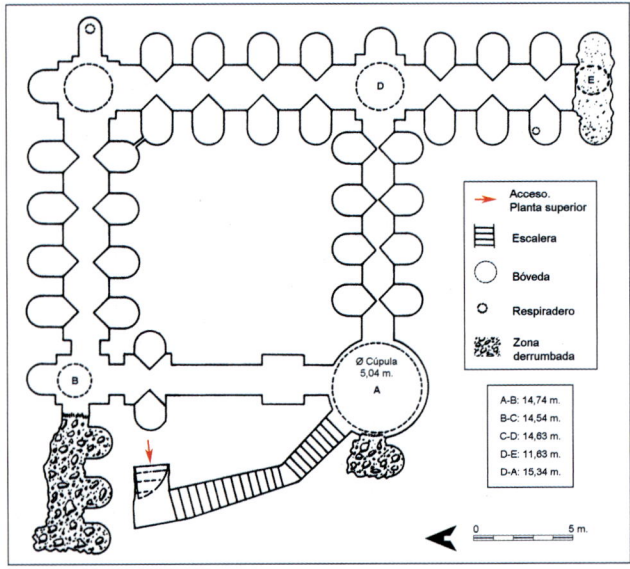

Figura 150. Planimetría de la Cueva de la Luna (tomada de Rico, 1984, y modificada por Carmen Valenciano Prieto).

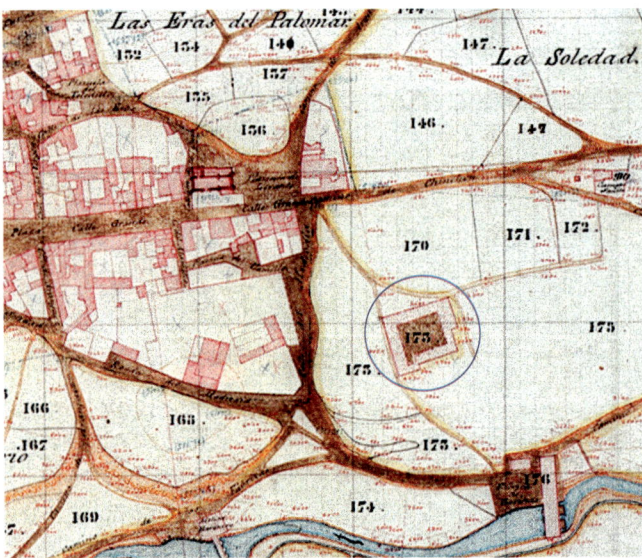

Figura 151. Ubicación de la casa señorial (círculo azul), ubicada al oeste de la Cueva de la Luna. Topografía catastral de España. Partido judicial de Getafe. Ayuntamiento de Titulcia, 1860 (Biblioteca del Instituto Geográfico Nacional CC-BY 4.0 ign.es).

pagó a cargo del Real Heredamiento de Aranjuez, designando a Manuel Serrano y Rojo como arquitecto. La obra no estuvo finalizada hasta mediados de 1775, tal y como se lee en la inscripción realizada en la clave del arco carpanel. La escritura de entrega del puente a la villa de Bayona y cesión de los terrenos a favor del rey se firmó el 5 de julio de 1775. Esos terrenos eran aquellos que iban desde la Encomienda de San Juan del Burgo, continuaban por las faldas de los Covonares —limitando, en línea recta, con Chichón y Colmenar de Oreja— y, por el límite opuesto, desde el Jarama llegaban al puente verde atravesando los Reales Bosques.

Termina el siglo con el Censo de Floridablanca de 1787, en el que se refleja que la población había aumentado hasta llegar a los 254 habitantes, en su mayor parte labradores y jornaleros, y se menciona un hospital llamado Misericordia en el que hay tres sirvientes y cinco enfermos, que era mantenido económicamente por los vecinos, pero del que no existe ninguna referencia anterior ni posterior en las fuentes escritas.

Finalmente, cabe mencionar la llamada Cueva de la Luna, antigua bodega que pertenecería, seguramente, a una casa señorial. Estructuralmente es similar a muchas otras que se construyeron en el siglo y de las que existen ejemplos en el municipio o en otros cercanos como Ciempozuelos, Villaconejos o Chinchón. A unos siete metros de profundidad, conforma una planta más o menos cuadrangular con ramificaciones en varios tramos en los que se abren espaciosas hornacinas para albergar enormes tinajas de almacenamiento y que confluyen en una cámara circular abovedada. Ha sufrido varios derrumbamientos por filtraciones de agua y parte de las galerías fueron colmatadas y cegadas por seguridad.

En el mismo paraje estuvo ubicada la denominada Casa de las Torres, propiedad de Arturo Bertodano de la Cerda, vizconde de Alcira, hasta el año 1919. En aquel entonces, solo se conocía la entrada a la cueva y la escalera de acceso. Un vecino de la localidad la utilizó como pajar desde finales del siglo XIX a principios del XX.

Fue descubierta en el año 1952 y, durante un tiempo, se utilizó para cultivar champiñón. Sin embargo, después se convirtió en un gran reclamo para el turismo por su interés como lugar esotérico (Rico, 1984: 56-57).

3. SIGLO XIX. BAYONA *VERSUS* TITULCIA

Fue a principios de este siglo, por decreto de las Cortes de Cádiz en 1811, cuando se dio por finalizado el sistema medieval de los señoríos, aunque se mantuvieron los modos de vida ancestrales, pues carecía de buenas infraestructuras para un desarrollo y modernización la zona.

También fue la época en la que Bayona de Tajuña cambió su nombre por el de Titulcia. El 22 de febrero de 1815, don Eugenio José de Nero Luján Robles, conde de Castroponce y Torrehermosa y señor de la villa de Bayona de Tajuña, solicitó al rey Fernando VII el cambio debido al odio que se sentía por la Bayona francesa tras los agravios cometidos allí contra el monarca en 1808, al ser obligado a abdicar sus derechos al trono español en favor de José Bonaparte. El rey aceptó de buen grado la petición del conde porque era una manera de olvidarse de aquellos malos recuerdos y concedió que la villa volviese a llamarse con el nombre antiguo de Titulcia[12].

Pero, aunque se hizo oficial en aquel año, debió ser un tema debatido años antes, ya que el nombre de Titulcia aparece ya junto al de Bayona en un mapa topográfico histórico en francés fechado en el año 1809.

Después de muchos siglos de pertenencia, Titulcia rompió definitivamente sus vínculos ancestrales con la ciudad de Segovia a raíz de la reforma administrativa realizada por Javier de Burgos con la promulgación del Real Decreto de 30 de noviembre de 1833, en el que se establecía una nueva división territorial del país. Pasó, entonces, a formar parte de la provincia de Madrid, concretamente dentro del partido judicial de Getafe.

Nuevos datos de Titulcia aparecen reflejados en los diccionarios estadísticos que se publicaron a lo largo del siglo XIX. Así, en el *Diccionario de Miñano*, de 1826, se dice que contaba con 51 vecinos, 231 labradores y un párroco y que seguía siendo un municipio fundamentalmente agrícola (trigo, cebada y mucha cebolla), el cual abastecía a Madrid. Además, nos da cuenta de dos puentes sobre el Tajuña y Jarama respectivamente.

El *Diccionario geográfico-estadístico-histórico de España y sus posesiones en ultramar* de Pascual Madoz (1846-1849) menciona un total de 303 habitantes, 80 vecinos y 60 casas —incluido el ayuntamiento— distribuidas en un trazado de dos calles, una plaza, una escuela para niños, la iglesia parroquial de Santa María con el cementerio en su pórtico, la ermita de la Soledad a las afueras, dos puentes y caminos carreteros hacia los pueblos limítrofes. También reseña que el terreno era de inferior calidad, si bien poseía un soto arbolado y una alameda. Había ganado lanar y vacuno y cría de «pesca menuda». En cuanto a la industria, se cita la agricultura que daba trigo, patata, cebada y mucha cebolla, que suministraba a Madrid, y un molino de cal.

Pascual Madoz, que era ministro de Hacienda durante el Bienio Progresista, llevó a cabo una desamortización en mayo de 1855 por la que se pusieron a la venta todos los predios rústicos y urbanos, censos y foros pertenecientes: al Estado, al clero, a las órdenes militares de Santiago, Alcántara, Montesa y San Juan de Jerusalén, a cofradías, obras pías y santuarios, al secuestro del exinfante don Carlos, a los propios y

174

de vuestra villa de Alcobendas, que con el respeto que se debe á vuestra Real Persona pide los acepte."

S. M. contestó admitia gustoso los donativos, dando las mas expresivas gracias por tan heroyca accion, y mandando se insertase con particularidad en la gaceta para satisfaccion de tan noble villa, justicia suya y noticia de todos sus vasallos.

Igualmente el dia 22 del mismo el conde de Castroponce y Torrehermosa, señor de la villa de Bayona de Tajuña, tuvo la honra de cumplimentar á S. M. en los términos siguientes:

„Señor: la villa de Bayona de Tajuña, que pertenece á mi casa, me encarga felicite á V. M. por vuestro deseado regreso á ser Rey y Señor de España y de todos vuestros fieles vasallos, que ni se han sujetado al tirano, ni han consentido en la injusticia y desórden; porque constantemente adictos á nuestra sabia y antigua constitucion, detestaron siempre toda novedad.

„ Esta villa, Señor, si V. M. lo permite, quisiera mudar de nombre en odio de aquella en que fue nuestra catástrofe: por su situacion militar, en todas las invasiones de España, los enemigos la han reducido desde famosa colonia que fue de los romanos á un corto número de vecinos: en ella quando se llamaba Titulcia padecieron martirio S. Fabricio y Filiberto en 22 de Febrero del año 308: fue arruinada en la invasion de los moros, y reedificada por D. Alfonso el VI con el nombre de Bayona; y ahora los franceses la hicieron punto de apoyo para emprender los ataques de Almonacid y de Ocaña, y quando su retirada á Valencia colocaron alli su retaguardia: en estas ocasiones han sufrido aquellos vecinos grandes ruinas y saqueos, mas todo ha desaparecido de su memoria por el dulce placer con que les inflama la vista de su amado Soberano; sin vos, Señor, nada servirá el haber vencido á los franceses, pues salimos del Scila y caimos en el Caribdis: gracias al Omnipotente, y el triunfo de vuestras virtudes os preparó para poseer este reyno: alégrese nuestra tierra, y muestren su júbilo aun las islas mas remotas."

El Rey nuestro Señor oyó con agrado estos patrióticos sentimientos de la villa de Bayona y de su señor; y queriéndoles dar un testimonio de ello vino en concederles, como lo solicitaban, de que en adelante volviese esta villa á denominarse con el nombre antiguo de *Titulcia*.

ARTICULO DE OFICIO.

Circular de la Tesorería general.

Para evitar el retraso en la formalizacion de los pagos, y tambien su ilegitimidad, se deberá observar lo siguiente:

1.° Que para qualquier cantidad que se haya de entregar por esa Tesorería y Depositarías Subalternas ha de preceder la órden de esta Tesorería general.

2.° Que los pagos de Exército que se hayan de verificar en esa Tesorería y Depositarías han de ser tambien á consecuencia de órdenes de esta Teso–

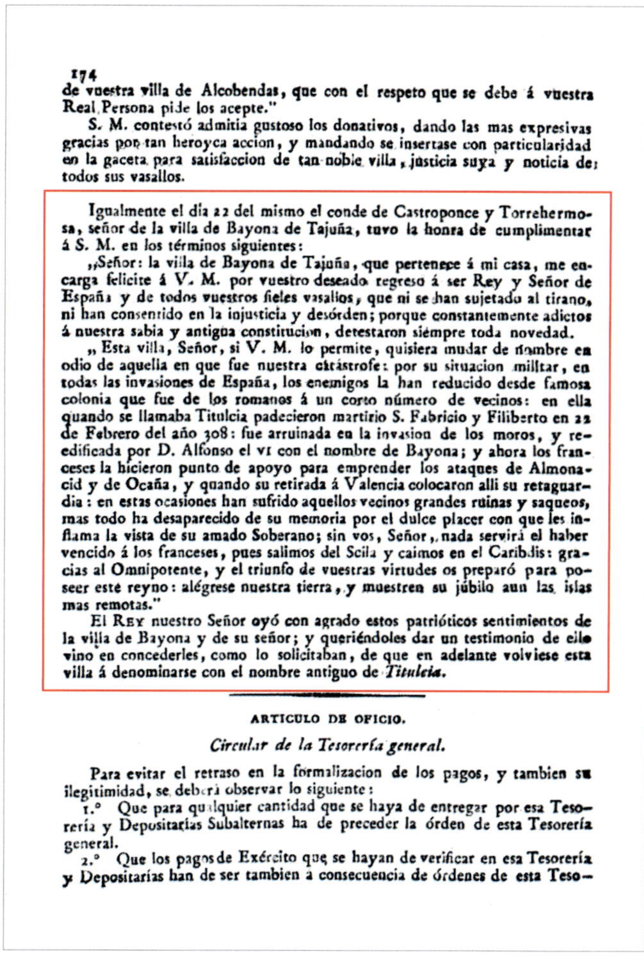

Figura 152. Petición del cambio de nombre. *Gaceta de Madrid*, vol. I, 1985.

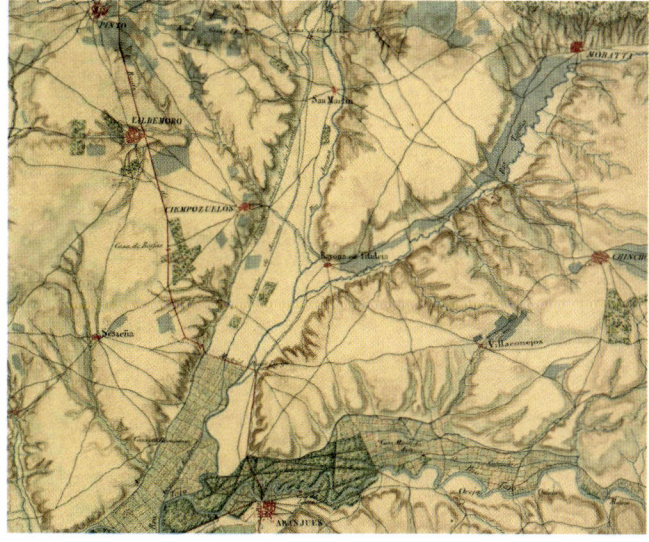

Figura 153. Detalle del mapa topográfico de 1809 (Ministère de la Guerre. Archives des Cartes. Dépôt de la Guerre). Escala 1:100.000. Información geográfica de la Comunidad de Madrid. Acceso público y gratuito en CC BY 4.0 Comunidad de Madrid. Autor: Service Historique de la Défense (Armée Francaise).

12. *Gaceta de Madrid,* núm. 20 del año 1815.

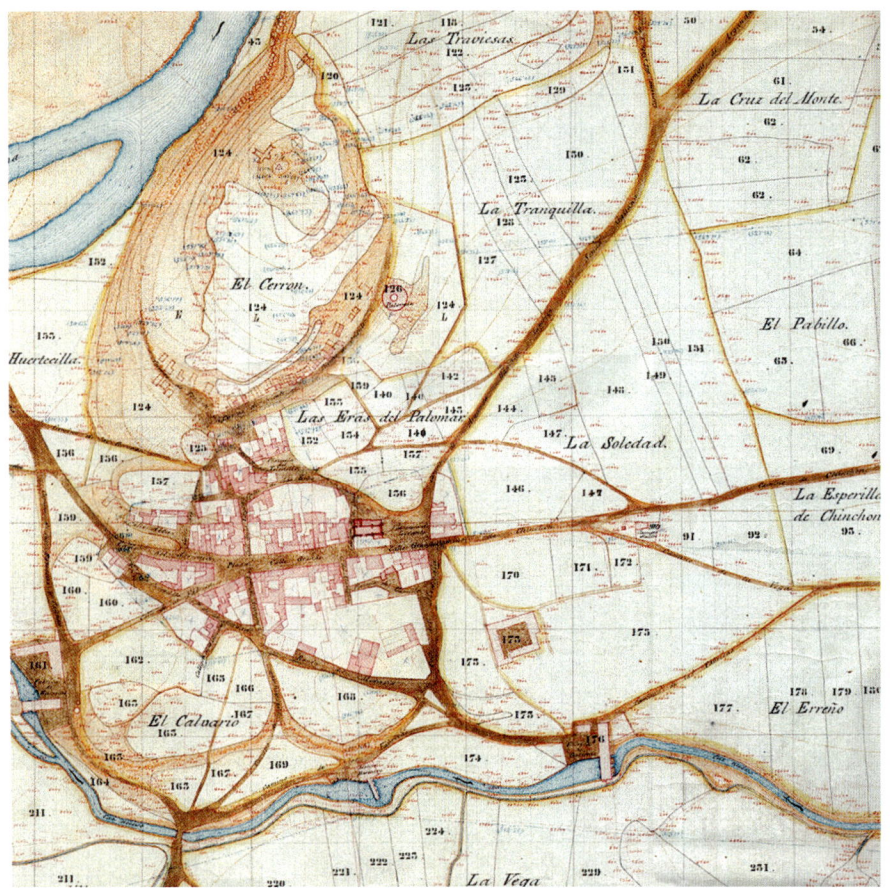

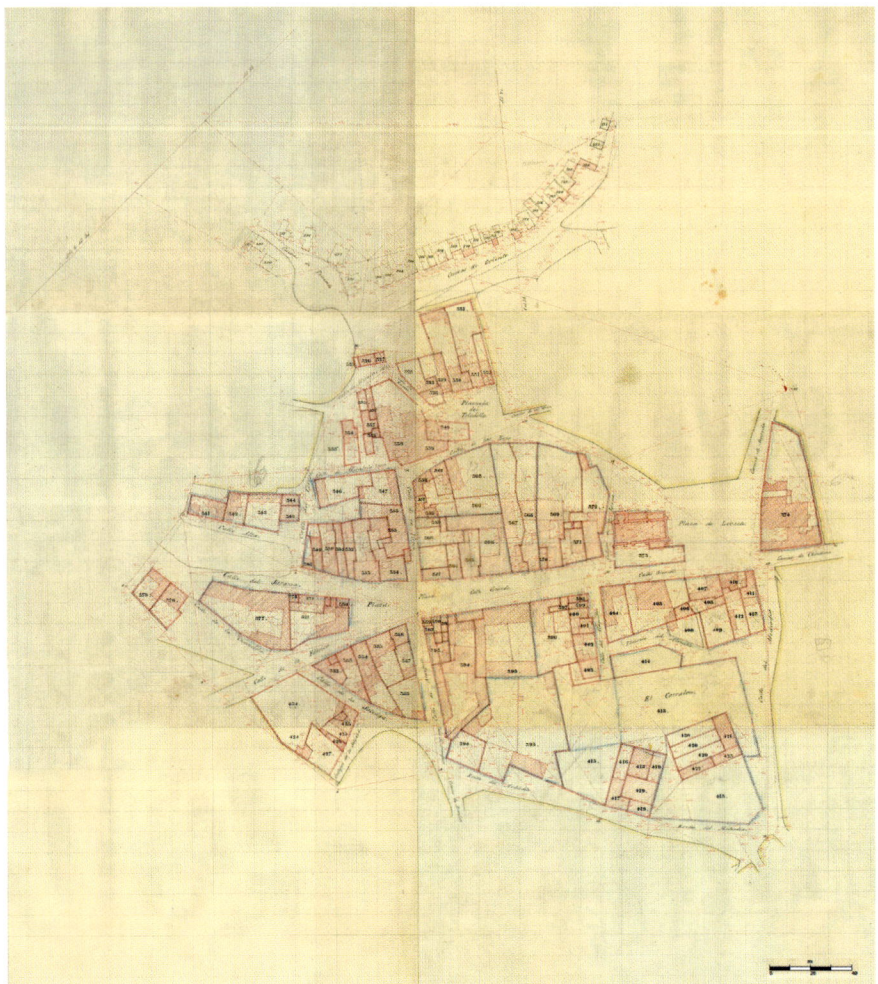

Figura 154. Topografía catastral de España. Junta General de Estadística. Partido judicial de Getafe. Ayuntamiento de Titulcia, 1860 (Biblioteca del Instituto Geográfico Nacional CC-BY 4.0, ign.es).

Figura 155. Mapa histórico de la población de Titulcia de 1860. Información geográfica de la Comunidad de Madrid. Acceso público y gratuito en CC BY 4.0 Comunidad de Madrid. Autor: Instituto Geográfico Nacional, 1870.

comunes de los pueblos, a la beneficencia y a la instrucción pública. En la localidad de Titulcia se enajenó y subastó una extensión total de 9,90 km² (1618 fanegas), que correspondían a las tipologías de Instrucción Pública, Estado, Propios y Patrimonio (Moreno, 2015).

A finales del siglo, Marín Pérez publicó su *Guía de Madrid y su provincia* (1888-1889), en la que se muestra muy crítico con la situación en la que se encontraba Titulcia. Describía un último censo poblacional de 584 habitantes y 116 vecinos muy humildes, que vivían en 120 casas que se organizaban en torno a doce calles y dos plazas. Apunta que la iglesia estaba en regular estado de conservación y menciona un nuevo cementerio de forma cuadrada —con sepultura gratuita— junto a la ermita de la Soledad, que hacía las funciones de capilla. Había un juzgado municipal, una cárcel y una posada mal organizada, y una escuela de enseñanza primaria que estaba en estado de ruina. Como profesionales, destaca un licenciado en medicina y cirugía —solo para los vecinos acomodados— y un veterinario.

Las industrias tradicionales eran fabricación de harinas, elaboración del pan, vino y aceite y conserva de carnes, así como transformación de algunos frutos naturales. Describe una agricultura (hortalizas, frutas, legumbres, cereales, vid y olivos) en estado lamentable y una ganadería compuesta de mulas, asnos y ovejas, cuya lana se exportaba.

Al comparar todos los datos estadísticos recogidos con los planos de la Junta General de Estadística realizados entre 1860 y 1870[13] y el mapa histórico de población del año 1860 de la Dirección General del Instituto Geográfico y Estadístico, llaman la atención varios detalles. El primero, que no aparece reflejado el puente sobre el río Jarama y sí la barca, hecho que parece más cierto, ya que el puente se construiría años más tarde. Asimismo, existía, más al norte, otro paso del Jarama —que, en aquel entonces, discurría pegado al cerrón— a través del denominado Camino del Vado (Cordel de los Manchegos) y que tampoco aparece en las descripciones.

En cuanto a las calles, no son solo doce, sino algunas más, siendo la calle Grande el principal eje distribuidor este-oeste que llevaba a la ermita de la Soledad y al cementerio. La plaza de Levante o de la Constitución, junto a la iglesia, constituía el espacio público principal —llamado descansadero de la iglesia— al que llegaba el Cordel de la Galiana procedente de Arganda.

Figura 156. Vivienda-cueva de Titulcia entre 1844 y 1910 (Ministerio de Cultura. Archivo Arcimis. Fundación Duques de Soria de Ciencia y Cultura Hispánica. IPCE ARC-0574_P).

Figura 157. Viviendas-cueva de poniente. España. Ministerio de Defensa. Archivo Histórico del Ejército de Aire y del Espacio (PET 80-2015, 2-4556-02).

Al sur del pueblo, se ubicaba el camino de las fábricas que llevaba a los tres molinos, ubicados sobre el caz nuevo, y a la zona del Calvario.

---

13. Hoja kilométrica E2 (16): término de Titulcia.

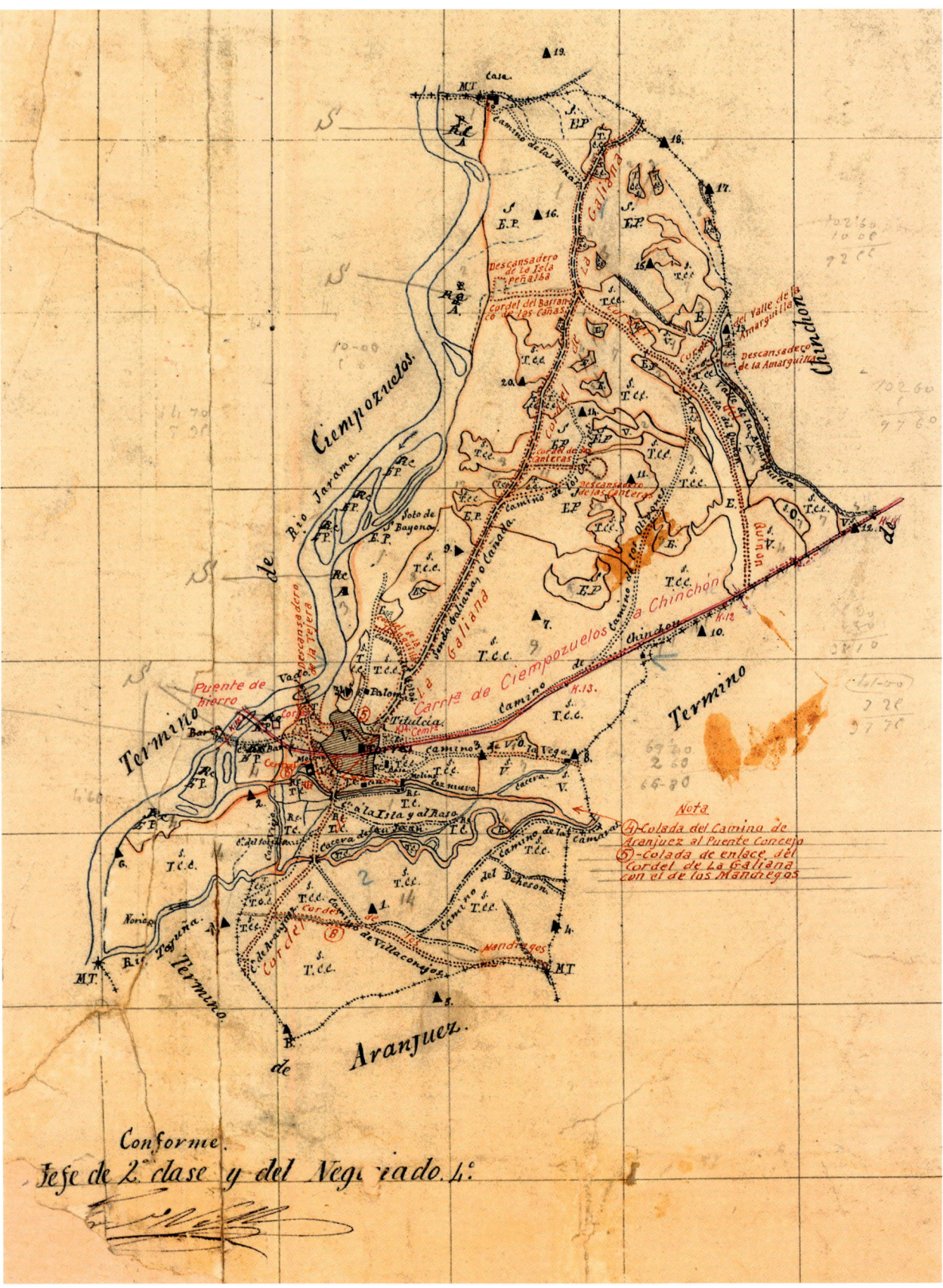

Figura 158. Detalle del mapa catastral de 1870 con ubicación de la antigua barca y del puente de hierro (Biblioteca del Instituto Geográfico Nacional CC-BY 4.0 ign.es).

Figura 159. Barca cruzando el río Tajo en Aranjuez en el año 1910. Fotografía: Fondo Coro Morales Asúa. Colección Madrileños: Archivo Fotográfico de la Comunidad de Madrid (ES 28079 ARCM COMO0003_000136).

Figura 160. Puente de hierro sobre el Jarama entre 1844 y 1910 (Ministerio de Cultura. Archivo Arcimis. Fundación Duques de Soria de Ciencia y Cultura Hispánica. IPCE ARC-0550_P).

Figura 161. Puente de hierro sobre el Jarama. España. Ministerio de Defensa. Archivo Histórico del Ejército de Aire y del Espacio (PET 80-2015, 1-13767-01 BR).

Había también, en la ladera sur del llamado Cerrón, dos calles con viviendas en cueva, tipología de casas que no se menciona en ninguna de las narraciones anteriores, y, junto a ellas, un palomar de grandes dimensiones que tampoco fue reflejado. En contraposición con estas casas humildes, aparece a las afueras del pueblo y al sur del camino que llevaba a Chinchón la casa más notable de todo el pueblo, la Casa de las Torres, alejada del resto y en una zona de tierras de labor.

Finaliza el siglo xix con la construcción, en 1882, de una carretera que unía Ciempozuelos con Titulcia atravesando el río Jarama por el lugar llamado las Arriadas, que se complementó, años más tarde, con la edificación de un puente con estructura de hierro sobre el lugar de la antigua barca. Obra de Enrique Cardenal,

se inició en el año 1891 al oeste del núcleo urbano y finalizó en 1894. Al tratarse de un puente muy ligero, tuvo que ser reforzado para el tránsito de vehículos y reconstruido por diversas riadas del Jarama (1935 y 1947) y también por los destrozos de la guerra civil, siendo finalmente cerrado al tráfico rodado y sustituido por un nuevo puente en el año 2002.

4. SIGLO XX. AÑOS DE GUERRA Y RECONCILIACIÓN

La entrada en el siglo xx no supuso grandes cambios en la vida de Titulcia, que seguía sumergida en formas de vida tradicionales hasta que llegó la guerra civil. Debido a la pugna por ganar la iniciativa en el frente de Madrid se produjo, en el año 1937, la tristemente famosa batalla del Jarama, que se libró entre el 5 y 25 de

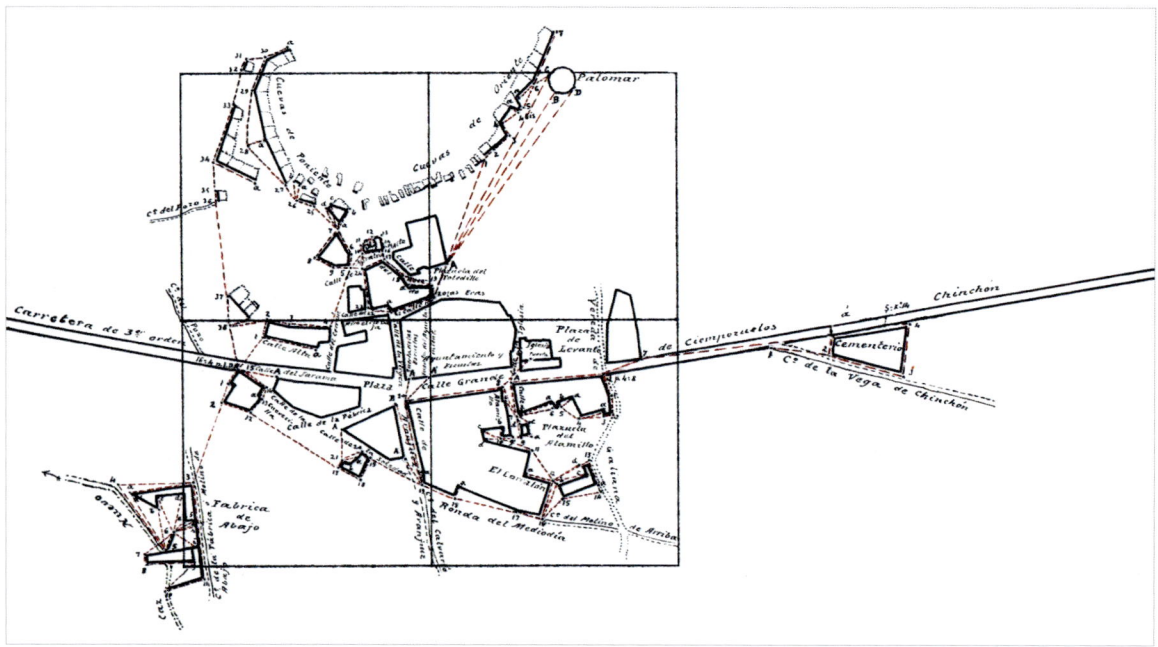

Figura 162. Plano de Titulcia del año 1922 (Biblioteca del Instituto Geográfico Nacional CC-BY 4.0 ign.es. POBL821453 1922 Titulcia).

Figura 163. Fotografía general del pueblo. España. Ministerio de Defensa. Archivo Histórico del Ejército de Aire y del Espacio (PET 80-2015, 1-13734-02).

febrero en el curso bajo de este río. Allí se encontraba un importantísimo punto estratégico en el campo de operaciones, el llamado cerro del Pingarrón, cuya cima fue tomada y perdida por ambos bandos varias veces en muy poco tiempo y frente al que se produjeron encarnizadas luchas, siendo la trágica tumba de un gran número de combatientes.

Titulcia formó parte de ese frente del Jarama, pues aquí estaba parte de la línea defensiva republicana. Muchos vestigios de aquellas construcciones bélicas se pueden contemplar, hoy en día, tanto en los cerros del Jarama como en los del Tajuña. Se trata de varias líneas de trincheras, nidos de ametralladora e incluso algún refugio.

Figura 164. Iglesia en ruinas el 2 de septiembre de 1942 (Agencia EFE, S.A./ Hermes Pato).

Figura 165. Vista del pueblo en la que se aprecia la antigua espadaña de la iglesia. España. Ministerio de Defensa. Archivo Histórico del Ejército de Aire y del Espacio (PET 80-2015,2-4556-01).

Figura 166. Fotografía de la calle Grande. 2 de septiembre de 1942 (Agencia EFE, S.A.).

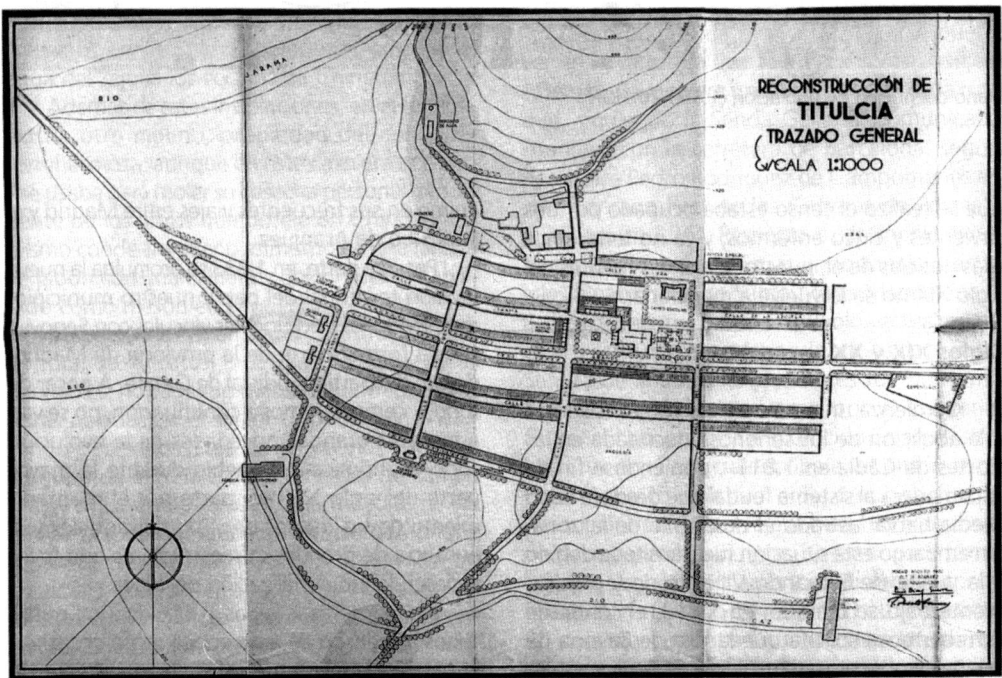

Figura 167. Proyecto de ordenación general de Titulcia en 1940 (Vega Delgado, 2004).

Figura 168. Casas de Regiones Devastadas durante su construcción (9 de septiembre de 1942) y fabricación de ladrillos (23 de marzo de 1941). Agencia EFE, S.A./Hermes Pato.

Durante los años que duró la guerra, casi toda la población civil fue evacuada a localidades vecinas no afectadas —Chinchón, Ciempozuelos o Aranjuez—, excepto algunas personas que siguieron viviendo en las cuevas del cerro. Sin embargo, una vez terminada la contienda, aunque quedaron viviendas en pie como se ve en las fotos, muchos no pudieron volver a sus casas debido a los daños ocasionados por la contienda[14].

La denominada Dirección General de Regiones Devastadas y Reparaciones fue el organismo gestor de la construcción de nuevas viviendas y otras infraestructuras. En 1940, los arquitectos Luis Díaz Guerra y Luis Prieto Bances fueron los encargados de elaborar un proyecto para la nueva ordenación del pueblo en torno a un punto cardinal que era la iglesia parroquial, aunque tuvo que reconstruirse de nuevo, y a la carretera hacia Ciempozuelos y Chinchón como eje principal para articular el núcleo urbano.

Se preveía albergar a unos mil habitantes, pero el trazado propuesto inicialmente no llegó a realizarse y el núcleo de Regiones Devastadas se simplificó y quedó limitado a siete manzanas situadas en la mitad oriental del tejido urbano, además de algunos edificios representativos que fueron terminados durante los años cuarenta del siglo (VV. AA., 1942: 32-33). Ese conjunto de casas se encuentra repartido, en la actualidad, entre las calles Escuelas, de la Era, Grande y Soledad (VV. AA., 1942*b*: 11), si bien algunas de ellas han perdido la fisionomía original que tuvieron en su día.

El retablo que decoraba el altar mayor de la iglesia parroquial ha sido otro gran protagonista del siglo XX, siendo numerosas las vicisitudes acontecidas con él. Cuando el hijo del Greco, Jorge Manuel Theotocópuli, y Giraldo de Merlo lo entregaron en 1621 estaba formado por cinco cuadros, pero con el devenir de los años sufrió diversas modificaciones. Así, en 1908, solo quedaban cuatro de ellos, puesto que ya no estaba el denominado *Cristo en casa de Simón*, vendido en París en 1911, probablemente al señor Ivan Stchoukine (actualmente en la Hispanic Society de Nueva York). Además, se apunta que deben de haber sido «groseramente embadurnados» en el siglo (Cossío, 1908: 353-354), por lo que perdieron sus cualidades originales.

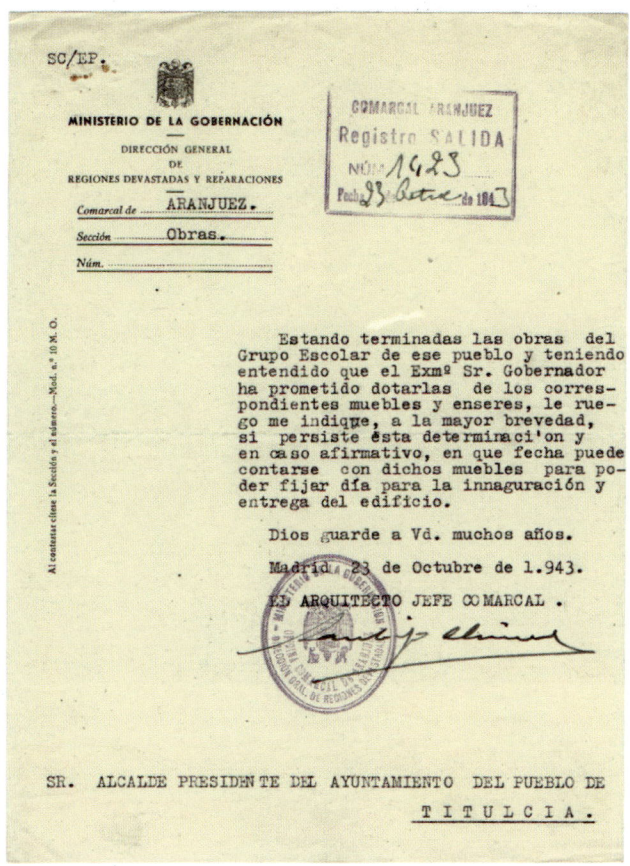

Figura 169. Oficio sobre la finalización de las obras del Grupo Escolar. 23 de octubre de 1943 (Archivo del Ayuntamiento de Titulcia).

Cuando Roso de Luna estuvo en Titulcia allá por el año 1918, visitó la iglesia acompañado del párroco Lisardo Campos y únicamente vio el retablo con tres cuadros, que él denomina *La Ascensión del Señor*, *Jesús presentándose a la Magdalena* y *La Magdalena y el ángel del sepulcro* (Roso de Luna, 1818: 279-280).

Posiblemente todo ello esté relacionado con el tráfico ilícito de obras y las ofertas hechas a particulares y eclesiásticos, entre los años 1902 y 1909, por marchantes y coleccionistas que buscaban este tipo de obras (Antigüedad, 2016: 165). Ante este clamoroso panorama, aunque ya tarde, las autoridades españolas intentaron poner remedio a la situación con medidas urgentes: la emisión del Real Decreto de 1 de junio de 1900 del Ministerio de Instrucción Pública y Bellas Artes para la realización de un Catálogo Monumental y Artístico de España dividido por provincias —muchas

---

14. En el Archivo Histórico Nacional, existe un documento fechado el 30 de septiembre de 1939 en el que se hace una relación sucinta de los robos y destrucciones cometidos por el bando republicano en la localidad. Entre ellos se hace mención al asalto y saqueo de la iglesia parroquial, quemando sus imágenes y cuadros en la vía pública. El escrito termina diciendo que toda la población urbana está destruida, quedando únicamente dos casas (Archivo Histórico Nacional, FC-CAUSA_GENERAL, 1509, exp. 3).

Figura 170. Fotografías del retablo de la iglesia entre 1844 y 1910. (Ministerio de Cultura. Archivo Arcimis. Fundación Duques de Soria de Ciencia y Cultura Hispánica. IPCE ARC-0145_P, ARC-0557_P y ARC-0556_P).

de las cuales, entre ellas Madrid[15], nunca llegaron a publicarse— y la promulgación de la ley de 7 de julio de 1911 que, en su artículo 3, prohibía expresamente la exportación de monumentos al extranjero.

Al comparar las descripciones dadas por Manuel B. Cossío y la fotografía publicada en un artículo de 1930, pero realizada años antes (Sorribes, 1930: 61-63), se aprecia que algunas obras fueron cambiadas de lugar y en el lugar del *Cristo en casa de Simón* se puso una crucifixión de mucho menor valor. Asimismo, se comenta que dos de las obras podrían ser copias de los originales, en concreto la *Aparición del ángel a Magdalena* y *Noli me tangere*. Se conservan otras fotografías del retablo en el IPCE en Madrid, que fueron realizadas por Augusto Arcimís entre 1844 y 1910; en ellas se ve la crucifixión en la derecha del retablo y no en la izquierda.

El original de la *Aparición del ángel a Magdalena* desapareció durante la guerra civil, apareció en Plandiura, en Barcelona, más tarde estuvo en manos de Thomas Harris y finalmente perteneció a Thomas Barlow, en Londres. Después fue subastado por Sotheby's el 20 de junio de 1955 y fue adquirido por Francesco Pospisil, de Venecia. En Titulcia se quedó una réplica de este.

Algo similar ocurrió con la escena de *Cristo en casa de Marta y María*, que seguramente fue sustituido por una copia (ya que aparece en la fotografía de 1930), pues apareció en 1908 en Londres y fue cambiando de mano: primero perteneció a lord d'Abernon, luego a un comerciante de Londres (Agnew) y, por último, fue adquirido por Alejandro Shaw, de Buenos Aires, en 1928. En 1968 se localizó en Aquarella Galleries, en Nueva York.

El lienzo *Noli me tangere* fue comprado en 1938 a Tomas Harris y, hoy en día, está expuesto en el museo Lázaro Galdiano en Madrid. Existía una copia de este en la casa parroquial en 1985.

A causa del asalto, saqueo e incendio en la iglesia provocado el 28 de agosto de 1936, donde se destruyeron el retablo, sus esculturas y el óleo de la Verónica que había en el centro, Domingo Borrás retiró las pinturas que quedaban en la iglesia siguiendo las órdenes del gobernador civil de Madrid Francisco Carreras Reura.

---

15. El Catálogo de la Provincia de Madrid fue encargado a Francisco Rodríguez Marín el 21 de mayo de 1907 y el informe resultante tiene fecha de 20 de mayo de 1920. En su volumen I, p. 318 únicamente menciona dos obras de Titulcia: una lápida funeraria romana dedicada a Acilia Anneza —hoy desaparecida— y el retablo mayor de la iglesia parroquial. Por desgracia, no hay fotografía de ninguna de las dos.

Figura 171. Retablo mayor de la iglesia en 1930 durante la visita de la Sociedad Española de Excursiones (Sorribes, 1930).

En el año 1939, el Comité Nacional para el Salvamento del Tesoro Artístico decidió trasladar a la sede de Naciones de Ginebra numerosos objetos de arte provenientes de Madrid para evitar su destrucción durante la guerra civil, entre los cuales aparecen inventariados cuadros de Titulcia. A partir del 14 de mayo de ese mismo año, las obras comenzaron a regresar a España y se depositaron en el Museo del Prado. En la sala XI se expusieron las obras menos conocidas del Greco, entre las que se encontraba *El tránsito de la Magdalena* (Antigüedad, 2016: 173-174). Después serían entregados al entonces alcalde de Titulcia, Agapito Manzanero Martín[16], quien, en enero de 1942, los dejó en el domicilio de D. Luis Lomba de la Pedraja hasta que se reconstruyera la iglesia, pero este señor falleció el 3 de marzo de 1971 y no se volvió a saber nada de los cuadros[17]. Si bien es cierto que algunos ya no eran los originales, puesto que habían sido vendidos con anterioridad.

El tránsito de santa María Magdalena que, en origen, remataba el retablo fue el único que volvería de nuevo a la iglesia parroquial ya reconstruida, pero sería robado junto con otro de menor interés (*La huida a Egipto*) entre el 28 de octubre y el 4 de noviembre de 1984[18], y nueve días más tarde fue hallado en condiciones lamentables en las obras del Monumento al Camionero que se estaban realizando en Benavente (Zamora). Se depositaron en la casa cuartel de la Guardia Civil de Ciempozuelos y, tras ocho meses, fueron llevados al Servicio de Conservación de Bienes Muebles del Ministerio de Cultura (antiguo Instituto de Conservación y Restauración de Obras de Arte), organismo que se encargó de su restauración llevada a cabo por María Luisa Baena, José Antonio Buces y M.ª Dolores Fuster[19]. El 7 de abril de 1989 fue entregado al entonces alcalde de Titulcia, Delfín Corral Collado, y regresó definitivamente a la iglesia parroquial de Titulcia[20], donde puede ser contemplado en la actualidad.

16. *ABC*, edición de Madrid, 10-4-1985, p. 40 y 21-4-1985, p. 46.
17. Existe un documento en el Ayuntamiento de Titulcia, con fecha de 1 de enero de 1942, en el que se acuerda por el pleno y se hace constar que los cuadros que había en el retablo de la iglesia están depositados en la casa de D. Luis Lomba de la Pedraja y allí deben permanecer hasta que se reconstruya la iglesia.
18. El robo fue publicado por *El País* en su edición del 14 de junio de 1985.
19. El IPCE conserva el expediente de dicha restauración, n.º BM 85/27.
20. Noticia publicada en *El País* en su edición de Madrid el 10 de abril de 1989.

V. CATÁLOGO

M.ª del Carmen Valenciano Prieto
José Polo López

1. MATERIALES PRERROMANOS

Phiàle mesómphalos

Procedencia:
Oppidum

Dimensiones:
Ø máx.: 18 cm; h.: 3,5 cm; peso: 196,1 g.
Prácticamente completa.

Material:
Plata con sobredorado.

Cronología:
Siglo II a. C.

Descripción:
Se trata de un recipiente abierto y poco profundo, por proporción y perfil de tipo plato, que se corresponde con una *phiàle mesómphalos*, realizada sobre una fina lámina de plata sobredorada.

El *omphalos* central presenta la extraordinaria representación, en relieve repujado, del prótomo o cabeza frontal de un monstruo o animal fantástico de carácter mitológico, más cercano a un felino (tal vez un león) con un hocico pequeño y chato (apenas representado) y orejas caídas, cuyo rostro de grandes ojos almendrados con la pupila señalada y vaciada (quizá para alguna incrustación) y boca —sin indicación de labios, dientes o lengua— no da un aspecto feroz, sino apacible que trasmite serenidad, rasgo raro en un animal que lo primero que enseña son los colmillos.

La figura presenta una melena lisa pero estilizada con mechones primorosamente peinados, ordenados y estriados, formando un casquete en la parte alta de la cabeza que termina en una decoración punteada. Sus orejas son pequeñas, recortadas y puntiagudas que se aplastan contra la cabeza y casi ni se aprecian. Las barbas y parte de sus cabellos están representados en forma de dos serpientes que, arrancando de la boca, le recorren el cuello y se enroscan a la altura de la cara —simulando mechones rizados— para ascender y afrontar finalmente sus cabezas en la parte alta de la testa del animal. Este hecho lo convierte en una criatura híbrida, muy común en la mitología griega antigua, y así lo vemos reflejado en las representaciones iconográficas ibéricas.

Rodea la cabeza un pequeño burlete o cordón en relieve finamente adornado con una decoración geométrica en zigzag y estriados. Este medallón central seguramente fue trabajado aparte y soldado después en el centro de la lámina de metal.

El borde, engrosado en el interior para otorgar una mayor resistencia y evitar posibles deformaciones, presenta una cenefa decorativa incisa, a modo de orla perimetral, con el motivo denominado «dientes de lobo». Tal vez ejecutada en un momento más tardío, presenta un trazo muy irregular y descuidado, que contrasta con la finura con la que fue representada la compleja figura del *omphalos*.

La pieza presenta, al interior del borde, dos pequeñas perforaciones afrontadas, una a cada lado, de unos 2 mm de diámetro, lo cual indica que pudo tener unos apliques o asas o que, en un determinado momento, estuviese colgada o fija en algún lugar.

Pinzas caladas

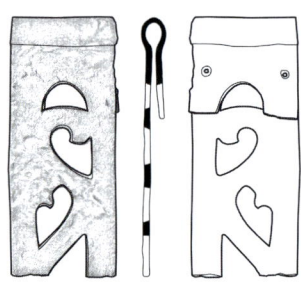

2011-25-76-22

0   5cm

Procedencia:
Oppidum.

Dimensiones:
Long.: 5, 71 cm; anch.: 2,38 cm; grosor: 0,12 cm.

Material:
Bronce.

Cronología:
Siglo II a. C.

Descripción:
Pinzas caladas incompletas realizadas con una placa rectangular que presenta un diseño calado ornamental con una forma de creciente lunar y debajo dos elementos vegetales curvos. Le falta también la anilla de suspensión. Se asemeja bastante al que presentan unas halladas en Las Alcaidías de Osuna (Sevilla) (Pachón, 2016). Existen otros ejemplos similares en las necrópolis de La Osera (Chamartín de la Sierra, Ávila), El Cigarralejo, necrópolis de La Serreta (Alcoy), Covalta y la de Los Torviscales (Fuente Tójar, Córdoba), fechadas entre los siglos IV y III a. C.

Pinzas

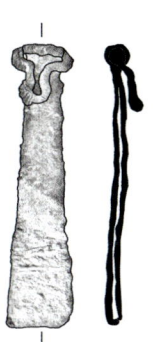

11-25-76-27

0   5cm

Procedencia:
Oppidum.

Dimensiones:
Long.: 9,9 cm sin contar la argolla suspensora con estrechamiento que mide 2,5 cm; anch. máx.: 1,1 cm; peso: 30 g.

Material:
Bronce.

Cronología:
Siglo II a. C.

Descripción:
Pinzas de bronce muy características del área ibérica del Levante peninsular, en donde aparecen partir de principios el siglo IV a. C. Ejemplar completo realizado con una placa de bronce doblada que no presenta decoración. Es más estrecha en su parte proximal, donde conserva una argolla suspensora, y más ancha en su parte distal. Siguen la tipología de otras encontradas en Numancia, la necrópolis de Coimbra del Barranco Ancho (Jumilla), el Cigarralejo (Mula) o el Cerro de la Tortuga (Málaga).

Fíbula

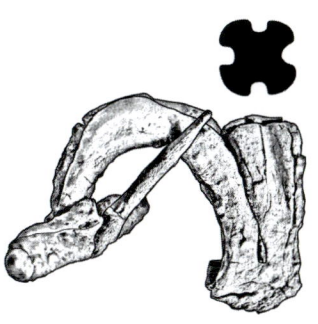

2011-25-26-28

0   5cm

Procedencia:
Oppidum.

Dimensiones:
Long.: 6,4 cm; h.: 5,5 cm; grosor: 1,9 cm; peso: 90,3 g.

Material:
Bronce y hierro.

Cronología:
Siglo II a. C.

Descripción:
Ejemplar excepcional de una fíbula de La Tène de gran tamaño del tipo 8.A.2, con forma de torre, modelo característico de la cultura celta centroeuropea. Fue hallada en la estancia n.º 4 del recinto sacro.

Fíbula

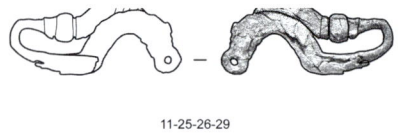

11-25-26-29

0   5cm

Procedencia:
Oppidum.

Dimensiones:
Long.: 4,2 cm; h.: 2,3 cm; grosor: 0,7 cm; peso: 5,8 g.

Material:
Bronce.

Cronología:
Siglo II a. C.

Descripción:
Pequeña fíbula de La Tène II. Tipo 8B. Tiene el puente curvo con el apéndice caudal vuelto y apoyado sobre el puente. Presenta un orificio en el que se situaría el resorte. Le falta la aguja.

Fíbula

2011-25-76 Fíbula

0   5cm

Procedencia:
Oppidum.

Dimensiones:
Long.: 4,58 cm; h.: 1,75 cm; ancho máx.: 2,81 cm; grosor mín.: 1,46 cm; grosor muelle: 6,65 cm; peso: 9,2 g.

Material:
Bronce.

Cronología:
Siglo II a. C.

Descripción:
Pequeña fíbula de La Tène III. Tipo 8C. Tiene un pequeño puente curvo con el apéndice caudal vuelto hacia el puente. Le falta la aguja. Apareció en la estancia 17 del centro productivo.

Fíbula

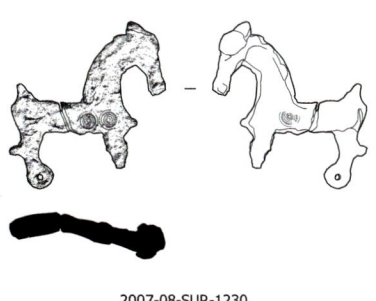

2007-08-SUP-1230

0   5cm

Procedencia:
El Campanario.

Dimensiones:
Long.: 5,6 cm; grosor.: 1,2 cm; peso 28,5 g.

Material:
Bronce.

Cronología:
Siglo II a. C.

Descripción:
Fíbula incompleta de bronce zoomorfa con el puente en forma de caballo con un ancho cuello en cuya parte más alta están las orejas y debajo la cara y el hocico muy estilizados y que, seguramente, se unirían con las patas delanteras formando un cuadrado. Le falta también la mortaja, que se ubicaría en las patas delanteras. En las partas traseras tiene un orificio en el que se situarían el resorte y la aguja, pero que tampoco se han conservado.

Fue hallada en superficie en una excavación realizada al este del actual cementerio y al sur de la carretera a Chinchón en el año 2007. Seguramente formaría parte del ajuar de alguna tumba de la necrópolis oriental del *oppidum*, dada su cercanía.

Navaja de hierro

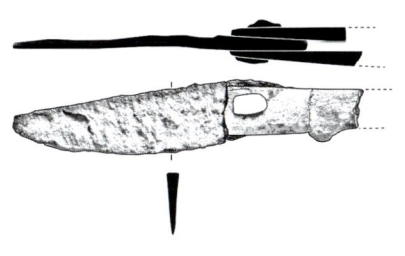

2011-25-76-24

0   5cm

Procedencia:
Oppidum.

Dimensiones:
Long.: 12,41 cm; grosor máx.: 1,7 cm.

Material:
Hierro y hueso.

Cronología:
Siglo II a. C.

Descripción:
Navaja de hierro que conserva parte del enmangue en hueso. Apareció en la estancia 17 del centro productivo.

133

Cuchillo afalcatado

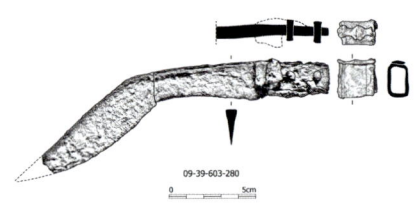

Procedencia:
Oppidum.

Dimensiones:
Long.: 16,7 cm; grosor máx.: 1,4 cm.

Material:
Hierro.

Cronología:
Siglo II a. C.

Descripción:
Cuchillo afalcatado incompleto que conserva parte del enmangue. Apareció en la estancia 4 del recinto religioso.

Ponderales

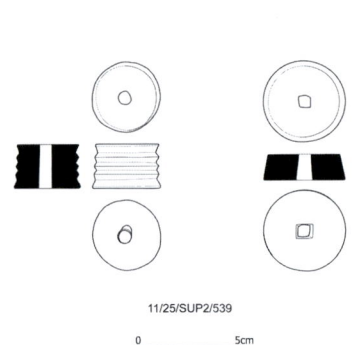

Procedencia:
Oppidum.

Dimensiones:
Gallonada: Ø 2,9 cm; peso: 86 g / Lisa: Ø 3,5 cm; peso: 83 g.

Material:
Bronce.

Cronología:
Siglo II a. C.

Descripción:
Dos pesas de medida realizadas en bronce. Una de ellas tiene la superficie gallonada en relieve y un orificio central circular. La otra es lisa y tiene una perforación central cuadrada.

Plato con decoración pintada

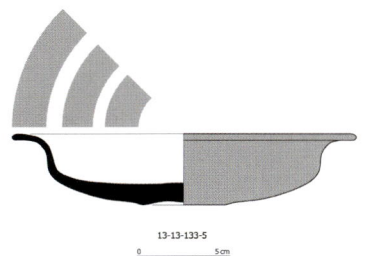

13-13-133-5

0   5 cm

Procedencia:
Oppidum.

Dimensiones:
Ø 18,65 cm; h.: 3,9 cm; grosor: 3,8 cm.

Material:
Cerámica.

Cronología:
Siglo II a. C.

Descripción:
Plato casi completo con umbo y decoración geométrica pintada. Apareció en la estancia 21 del centro productivo.

Jarra

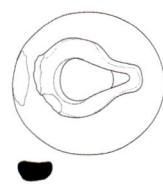

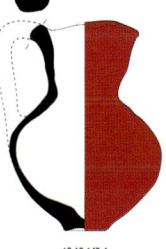

13-13-143-4

0   5 cm

Procedencia:
Oppidum.

Dimensiones:
H.: 14 cm; ancho máx.: 10,4 cm; grosor: 0,3 cm.

Material:
Cerámica.

Cronología:
Siglo II a. C.

Descripción:
Pequeña jarra que conserva restos de pintura de color rojo vinoso. Le falta el asa. Está muy deteriorada por la acción del fuego. Apareció en la estancia 18 del centro productivo.

Tonel

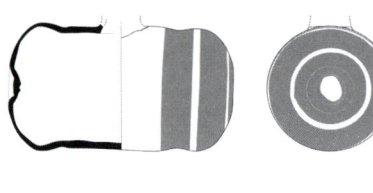

Procedencia:
Oppidum.

Dimensiones:
Long. 18,5 cm; h.: 10,65 cm.

Material:
Cerámica.

Cronología:
Siglo II a. C.

Descripción:
Pequeño tonel de cuerpo cilíndrico y con la boca en forma de gollete en la parte superior central del objeto. Presenta una decoración geométrica de bandas pintada de color rojizo. Apareció en la estancia 5 del recinto religioso.

Tinaja

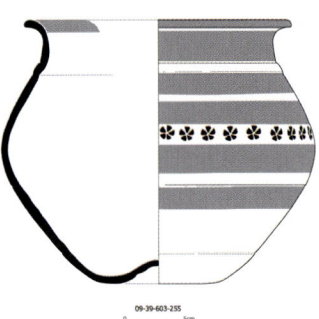

Procedencia:
Oppidum.

Dimensiones:
Ø 21,8 cm; Ø boca: 18,6 cm; h.: 18,4 cm; grosor: 0,5 cm.

Material:
Cerámica.

Cronología:
Siglo II a. C.

Descripción:
Contenedor cerámico fragmentado, pero casi completo, con la base umbilicada. Presentan una decoración típica de bandas pintadas de color rojizo, que intercalan una banda de impresiones con estampillas.

Tinaja

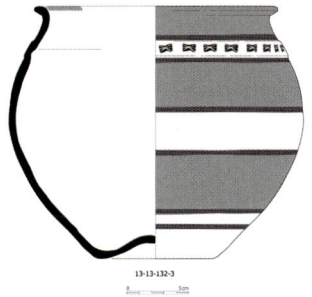

Procedencia:
Oppidum.

Dimensiones:
Ø: 23,8 cm; Ø boca: 19,7 cm; h.: 20,7 cm; grosor: 0,55 cm.

Material:
Cerámica.

Cronología:
Siglo II a. C.

Descripción:
Contenedor cerámico fragmentado, pero casi completo, con la base umbilicada. Presentan una decoración de bandas anchas pintadas de color rojizo y líneas negras. En la zona del hombre una banda de impresiones con estampillas.

Tinaja

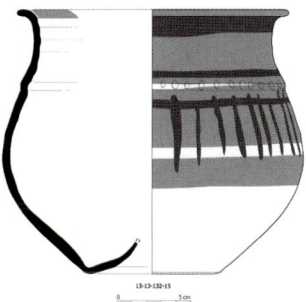

Procedencia:
Oppidum.

Dimensiones:
Ø: 20,5 cm; Ø boca: 18,5 cm; h.: 18,25 cm; grosor: 0,48 cm.

Material:
Cerámica.

Cronología:
Siglo II a. C.

Descripción:
Contenedor cerámico fragmentado, pero casi completo, con la base umbilicada. Presentan una decoración de bandas pintadas de color rojizo y líneas negras, así como líneas irregulares verticales en negro. Presenta también una banda de impresiones con estampillas.

Plato de barniz rojo

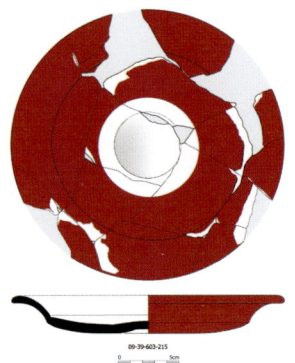

Procedencia:
Oppidum.

Dimensiones:
Ø 22,4 cm; h.: 3,15 cm.

Material:
Cerámica.

Cronología:
Siglo IV a. C.

Descripción:
Plato muy fragmentado, pero casi completo, de borde vuelto sin pie y con un leve umbo, tipo 1-A2 según la tipología de García Cano e Iniesta San Martín (1983). El barniz está bastante alterado, seguramente por el fuego. Apareció en la estancia 4 del recinto de carácter religioso.

Cantimplora

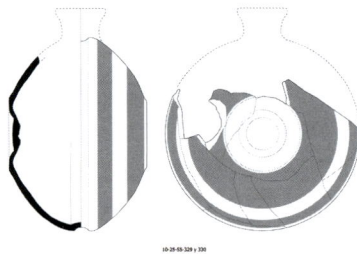

Procedencia:
Oppidum.

Dimensiones:
Ø 17,6 cm; ancho: 12,45 cm; h. conservada: 17,6 cm.

Material:
Cerámica.

Cronología:
Siglo II a. C.

Descripción:
Cantimplora incompleta de forma tubular con decoración geométrica de bandas pintadas de color rojizo.

Lebes

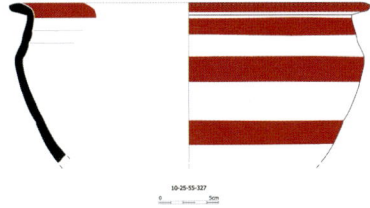

Procedencia:
Oppidum.

Dimensiones:
Ø boca: 30,3 cm; h. máx. conservada: 13,6 cm.

Material:
Cerámica.

Cronología:
Siglo II a. C.

Descripción:
Lebes de tamaño grande, muy fragmentado y con decoración pintada geométrica de bandas de color rojo vinoso. Presenta perfil de tendencia globular con el labio diferenciado y recto. Algunos fragmentos están quemados y el color de la pintura está alterado.

Vasija de cocina

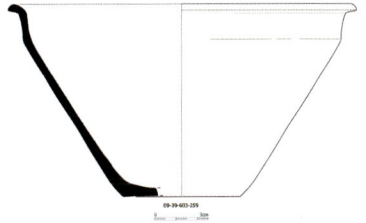

Procedencia:
Oppidum.

Dimensiones:
Ø boca: 32,4 cm; h.: 18,1 cm.

Material:
Cerámica.

Cronología:
Siglo II a. C.

Descripción:
Vasija de perfil troncocónico y tradición antigua. Es de factura tosca y tiene el labio exvasado. Apareció en la estancia 4 del recinto religioso.

Vasija de cocina

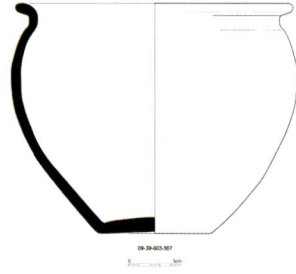

Procedencia:
Oppidum.

Dimensiones:
Ø máx.: 26,7 cm; h.: 21,6 cm.

Material:
Cerámica.

Cronología:
Siglo II a. C.

Descripción:
Tinaja globular de factura tosca, sin decoración, con el borde exvasado y el cuello indicado. Apareció boca abajo en la estancia 4 del recinto religioso.

Canica

11-25-SUP2-544

0   5cm

Procedencia:
Oppidum.

Dimensiones:
Ø 2,26 cm.

Material:
Barro sin cocer.

Cronología:
Siglo II a. C.

Descripción:
Canica decorada con líneas incisas que forman cuarteles y un motivo decorativo exciso indeterminado.

Fusayola

13-13-SUP-1

0   5 cm

Procedencia:
Oppidum.

Dimensiones:
3,8 × 3,6 cm; grosor: 0,3 cm.

Material:
Hierro.

Cronología:
Siglo II a. C.

Descripción:
Fusayola acéfala bitroncocónica con ambas caras rehundidas y decoración incisa de líneas o escritura.

Fusayola

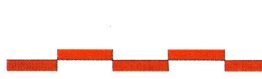

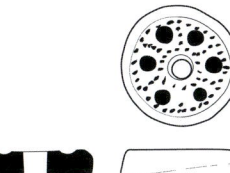

09-39-603-491

0   5cm

Procedencia:
Oppidum.

Dimensiones:
3,8 × 3,6 cm; grosor: 0,3 cm.

Material:
Hierro.

Cronología:
Siglo II a. C.

Descripción:
Fusayola acéfala bitroncocónica con decoración impresa e incisa de puntos.

Fusayola

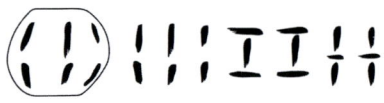

Procedencia:
Oppidum

Dimensiones:
3,8 × 3,6 cm. Grosor: 0,3 cm.

Material:
Hierro

Cronología:
Siglo II a.C.

Descripción:
Fusayola acéfala esférica con decoración excisa.

Campana o cencerro

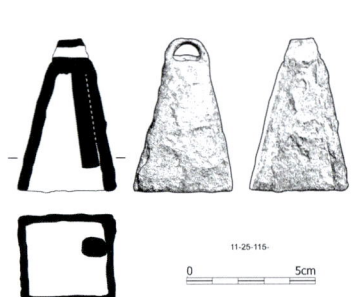

Procedencia:
Oppidum.

Dimensiones:
3,8 × 3,6 cm; grosor: 0,3 cm.

Material:
Hierro.

Cronología:
Siglo II a. C.

Descripción:
Pequeña campana o cencerro de sección cuadrangular que conserva el badajo.

Hoz

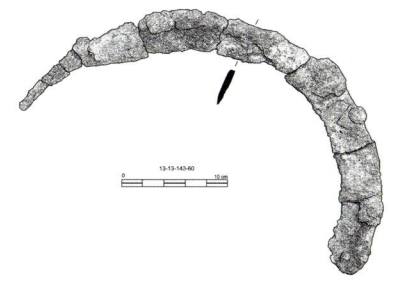

Procedencia:
Oppidum.

Dimensiones:
Long.: 33 cm; anch. máx.: 3,5 cm; grosor: 0,5 cm.

Material:
Hierro.

Cronología:
Siglo II a. C.

Descripción:
Hoja curva con filo perteneciente a una hoz de hierro, que está fragmentada y le falta el enmangue. Este tipo de herramientas están vinculadas con las labores agrícolas en el campo, cuya forma se ha consolidado hasta hoy en día. Apareció en la estancia 18 del centro productivo.

Cadena

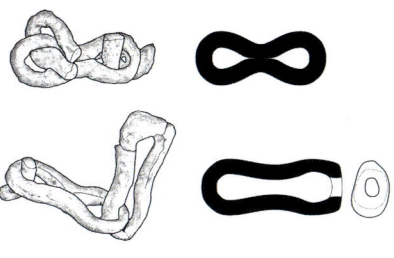

Procedencia:
Oppidum.

Dimensiones:
Eslabones: long. aprox.: 6,5 cm; peso total: 487 g / Anilla pared: long.: 8,7 cm; Ø: 4,8 cm; anch.: 1 cm; peso: 27,2 g.

Material:
Hierro.

Cronología:
Siglo II a. C.

Descripción:
Cadena realizada con dieciocho eslabones en forma de ocho y con la argolla que iba inserta en el muro de adobe. Sujetaba un perro a una de las paredes de la sala contigua a la estancia en la que apareció oculta la *phiàle mesómphalos*.

Abrazadera

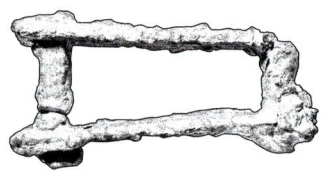

10-25-26-839

0   5cm

Procedencia:
Oppidum.

Dimensiones:
Long: 11 cm; h.: 5,7 cm; grosor: 0,6 cm.

Material:
Hierro.

Cronología:
Siglo II a. C.

Descripción:
Abrazadera casi completa compuesta de dos placas de hierro con dos tornillos de sección cuadrada atravesándolas. Apareció en la estancia 4 del recinto sacro.

Enmangue

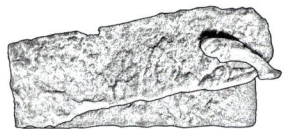

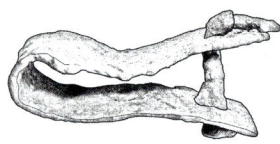

10-25-36-842

0   5cm

Procedencia:
Oppidum.

Dimensiones:
Long.: 11,85 cm; h.: 5,6 cm; grosor: 3,5 cm.

Material:
Hierro.

Cronología:
Siglo II a. C.

Descripción:
Enmangue de hierro de algún objeto de madera compuesto de una lámina de hierro doblada sobre sí misma atravesada en sus extremos por un clavo de sección cuadrada, cuya punta está doblada y atrofiada deliberadamente. Apareció en la estancia 7, junto al recinto sacro.

Punta de lanza

Procedencia:
Oppidum.

Dimensiones:
Long.: 29,5 cm; anch. máx.: 4 cm; grosor: 0,6 cm.

Material:
Hierro.

Cronología:
Siglo II a. C.

Descripción:
Punta de lanza de hierro fragmentada pero completa. Está compuesta por un cubo troncocónico de sección circular de 2 cm de diámetro y el perfil de la hoja es de tipo sauce, pero no se pueden distinguir mucho más sus características formales porque no ha sido restaurada. Apareció en la estancia n.º 18 del centro productivo.

Espuelas

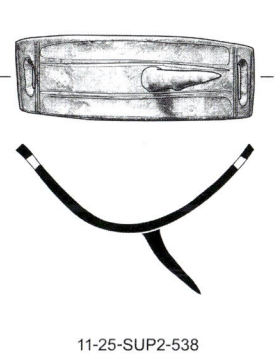

11-25-SUP2-538

0   5cm

Procedencia:
Oppidum.

Dimensiones:
Decorada: long.: 5,67 cm; anch.: 2,08 cm; acicate: 1,92 cm / Sin decorar: long.: 4,4 cm; anch.: 0,95 cm; acicate: 0,7 cm.

Material:
Bronce y hierro.

Cronología:
Siglo II a. C.

Descripción:
Dos espuelas, una de ellas rígida de placa rectangular, curva y plana, decorada con líneas incisas con acicate de bronce y dos ranuras o ventanas rectangulares en sus extremos para sujetar la correa al tobillo (grupo 2D según la clasificación de Quesada). La otra es rígida de placa rectangular, plana y curva, con dos ranuras cuadradas para las correas de sujeción y con el acicate de hierro que está incompleto (grupo 3A.1) (Quesada, 2002-2003). Son tipos muy frecuentes en Iberia, aunque no tanto en esta zona, donde son más escasas (Quesada, 2005: 134).

Conjunto de metales

Procedencia:
Oppidum.

Material:
Bronce y hierro.

Cronología:
Siglo II a. C.

Descripción:
Conjunto de elementos metálicos en hierro y bronce (refuerzos en hierro, tubos cilíndricos huecos, remates y placas decoradas con elementos vegetales curvos y clavos transversales) aparecidos en la estancia 2 del área sacra y pertenecientes al posible mueble. Desconocemos la tipología concreta, pero se trata de un objeto de cierto prestigio que debió de tener una gran carga simbólica, ya que las piezas de bronce presentan una manufactura decorativa muy refinada que sería realizada por artesanos especializados y únicamente debían estar al alcance de gente acomodada.

Aguja de pelo

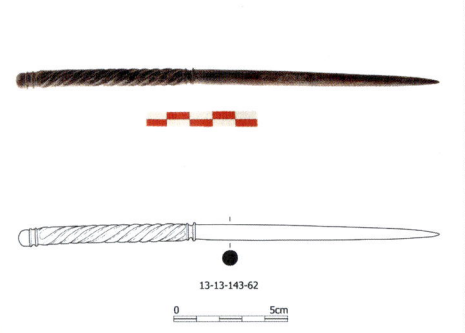

13-13-143-62

0   5cm

Procedencia:
Oppidum.

Dimensiones:
Long.: 18,55 cm; Ø parte lisa: 0,7 cm;
Ø parte decorada: 0,8 cm.

Material:
Hueso.

Cronología:
Siglo II a. C.

Descripción:
Aguja de pelo completa realizada en hueso y decorada con motivos incisos en espiral. Fue hallada en la estancia n.º 18 del centro productivo.

2. MATERIALES ROMANOS

Monumento epigráfico

Procedencia:
El Cerrón. Calle de los Chalets n.º 2.

Dimensiones:
5 bloques paralelepípedos de medidas variables.

Material:
Piedra calcárea.

Cronología:
Finales del siglo I d. C.-principios siglo II d. C.

Descripción:
Se encontró en el año 1976 al realizar una extracción de gravas y arenas en la orilla derecha del río Jarama. Los sillares estaban a unos 5-7 metros bajo la actual superficie de la orilla en seco, pero no en su ubicación original. Gracias al testimonio oral de las personas que lo encontraron, sabemos con seguridad que fue hallado en lo alto de El Cerrón de Titulcia durante las obras de construcción de una casa en la actual calle de los Chalets n.º 2, pero, por temor, muchos bloques fueron cargados en un camión y trasladados al otro lado del río Jarama, término municipal de Ciempozuelos. Se erigió, por tanto, en la zona más alta de la ciudad, para que fuera visto por los comerciantes y viajeros que se desplazaban por las vías de comunicación que pasaban por Titulcia.

Desde 1982 se exhibieron varios de estos fragmentos arquitectónicos y parte de su gran epígrafe en el MAN, si bien, hoy en día está expuesto en el Museo Arqueológico Regional y la inscripción, por desgracia, está incompleta, por lo que no se puede hacer una lectura correcta.

Son bloques de piedra calcárea de un color gris, procedentes de una cantera situada cerca de Colmenar de Oreja. La inscripción está grabada en cinco de ellos y la mayoría de sus letras presenta remates triangulares, así como una combinación de trazos gruesos y finos, rasgos típicos de la escritura monumental o dibujada o de ductus artificial, que era la más perfecta y elegante utilizada por los romanos y se vincula con textos de carácter oficial y familias de elevado poder adquisitivo. Sus letras son las más grandes conocidas en Hispania.

La característica más interesante es que, al menos, uno de los protagonistas que erigieron el monumento era un ciudadano que pertenecía a la tribu Quirina, adscripción fundamental a la hora de caracterizar el municipio de época flavia y prueba irrefutable de la existencia en Titulcia de individuos con la ciudadanía romana a finales del siglo I d. C.

[- - -] F · QVIR · SEVERVS · NEPO[- - -]
[- - -] EIDEM[Q]VE · DEDICARVNT ·
[- - -] SEX PRISCO · FILIO

Sillar epigráfico

Procedencia:
Colegio Público Virgen del Rosario.

Dimensiones:
Long.: 56 cm; alt.: 40 cm.

Material:
Caliza.

Cronología:
Posiblemente romana.

Descripción:
Sillar de piedra con inscripción epigráfica donde puede leerse:

[...] H I P C [...]
[...] N [...]

Columna de orden corintio

Procedencia:
Indeterminada (actualmente en una finca privada).

Dimensiones:
Fuste: 2,70 cm de alto; 43 cm de diámetro y 1,33 cm de perímetro / Capitel: 50 cm aprox. de alto.

Material:
Mármol.

Cronología:
Siglo I-II d. C.

Descripción:
Capitel de orden corintio incompleto, ornamentado con hojas de acanto sobre un fuste de sección circular sin acanaladuras que presenta un agujero de sección cuadrada en la parte baja.

Lápida funeraria

Procedencia:
Necrópolis oriental.

Dimensiones:
Long.: 40 cm; anch. máx.: 25 cm; grosor: 4 cm.

Material:
Mármol.

Cronología:
Siglo II d. C.

Descripción:
Inscripción funeraria en mármol inscrita por ambas caras donde puede leerse:

DIB · MAN · SAC
FABR · DOMI ANN XXXIII
FABR · CALPVR · ET · DOMIT
MAXIM · PARENT · INFELICIS
F · P · ET · M · C · PRIM · VX · PIEN
FAC · C·V·R·A·V·E·R·U·N· T
H · S · T · T · L

—

DIS·MAN·SAC
FABRICIA DOMITIN ANN XXXIII
FABRICIUS CALPURNIANUS ET DOMI-
TIA MAXIMA PARENTES INFLICIS-
SIMI FILIAE PIENTISSIMAE DE SUO
FACIENDUM CURAVERUNT
HUIUS LUCI PROPIETAS · NEMINI · DATUR
S · T · T · L

—

CONSAGRADO A LOS DIOSES MANES.
A FABRICIA DOMITINA DE 33 AÑOS
FABRICIO CALPURNIANO Y DOMITIA
MAXIMA PADRES INFELICÍSIMOS
A SU HIJA PIADOSÍSIMA, DE SU DINERO
LO MANDARON HACER.
QUE LA PROPIEDAD DE ESTE LUGAR NO SE CONCEDA A NADIE.
QUE LA TIERRA TE SEA LEVE

Lápida funeraria

Procedencia:
Colección privada.

Dimensiones:
Long.: 18 cm; alt.: 40 cm; grosor: 4 cm.

Material:
Mármol.

Cronología:
Anverso: siglo II d. C. / Reverso: post. siglo III d. C.

Descripción:
Inscripción funeraria en mármol inscrita por ambas caras donde puede leerse:

D
MART
LUT
ANC
S · E · S · T
ELLVS
BERN
E

—

D M S
MESSALLINE SEC
ANN XXXVIII KAR
MARIANVS VXSO

Cerámica con grafito

Procedencia:
Necrópolis oriental.

Dimensiones:
Long.: 17,5 cm; alt.: 10 cm.

Material:
Cerámica. *Terra sigillata* hispánica brillante.

Cronología:
Siglos I-II d. C.

Descripción:
Fragmento de borde (exvasado) y cuerpo perteneciente a una olla de *terra sigillata* hispánica brillante. El tipo de cocción es reductora, adoptando la pasta un color grisáceo muy pálido, de buena calidad, con desgrasantes finos y superficie alisada. En la superficie exterior de la misma se puede observar la presencia de un grafito, en doble línea, donde se puede leer: «(...) VE (...) VERE DE VINI F.E (...) / (...) VM FERREUO (...)».

Cerámica con grafito

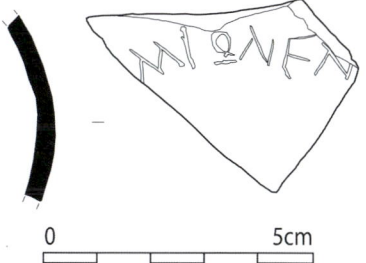

0   5cm

Procedencia:
Necrópolis oriental.

Dimensiones:
Long.: 5 cm; alt.: 4 cm; grosor: 0,5 cm.

Material:
Cerámica. *Terra sigillata* hispánica. Forma 8.

Cronología:
Siglo I d. C.

Descripción:
Fragmento de galbo perteneciente a un recipiente de forma indeterminada. Pasta de color rojizo, fractura quebrada y buena calidad. Barniz color rojo, espeso y semibrillante. En la superficie exterior de la pieza se puede leer el siguiente grafito: (...)MIONEN(...)

Cerámica con grafito

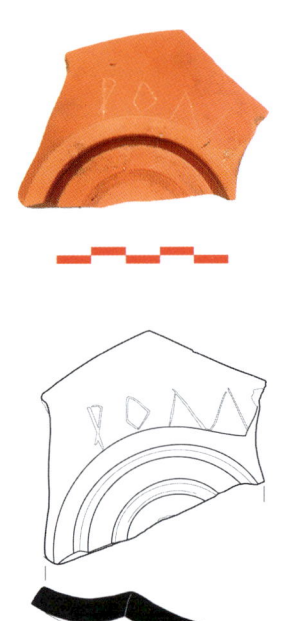

Procedencia:
Necrópolis oriental.

Dimensiones:
Long.: 7cm; alt.: 6,3 cm; grosor máx.: 1 cm.

Material:
Cerámica. *Terra sigillata* hispánica. Forma 15/17.

Cronología:
Siglo I d. C.

Descripción:
Fragmento de base de pie anular indicado con la moldura exterior del fondo muy pronunciada. Pasta de buena calidad, color rojo y fractura quebrada suave. El tipo de barniz empleado es de color rojo, adherente, espeso y mate. Junto al pie de la base se puede leer la inscripción: DOM(...)

Sello

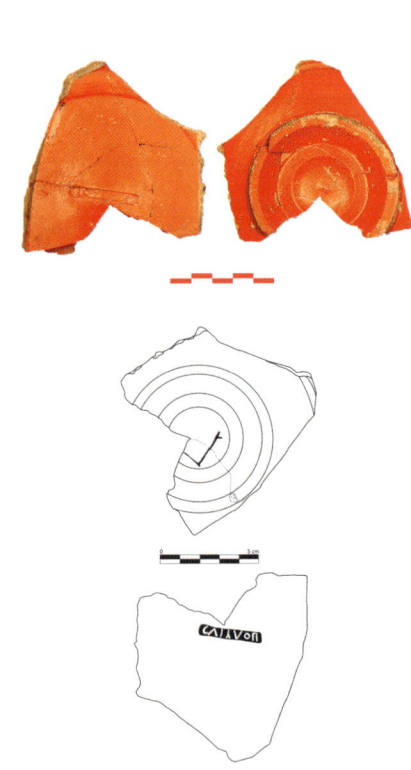

Procedencia:
Cuesta Tejera.

Dimensiones:
Long.: 10 × 10 cm.

Material:
Cerámica. *Terra sigillata* hispánica. Forma 15/17.

Cronología:
Siglo I d. C.

Descripción:
Varios fragmentos de *terra sigillata* hispánica 15/17. Presenta una marca de alfarero: «CAI.LV.OF», alfarero de Tricio que produjo en época de Domiciano (81-96 d. C.). Puede tratarse de un sello con nomen y cognomen de un ceramista o una agrupación de alfareros CAIUS y LVCRETIVS (Garabito, 1978, 245).

Sello

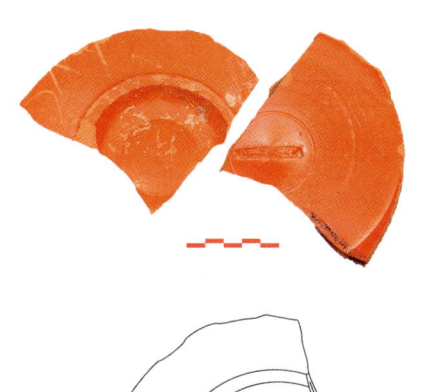

Procedencia:
Cuesta Tejera.

Dimensiones:
Long.: 10 × 7,5 cm.

Material:
Cerámica. *Terra sigillata* hispánica. Forma 46.

Cronología:
Siglos II-III d. C.

Descripción:
Fragmento de base y pie de *terra sigillata* hispánica 46. Presenta una marca de alfarero, al igual que grafitos. La marca de alfarero está localizada sobre el fondo e inserta en un cartucho y a su vez inscrita dentro de un círculo de 35 mm: «OF.G.SCR». Pertenece al alfarero Scribonius de Tricio (Tritium Magallum).

La forma 46 permaneció durante los siglos II y III d. C. La dispersión geográfica de este alfarero riojano se sitúa en Alcalá de Henares, Volubilis y Sala.

Sello

Procedencia:
Calle Grande.

Dimensiones:
Long.: 12 × 10 cm.

Material:
Cerámica. *Terra sigillata* hispánica. Forma 27.

Cronología:
Siglo I d. C.

Descripción:
Dos fragmentos de base y pared de TSH, posible forma 27. Presenta pie alto, de sección triangular. En el fondo interno conserva la marca de oficina completa, inscrita en cartela rectangular: «CO·CA·FE». En el fondo externo se conserva un pequeño grafito en forma de aspas.

Sello

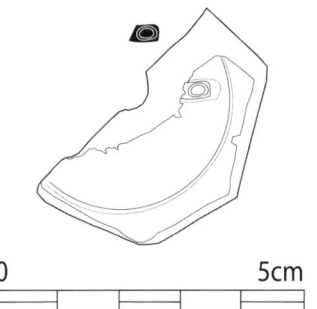

Procedencia:
Calle Soledad n.º 14.

Material:
Cerámica. *Terra sigillata* hispánica.

Cronología:
Siglo I d. C.

Descripción:
Fragmento de base (pie anular de sección triangular). Presenta sello donde se lee: «(...) O».

Acus crinalis

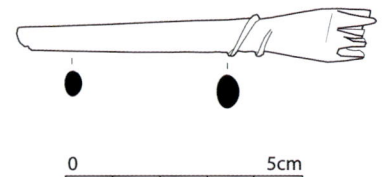

Procedencia:
Donación particular, depositado en el Ayuntamiento de Titulcia.

Dimensiones:
Long.: 7,5 cm; anch. máx.: 1,1 cm.

Material:
Óseo.

Cronología:
2.ª mitad del siglo I d. C.

Descripción:
Fragmento de aguja de pelo (*acus crinalis*) realizada en hueso de sección circular y cabeza esférica sin decoración.

Tumba de incineración

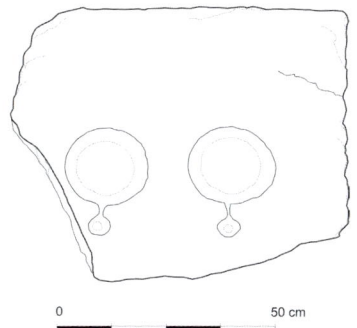

0   50 cm

Procedencia:
Entorno del llamado Molino de Abajo junto a la vía pecuaria Cordel de los Manchegos (hoy calle de Aranjuez).

Material:
Caliza.

Cronología:
Romana altoimperial.

Descripción:
Elemento pétreo de una posible tumba de incineración de época romana altoimperial, provista de cazoleta y canalillo ritual. Tapada la cavidad cineraria con otra piedra, dejaba al descubierto la cazoleta y el canal destinados a la práctica de rituales en honor del difunto.

Pondus

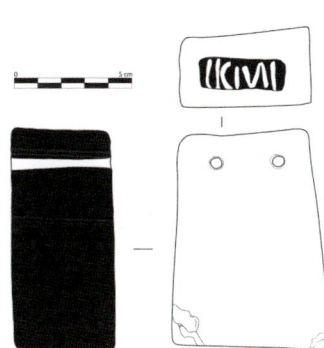

Procedencia:
Calle Cuesta Tejera.

Dimensiones:
Peso: 336,6 g / Cartela: long.: 3,3 cm; anch.: 1,5 cm.

Material:
Barro cocido.

Cronología:
Siglo I d. C.

Descripción:
Pondus con engobe de color amarillento blanquecino. En su cara superior aparece impreso el nombre del fabricante o dueño del taller: «LICINI», leído de derecha a izquierda, como ocurre a menudo con las improntas de sellos. El individuo que lo fabricó o hizo fabricar garantizaba su peso justo. Existe un ladrillo en la Real Academia de la Historia con idéntica inscripción.

Moneda

Procedencia:
Calle Grande.

Dimensiones:
3 × 3 cm.

Material:
Bronce.

Cronología:
Posiblemente, 1.ª década del siglo II d. C.

Descripción:
Moneda de bronce, posiblemente de Trajano. A falta de una restauración, se puede leer parte de la leyenda: «IANO AUG GER DAC PMT».

Pinzas de bronce

Procedencia:
Necrópolis oriental.

Dimensiones:
Long.: 6,5 cm; anch.: 0,4 cm.

Material:
Bronce.

Cronología:
Siglos I-II d. C.

Descripción:
Pinza de bronce de sección rectangular con cabeza diferenciada por estrangulamiento del doblez, sin decoración. Presenta un pequeño cierre del mismo material.

Bastoncillo de bronce

Procedencia:
Calle Soledad n.º 14.

Material:
Bronce.

Cronología:
Siglos I-II d. C.

Descripción:
Bastoncillo de bronce de sección circular.

3. OTROS

Ermita de la Soledad

Cronología:
Siglo XVI.

Descripción:
Situada dentro del recinto del cementerio municipal, se cree que fue construida por orden del cardenal Cisneros, después de que este viese una cruz en el aire cuando iba a la conquista del Orán en 1509.

Se trata de una pequeña construcción de una sola nave separada por un arco triunfal de la capilla mayor. La planta de la nave se asemeja a un cuadrado y está cubierta con una bóveda esquifada en la que se recercan las aristas de los cuatro paños, confluyendo los nervios en una moldura circular, a modo de clave. La cubierta se resuelve con faldones a cuatro aguas y los únicos elementos reseñables son una pequeña espadaña que está descentrada del eje de la fachada principal y una cruz de hierro en la cumbrera. Los muros de la fachada se prolongan en contrafuertes ataludados, destacando en la cabecera el volumen añadido correspondiente a un antiguo enterramiento.

Está protegida con la figura de Bien de interés Patrimonial (CM/0147/027).

Iglesia de Santa María Magdalena

Cronología:
Siglo XVI.

Descripción:
Construida en el siglo XVI, tiene elementos de tradición gótica, planta de una nave con arcos apuntados y pórtico renacentista al exterior. El campanario es cuadrangular de tres cuerpos y tiene un remate de capitel de pizarra.

No hay datos de su origen, pero sabemos que sus muros de mampostería de yeso conformaban una sola nave con un coro a sus pies y una espadaña o campanario. La entrada principal estaba al sur, justamente donde se disponía un pequeño recinto tapiado que era el cementerio.

Durante la guerra civil sufrió graves daños y tuvo que ser reconstruida entre 1942 Y 1946, dentro del Proyecto de Regiones Devastadas y cambió completamente su fisionomía.

Cuadro del tránsito de Santa María Magdalena

Cronología:
Siglo XVII.

Descripción:
Cuadro pintado por Jorge Manuel Theotocópuli, hijo del Greco, que ocupaba la parte alta de un gran retablo, hoy desaparecido. Fue desmantelado antes de la guerra civil y los otros lienzos fueron vendidos y están dispersos en varias colecciones.

Puente de Carlos III

Cronología:
1775.

Descripción:
Puente sobre el río Tajuña situado al sur del casco histórico, en la carretera que conduce a Villaconejos. Fue construido en 1775 bajo el reinado de Carlos III y el arquitecto fue Manuel Serrano Rojo. Está ubicado en la antigua vía romana que iba desde Alcalá de Henares a Toledo, hoy llamada Senda Galiana.

Titulcia cedió a perpetuidad una gran parte de su jurisdicción municipal al rey, a cambio de la construcción de este puente. Atraviesa el río Tajuña poco antes de su desembocadura en el Jarama.

Está protegido con la figura de Bien de Interés Patrimonial (CM/0147/011).

Viviendas de Regiones Devastadas

Cronología:
Años cuarenta del siglo XX.

Descripción:
Conjunto de viviendas construidas, en 1942, por la Dirección General de Regiones Devastadas después de la guerra civil, según el proyecto realizado por los arquitectos Luis Díaz Guerra y Luis Prieto Bances. Se pueden ver en las calles Escuelas, de la Era, Grande y Soledad. En ellas se aprecian referencias a la Titulcia romana en los porches de acceso formados por columnas.

Puente de hierro

Cronología:
1894.

Descripción:
Puente de hierro construido entre 1891 y 1894 en el lugar en que estaba la antigua barca de cable que permitía cruzar el río Jarama. Obra de Enrique Cardenal, se inició en el año 1891 al oeste del núcleo urbano y finalizó en 1894. Al tratarse de un puente muy ligero, tuvo que ser reforzado para el tránsito de vehículos y reconstruido por diversas riadas del Jarama (1935 y 1947) y también por los destrozos de la guerra civil, siendo finalmente cerrado al tráfico rodado y sustituido por un nuevo puente en el año 2002.

BIBLIOGRAFÍA

ABASCAL PALAZÓN, J. M. (1986): *La cerámica pintada romana de tradición indígena de la Península Ibérica. Centros de producción, comercio y tipología*, Madrid.

— (1990): «La ley flavia municipal y las ciudades de carpetania: algunas reflexiones», en *Toledo y Carpetania en la Edad Antigua*, Toledo, pp. 131-139.

— (1991): «La muerte en Roma: fuentes, legislación y evidencia arqueológica», en D. VAQUERIZO (coord.), *Arqueología de la muerte: metodología y perspectivas actuales,* Córdoba, pp. 205-245.

— (1994): *Los nombres personales en las inscripciones latinas de Hispania.* Anejos de Antigüedad y Cristianismo, II, Murcia.

— (2000-2001): «La Era Consular Hispana y el final de la práctica epigráfica pagana», *Lucentum XIX-XX*, pp. 269-292.

— (2012): «Ambrosio de Morales como informante epigráfico: un debate abierto», *Veleia*, 29, pp. 395-414.

— (2017): «Ordenación territorial de época romana en la región de Madrid», *Vides Monumenta Veterum. Madrid y su entorno en época romana*, Zona Arqueológica, 20 (vol. I), Alcalá de Henares, pp. 116-123.

— y FERNÁNDEZ-GALIANO RUIZ, D. (1984): «Epigrafía complutense», *Museos*, 3, Madrid, pp. 7-36.

— y GIMENO, H. (2000): *Epigrafía hispánica*, Real Academia de la Historia, Catálogo del Gabinete de Antigüedades, Madrid.

ABASOLO, J. A. (1990): «El conocimiento de las vias romanas. Un problema arqueológico», *Simposio sobre la red viaria en la Hispania Romana,* Institución Fernando El Católico, Zaragoza, pp. 7-20.

ADROHER AUROUX, A. M.ª, y MOLINA PIERNAS, E. (2014): «La molienda en la Protohistoria del mediodía peninsular ibérico», *Revista d'Arqueologia de Ponent*, Lérida, pp. 215-237.

ALFARO, M., y BRONCANO, S. (1993): «Estado actual de las excavaciones arqueológicas en El Amarejo», *Arqueología en Albacete*, Madrid, pp. 131-144.

ALMAGRO GORBEA, M. (1999): «La alimentación en el palacio orientalizante de Cancho Roano», *Gerión*, extra n.º 3, pp. 95-114.

— y MONEO, T. (2000): *Santuarios urbanos en el mundo ibérico*, Madrid.

ALONSO FERNÁNDEZ, C. (2015): «Materiales y técnicas constructivas de las vías romanas: la vía *De Italia in Hispanias/Item ab Asturica Tarracone* en Hispania», *Pyrenae,* 46 (vol. 1), pp. 109-129.

ÁLVAREZ GONZÁLEZ, Y., y PALOMERO PLAZA, S. (1990): «Las vías de comunicación en Madrid de época romana hasta la caída del Reino de Toledo», *Madrid del siglo IX al XI*, pp. 41-63.

ÁLVAREZ SANCHÍS, J. (2008): *Vettones. Pastores y guerreros en la Edad del Hierro*, Madrid.

ANDREU PINTADO, J. (2004): «Apuntes sobre la *Quirina tribus* y la municipalización flavia de Hispania», *Revista Portuguesa de Arqueología*, vol. 7, n.º 1, pp. 343-364.

ANTIGÜEDAD DEL CASTILLO-OLIVARES, M.ª D. (2016): «El Greco: De la colección a museo, etapas de un itinerario», en Almarcha *et al.* (eds.), *El Greco en su IV Centenario: Patrimonio hispánico y diálogo intercultural*, pp. 145-175.

ARGENTE OLIVER, J. L. (1986-87): «Hacia una clasificación tipológica y cronológica de las fíbulas de la Edad del Hierro en la Meseta Norte», *Zephyrus*, 39-40, pp. 139-157.

— (1994): *Las fíbulas de la Edad del Hierro en la Meseta Oriental. Valoración tipológica y cultural*, Madrid.

ARIAS FERRER, L., y EGEA VIVANCOS, A. (2007): «El barrio de artesanos de *Carthago Nova*. Moneda, Arqueología e Historia», XIII Congreso Nacional de Numismática, Cádiz, pp. 435-454.

ASENJO GONZÁLEZ, M. (1982): «Los quiñoneros de Segovia (siglos XIV-XV)», *En la España Medieval,* vol. 2, pp. 59-82.

— (1986): «Sociedad urbana y repoblación de las tierras de Segovia, al sur de la sierra de Guadarrama», *En la España Medieval*, vol. 8, pp. 125-149.

ÁVILA SEOANE, N. (2005): «Pozuelo de Belmonte, de señorío episcopal fronterizo hasta las manos de un valido de los Austrias», *HID*, 32, pp. 47-80.

BALÍL, A. (1955): «La duración media de la vida en la Carpetania romana», *RABM*, 61, pp. 287-292.

— (1965): «Materiales para un índice de marcas de ceramista en Terra Sigillata Hispánica», *Archivo Español de Arqueología, XXXVIII*, Madrid.

BELLO GARNELO, F. (2001): *La toponimia de la zona arqueológica de Las Médulas (León)*, León.

BELTRÁN LLORIS, M. (2004): «Alfares y hornos romanos en Andalucía. Historiografía de la investigación y claves de lectura», en Bernal D. y Lagóstena, L. (eds.), *Boletín del Museo de Zaragoza, 18*, vol. II, pp. 9-38.

BENDALA GALÁN, M., y ABAD CASAL, L. (2008): «La villa en el marco conceptual e ideológico de la ciudad tardorromana», en Fernández Ochoa, C., García Entero, V., y Gil Sendino, F. (eds.), *Las uillae tardorromanas en el occidente del Imperio: arquitectura y función,* Gijón, pp. 17-30.

BERMÚDEZ SÁNCHEZ, J. (2017): «Aproximación al estudio de redes viarias en la antigüedad con la ayuda de los Sistemas de Información Geográfica: una propuesta de red viaria para las fases de ocupación romanas del territorio madrileño», *Vides Monumenta Veterum. Madrid y su entorno en época romana*, Zona Arqueológica, 20 (vol. I), Alcalá de Henares (octubre 2015), pp. 245-257.

BERNAL, D., DÍAZ, J. J., BLÁNQUEZ, J., ROLDÁN, L., y PRADOS, F. (2006): «Villa Victoria, una *figlina* altoimperial en el *territorium* de Carteia», *Almoraima*, 33, pp. 235-249.

BERNI, P., CARRERAS, C., y OLESTI, O. (2005): «La *Gens Licinia* y el nordeste peninsular. Una aproximación al estudio de las formas de propiedad y de gestión de un rico patrimonio familiar», *Archivo Español de Arqueología,* 78, Madrid, pp. 167-178.

BLANCO FREIJEIRO, A. (1981): «Cueva de la Luna en *Titulcia* (Madrid). Declaración de Monumento Histórico-Artístico», *Boletín de la Real Academia de la Historia,* tomo CLXXVIII, cuaderno II. Madrid, Diputación Provincial, pp. 365-368.

— (1982): «Monumento romano de Ciempozuelos. Declaración de monumento histórico-artístico», *Boletín de la Real Academia de la Historia*, 179, cuaderno 1, pp. 195-196.

BLASCO, C., y ALONSO, M.ª A. (1983): «Aproximación al estudio de la Edad del Hierro en la provincia de Madrid», *Homenaje al Profesor Martín Almagro Basch*, vol. III, pp. 119-142.

— — (1985): *Cerro Redondo. Fuente el Saz de Jarama, Madrid*, E.A.E. 143, Madrid.

— — y VALIENTE, S. (1980): «La Edad del Hierro en la provincia de Madrid», II *Jornadas de Estudios sobre la Provincia de Madrid*, pp. 47-57.

— y BARRIO, J. (1992): «Las necrópolis de la Carpetania», *Congreso de Arqueología Ibérica: Las Necrópolis*, Madrid, pp. 279-312.

— y BLANCO (2014): «Los Carpetanos y sus vecinos: fenómenos de interacción a la luz de la cultura material», *1er Simposio sobre los Carpetanos. Arqueología e historia de un pueblo de la Edad del Hierro*, Zona Arqueológica n.º 17, Alcalá de Henares, pp. 235-265.

BLÁZQUEZ, A., y SÁNCHEZ ALBORNOZ, C. (1918): «Vías romanas de Botoa a Mérida, Mérida a Salamanca, Arriaca a Sigüenza, Arriaca a *Titulcia*, Segovia a *Titulcia* y Zaragoza a Bearne», *Junta Superior de Excavaciones y Antigüedades*, 3. Madrid.

— — (1920): «Vías romanas de Segovia a *Titulcia* y de *Titulcia* a Segontia», *M.J.S.E.A.*, 24.

BLÁZQUEZ Y DELGADO AGUILERA, A. (1912): Informe relativo a la vía 25 del Itinerario de Antonino, *BRAH* LX.

— y BLÁZQUEZ JIMÉNEZ, A. (1921): «Vías romanas de Albacete a Zaorejas, de Quero a Aranjuez, de Meaques a *Titulcia*, de Aranjuez a Toledo y de Ayamonte a Mérida», *Memorias de la Junta Superior de Excavaciones y Antigüedades* n.º 5 (1920-21) = n.º 40, pp. 1-22.

BONET ROSADO, E. (1995): *El Tossal de Sant Miquel de Llíria. La antigua Edeta y su territorio*, Valencia.

BONET ROSADO, E., y VIVES-FERRÁNDIZ SÁNCHEZ, J. (2009): «Sistemas de acceso y puertas de los poblados ibéricos del País Valenciano», *Revista d'Arqueologia de Ponent*, n.º 19, Lleida, pp. 287-306.

BOUBE, J. (1965): *La Terra Sigillata Hispanique en Maurétanie Tingitane, I. Les marques de potiers*, ETAM, Rabat.

BOUBY, L., BOISSINOT, P., y MARINVAL. P. (2011): «Never Mind the Bottle. Archaeobotanical Evidence of Beer-brewing in Mediterranean France and the Consumption of Alcoholic Beverages During the 5th Century BC», *Human Ecology* 39, pp. 351-360.

BRONCANO, S. (1989): *El depósito votivo ibérico de El Amarejo. Bonete (Albacete)*, EAE. 156, Madrid.

BUSTAMANTE-ÁLVAREZ, M. (2013): «La Terra Sigillata Hispánica en Augusta Emerita. Estudio tipocronológico a partir de los vertederos del suburbio norte», *Anejos de Archivo Español de Arqueología* LXV, Madrid.

— (2013): «El trabajo artesanal en Augusta Emerita durante los ss. I-IV d. C.», *Zephirus,* LXXII, pp. 113-138.

BUZÓN ALARCÓN, M. (2011): «Reflexiones acerca del suburbio en la ciudad romana», *Romula, 10*, Sevilla, pp. 7-42.

CABALLERO ZOREDA, L., y MARINÉ, M. (1982-1983): «Ciempozuelos. 154 Ciempozuelos», *Arqueología*, 81. Memoria de las actuaciones programadas en el año 1981, p. 83.

CALVO RODRIGÁLVAREZ, J. (2014): «Un pequeño campo de hoyos en Bayona de Tajuña», *IX Jornadas de Arqueología Madrileña*, póster, Madrid.

CARRASCO MORENO, M. (2010): *Ocupación y repoblación del territorio de Chinchón en la Edad Media.*

CARVAJAL GARCÍA, D., TOSTÓN MENÉNDEZ, F. G., y VALIENTE CÁNOVAS, S. (2002): «Las salinas de Espartinas (Ciempozuelos, Madrid): un ámbito de explotación de sal desde la prehistoria», *Primer Simposio Latino sobre Minería, Metalurgia y Patrimonio Minero en el Mediterráneo Occidental*, Bellmunt del Priorat, pp. 53-62.

CEÁN BERMÚDEZ, J. A. (1832): *Sumario de las antigüedades romanas que hay en España, en especial las pertenecientes a las Bellas Artes,* Madrid.

CINCA MARTÍNEZ, J. L. (2000): «Elementos de alfar en el casco urbano de Calahorra. ¿Un nuevo taller de producción de cerámica romana?», *Iberia*, 3, pp. 319-332.

— IGUÁCEL DE LA CRUZ, P., y ANTOÑANZAS, A. (2009): «El alfar romano de Calagurris (Calahorra, La Rioja): nuevos datos», *Kalakorikos,* 14, pp. 173-212.

CONTRERAS JIMÉNEZ, E. (1985): «Datos sobre el castillo de Titulcia», *Castillos de España*, vol. 90, pp. 70-74.

CONTRERAS MARTÍNEZ, M.: (2017): «El paisaje funerario bajoimperial en el centro de Hispania: rito, sociedad y poblamiento», Congreso *Vides Monumenta Veterum. Madrid y su entorno en época romana (14-16 octubre 2015), Zona Arqueológica*, 20, vol. II, Museo Arqueológico Regional, Alcalá de Henares, pp. 225-243.

CORELLA SUÁREZ, P. (1990): «La construcción del puente de Bayona (Titulcia) sobre el río Tajuña durante el reinado de Carlos III», *Anales del Instituto de Estudios Madrileños*, tomo XXIX, Madrid, pp. 49-73.

CORTÉS Y LÓPEZ, M. (1836): *Diccionario geográfico-histórico de la España antigua Tarraconense, Bética y Lusitana*, tomo III, pp. 421 y 490.

COSSÍO, M. B. (1908): *El Greco*, Madrid. 2 vols.

CREWE, L., y HILL, I. (2012): «Finding Beer in the Archaeological Record: a Case Study from Kissonerga-*Skalia* on Bronze Age Cyprus», *Levant*, vol. 44, pp. 205-237.

CUADRADO, E. (1973): «El castro carpetano de Yeles (Toledo)», *XII Congreso Nacional de Arqueología (Jaén, 1971)*, Zaragoza, pp. 355-362.

CUOMO DI CAPRIO, N. (1971-1972): «Proposta di classificazione delle fornaci per ceramica e laterizi nell'area italiana dalla preistoria a tutta l'epoca romana», *Sibrinum*, 11, pp. 371-464.

DÁVILA, A. F. (2014): «Paisaje y doblamiento en la Carpetania: un territorio en proceso de definición», *1er Simposio sobre los Carpetanos.* Arqueología e historia de un pueblo de la Edad del Hierro, Zona Arqueológica n.º 17, Alcalá de Henares, pp. 45-70.

DE LAS HERAS Y NÚÑEZ, M.ª DE LOS Á. (1988): «Existencia de un alfar romano en el término de Santa Cruz de Baños de Río Tobía (La Rioja)», *Berceo*, n.º 114-115, pp. 61-104.

DE SAN ROMÁN Y FERNÁNDEZ, F. DE BORJA (1910): *El Greco en Toledo o nuevas investigaciones acerca de la vida y obras de Dominico Theotocópuli*, Madrid.

DÍAZ RODRÍGUEZ, J. J., BERNAL CASASOLA, D., y CASTRO MORENO, G. (2016): «Sin arcillas no hay cerámicas. Análisis de las fosas de extracción de materia prima en el alfar de Rabatún (Jerez de la Frontera, Cádiz) y reflexiones sobre los barreros hispanorromanos», *Monografías Ex Officina Hispana III: Amphorae ex Hispania: paisajes de producción y consumo*, Ramon Járrega y Piero Berni (eds.), Tarragona, pp. 730-743.

FARO CARBALLA, J. A. (2015): «La necrópolis de El Castillo (Castejón, Navarra). Vajilla e instrumental metálico de sacrificio y banquete en el valle medio del Ebro (s. VI-III a. C.)», *Lvcentvm*, XXXIV, pp. 31-118.

FELICES DE LA FUENTE, M.ª DEL M. (2010): «La Cámara de Castilla, el rey y la creación de títulos nobiliarios en la primera mitad del siglo XVIII», *Hispania*, vol. LXX, n.º 236 (septiembre-diciembre), pp. 661-686.

FERNÁNDEZ BAQUERO, M. E. (2016): «Límites a la construcción de alfarerías en la Lex Ursonensis», *Anuario Jurídico y Económico Escurialense*, XLIX, pp. 63-88.

FERNÁNDEZ GARCÍA, M. I. (2015): «La terra sigillata hispánica de origen bético: un camino aún por recorrer», en Fernández-Ochoa, C., Morillo, A., y Zarzalejos, M. (eds.), *Manual de cerámica romana II. Cerámicas romanas de época altoimperial en Hispania. Importación y producción*, Museo Arqueológico Regional, Alcalá de Henares, pp. 231-296.

— y ROCA ROUMENS, M. (2009): «Producciones de Terra Sigillata Hispánica», en Bernal Casasola, D., y Rivera i Lacomba, A. (eds.), *Cerámicas hispanorromanas. Un estado de la cuestión*, Universidad de Cádiz, Cádiz, pp. 307-332.

FERNÁNDEZ OCHOA, C., y SALIDO DOMÍNGUEZ, J. (2016): *El poder de Roma*, Madrid una historia para todos, n.º 5, Madrid.

— y ZARZALEJOS PRIETO, M. (2016): «sobre la implantación romana en tierras de Madrid. Algunos logros y grandes retos», *Anejos a CuPAUAM*, pp. 281-298.

— — (2017): «Premisas básicas para el estudio de las formas de ocupación y los modelos de poblamiento rural romano en el área madrileña», *Zona Arqueológica*, n.º 20, 1, pp. 191-204.

— — RODRÍGUEZ MARTÍN, F. G., POLO LÓPEZ, J., y VALENCIANO Prieto, M.ª C. (2009): «Proyecto de señalización y valoración patrimonial de la vía de la Fuenfría (Cercedilla, Madrid)», *Actas de las terceras jornadas de Patrimonio Arqueológico*, pp. 291-302.

FERNÁNDEZ-GALIANO RUIZ, D. (1976): *Carta Arqueológica de Alcalá de Henares y su Partido*. Colección Universitaria, 2, Alcalá de Henares.

— (1977): «Un nuevo tipo de cerámicas romanas de tradición celtibérica», *Segovia y la arqueología romana*, Barcelona, pp. 177-183.

— (1984): *Complutum I. Excavaciones. Excavaciones Arqueológicas en España, 137*, Madrid.

— (1989): «En torno a Titulcia», *El miliario extravagante*, 21, pp. 2-14.

FITA, F. (1917): «Arganda del Rey. Su nueva inscripción romana», *Boletín de la Real Academia de la Historia*, tomo 71 (1917), pp. 349-356.

FLETCHER VALLS, D. (1957): «Toneles cerámicos ibéricos», *A.P.L.*, vol. VI, Valencia, pp. 113-147.

FUENTES, A. (2000): «Una zona marginal de Hispania: Madrid en época romana», *Boletín de la asociación Española de Amigos de la Arqueología*, n.º 39-40, pp. 197-211.

— y USCATESCU, A. (2017): «Status administrativo, arquitectura y urbanización en la periferia: el caso de la Ermita Virgen de la Torre (Vallecas-Vicálvaro, Madrid», *Vides Monumenta Veterum. Madrid y su entorno en época romana*, Zona Arqueológica, 20 (vol. I), Alcalá de Henares, pp. 336-348.

FUIDIO, F. (1934): *Carpetania romana*, Madrid.

GALINDO, L., y MARCOS, V. (2006): «Titulcia, un enclave arqueológico aún por conocer», *El Nuevo Miliario*, n.º 3, pp. 57-64.

— — (2009): «Titulcia y su territorio en época romana» y «La ciudad de Titulcia», pósteres presentados en las *Terceras Jornadas de Patrimonio Histórico de la Comunidad de Madrid*, pp. 417-419 y 421-424.

GALINDO SAN JOSÉ, L., y SÁNCHEZ SÁNCHEZ-MORENO, V. M. (2005): *Informe Final de la Prospección Arqueológica realizada en el término municipal de Titulcia*. Expediente: 03/05/EE Depositado en la Dirección general de Patrimonio Histórico de la Consejería de Cultura y Turismo de la Comunidad de Madrid.

GALLARDO MARTÍN-POVEDA, J. (2014): «Uso y significado de los astrágalos en los ajuares funerarios ibéricos: la necrópolis del poblado de Coímbra del Barranco Ancho (Jumilla, Murcia)», *Alberca*, 12, pp. 43-57.

GAMO PAZOS, J., FERNÁNDEZ ORTEA, J., y SÁNCHEZ VELASCO, J. (2018): «Últimos trabajos arqueológicos en la ciudad carpetano-romana del Cerro de la Virgen de la Muela (Driebes, Guadalajara)», *Complutum,* 29, pp. 191-205.

GARABITO, T. (1978): *Los Alfares Romanos Riojanos. Producción y Comercialización*, Biblioteca Praehistorica Hispana, XVI, Madrid.

— SOLOVERA, M.ª E., y PRADALES, E (1989): «El Alfarero Segius Tritiensis», *Gerión,* n.º extraordinario 2. Dedicado a Estudios sobre la Antigüedad en Homenaje al profesor Santiago Montero Díaz. Editorial Universidad Complutense, Madrid.

GARCÍA CANO, J. M., e INIESTA SANMARTÍN, Á. (1983): «Aproximación a la cerámica de barniz rojo ibero-tartéssica en la Región de Murcia», *XVI CNA* (Murcia-Cartagena, 1982), Zaragoza, pp. 561-571.

GARCÍA MERINO, C. (1975): *Población y poblamiento en Hispania romana: el Conventus Cluniensis,* Valladolid.

— (1987): «Desarrollo urbano y promoción jurídica de Uxama Argaela», *Boletín del Seminario de Estudios de Arte y Arqueología (BSAA),* LIII, pp. 73-114.

GARCÍA SERRANO, J. A. (2003-2004): «Turiaso-Turiazu. ¿Dónde está la ciudad celtibérica?», *Tvriaso*, XVII, pp. 119-133.

GARCÍA Y BELLIDO, A. (1954): «El promedio de vida en la España romana», *AEArq*, 27, pp. 254-258.

GARCÍA-BARBERENA UNZU, M., y UNZU URMENETA, M. (2013): «Un barrio artesanal periurbano en la ciudad romana de Pompelo», *Cuadernos de Arqueología de la Universidad de Navarra*, *21*, pp. 219-255.

GARIBAY, E. (1628): *Compendio historial de las chrónicas y universal historia de los reynos de España*, Barcelona.

GARRIGUET, J. A. (2010): «El concepto de *Suburbium* en la ciudad romana», en Vaquerizo, D., y Murillo, J. F. (eds.), *El anfiteatro romano de Córdoba y su entorno urbano. Análisis Arqueológico (ss. I-XIII d. C.)*, *Monografías de arqueología cordobesa*, n.º 19, vol. II, Córdoba, pp. 365-379.

GÓMEZ-PANTOJA, J. (2013): «Complutum y su territorio», en Cerdeño, M. L., Gamo, E., y Sagardoy, T. (coords.), *La romanización en Guadalajara. Arqueología e Historia*, ed. Ergástula, Madrid, pp. 63-72.

GONZÁLEZ-CONDE, M.ª P. (1987): *Romanidad e indigenismo en la Carpetania*, Alicante.

GONZÁLEZ COUTO, F. (2007): *Historia del Soto del Tamarizo. Una finca comunal en San Martín de la Vega (Madrid)*, San Martín de la Vega.

GONZÁLEZ ZAMORA, C. (1999): *Fíbulas en la Carpetania*, Madrid.

GOROSTIDI PI, D. (2010): *Ager Tarraconensis 3. Les inscripcions romanes*, Tarragona.

GOZALBES CRAVIOTO, E. (2007): «La demografía de la Hispania Romana tres décadas después», *Hispania Antiqua*, XXXI, pp. 181-208.

GUÉRIN, P. (2003): *El Castellet de Bernabé y el Horizonte Ibérico Pleno Edetano*, Serie de Trabajos Varios, n.º 101, Servicio de investigación prehistórica de la Diputación de Valencia, Valencia.

— CALVOGÁLVEZ, M., GRAUALMERO, E., y GUILLEN CALATAYUD, P. y M. (1989): «Tumbas infantiles en el Castellet de Bernabé (Liria, Valencia)», en Inhumaciones infantiles en el ámbito mediterráneo español (siglos VII a. E. al II d. E.), *Cuadernos de Prehistoria y Arqueología Castellonenses* 14, pp. 63-132.

GUÍO CASTAÑOS, G., y GUÍO MARTÍN, J. J. (2007): *El Palacio de Contreras y la Academia de Intendencia en Ávila: Estudio sobre la documentación y escritos de Guillermo Guío Castaños*, Salamanca, p. 38.

GUTIÉRREZ, E., MUÑOZ, E., MORLOTE, J. M., y MONTES, R. (2007): «El Horno de la Alberquilla. Un centro productor de cerámica carpetana en Toledo», *Zona Arqueológica*, 10, pp. 304-323.

GUTIÉRREZ CUENCA, E., *et al.* (2007): «El horno de La Alberquilla. Un centro productor de cerámica carpetana en Toledo», en A. F. Dávila (ed.), *Estudios sobre la Edad del Hierro en la Carpetania. Registro Arqueológico, Secuencia y Territorio, Zona Arqueológica*, 10, vol. II, Madrid, pp. 304-323.

GUTIÉRREZ LÓPEZ, J. M.; SÁEZ ROMERO, A. M., y REINOSO DEL RÍO, M. C. (2013): «La tecnología alfarera como herramienta de análisis histórico: reflexiones sobre los denominados "prismas cerámicos"», *SPAL Revista de Prehistoria y Arqueología,* 22, Sevilla, pp. 61-100.

HERNÁNDEZ VERA, J. A. (2003): «Contrebia Leukade y la definición de un nuevo espacio para la Segunda Guerra Púnica», *SALDVIE*, n.º 3, pp. 61-82.

HIDALGO MARTÍN, L. A., BUSTAMANTE ÁLVAREZ, M., y PÉREZ MAESTRO, C. (2012): «Grafitos sobre cerámica del puticuli de la calle Cabo Verde de Mérida (España). Nuevos datos sobre la cotidianidad Emeritense en el siglo I d. C.», *Espacio, Tiempo y Forma, Serie II, Historia Antigua*, t. 25, Madrid, pp. 131-172.

JIMÉNEZ ÁVILA, J., y ORTEGA BLANCO, J. (2008): «El Torrejón de abajo. Un yacimiento orientalizante en el entorno periurbano de Cáceres», *Arqueología urbana en Cáceres. Investigaciones e intervenciones recientes en la ciudad de Cáceres y su entorno. Actas de las Jornadas de Arqueología del Museo de Cáceres*, Memorias 7, Cáceres, pp. 83-111.

JUAN TOVAR, L. C. (1983): «Elementos de alfar de Sigillata Hispánica en Talavera de la Reina (Toledo)», *Boletín del Museo Arqueológico Nacional*, tomo I, 2, Madrid, pp. 165-175.

— (1990): «Alfares y vías de comunicación en la Hispania Romana. Acercamiento a una relación», *Simposio sobre la red viaria en la Hispania romana*, Institución Fernando El Católico, Zaragoza, pp. 293-299.

— (1992): «Terra Sigillata Hispanica», en *Arcobriga II. Las cerámicas romanas,* Institución Fernando El Católico, Zaragoza, pp. 35-134.

KNAPP, R. C. (1992): *Latin inscriptions from Central Spain*, Berkeley/Los Ángeles/Oxford.

LABEAGA MENDIOLA, J. C. (1999-2000): *La Custodia, Viana, Vareia de los Berones, Trabajos de Arqueología de Navarra*, 14, Pamplona.

LORRIO, A. J. (1997): *Los celtíberos*, Universidad de Alicante.

MADOZ, P. (1846 y 1849): *Diccionario geográfico-estadístico-histórico de España y sus posesiones de ultramar*, Madrid, tomo IV, p. 82 y tomo XIV, p. 766.

MADRIGAL BELINCHON, A., y MUÑOZ LÓPEZ-ASTILLEROS, K. (2007): «Entre Celtas e Íberos: La Carpetania», *Zona Arqueológica*, n.º 10, *Estudios sobre la Edad del Hierro en la Carpetania*, Alcalá de Henares, vol. 1, pp. 255-273.

MARÍN PÉREZ, A. (1888): *Guía Madrid y su provincia*, Madrid, pp. 458-460.

MARINER BIGORRA, S. (1983): «La inscripción monumental del lecho del Jarama, entre Titulcia y Ciempozuelos (Madrid)», *Homenaje al Profesor Martín Almagro Basch*, vol. III, Madrid, pp. 347-354.

MARTÍN BAÑÓN, A., y WALID SBEINATI, S. (2007): «El yacimiento de El Baldío (Torrejón de Velasco, Madrid). Algunos aspectos acerca de la evolución de los espacios de habitación entre los siglos V y I a. C.», *Zona Arqueológica*, n.º 10, *Estudios sobre la Edad del Hierro en la Carpetania: registro arqueológico, secuencia y territorio*, Alcalá de Henares, vol. 2, pp. 1947-214.

MARTÍN GÍL, F. J., RAMOS SÁNCHEZ, M.ª C., BARRIO ARREDONDO, M.ª T., MARTÍN RAMOS, P., y MARTÍN GIL, J. (1995): «Las pesas de telar: un sistema ponderal con base en la uncia», *Acontia. Revista de Arqueología*, 1, pp. 73-86.

MARTÍN RUIZ, J. A. (2006): *Medicina y enfermedad en la Bética romana*, Málaga.

MAYET, F. (1975): «Les sigillées hispaniques», en Alarçao, J., y Etienne, R. (dirs.), *Fouilles de Conimbriga IV. Les sigillées,* París, pp. 153-248.

MAYORAL HERRERA, V., BERMÚDEZ SÁNCHEZ, J., y CHAPA BRUNET, T. (2007): «Paisajes agrarios del curso medio del río Jarama durante la Edad del Hierro. Una aproximación numérica», *Zona Arqueológica*, n.º 10, *Estudios sobre la Edad del Hierro en la Carpetania*, Alcalá de Henares, vol. 1, pp. 136-154.

MELCHOR GIL, E. (2013): «Entre la *vrbs* y el *fvndvs*: conmemoracion funeraria y honorífica de las élites locales hispano-romanas en sus propiedades rústicas», *Veleia*, 30, pp. 119-142.

MENÉNDEZ PIDAL, R. (1934): *Historia y Epopeya*, Madrid.

MEZQUÍRIZ DE CATALÁN, M. A. (1983): «Tipología de la Terra Sigillata Hispánica», *Boletín del Museo Arqueológico Nacional*, tomo 1, n.º 2, Madrid.

MIÑAÑO, S. DE (1826): *Diccionario geográfico-estadístico de España y Portugal*, Madrid tomo II, p. 26 y tomo VIII, p. 439.

MOLINA TORRES, M. P. (2008): «Epigrafía estatuaria de culto imperial en los conventus Cordubensis e Hispalensis», *Florentia Iliberritana*, 19, pp. 241-276.

MONEO, T., PÉREZ, J., y VÉLEZ, J. (2001): «Un santuario de entrada ibérico en el Cerro de las Cabezas», *Complutum*, 12, pp. 123-136.

MORALES, A. DE (1574): *La crónica general de España*, Alcalá de Henares.

— (1575-1577): *Antigüedades de las ciudades de España que van nombradas en la Corónica, con la averiguación de sus sitios y nombres antiguos*, Alcalá de Henares.

MORALES OLIVARES, A., y DE LA LLAVE MUÑOZ, S. (2015): «Aproximación a los alfares romanos de Caesarobriga (Talavera de la Reina, Toledo)», *Terra Sigillata Hispanica. 50 años de investigaciones*, ed. Quasar, pp. 501-508.

MORENO ALCAIDE, M., SERRANO ARNÁEZ, B., y MACÍAS FERNÁNDEZ, I. (2013): «Las pesas de telar», en M.ª ISABEL FERNÁNDEZ-GARCÍA (coord.), *Una aproximación a Isturgi romana: el complejo alfarero de Los Villares de Andújar, Jaén, España*, Edizioni Quasar, Roma, pp. 301-312.

MORENO BALLESTEROS, V. (2015): *La desamortización de Madoz en Madrid: capital y provincia (1855-1894)*, tesis doctoral, Universidad Complutense.

MORENO GALLO, I. (2004): *Vías romanas. Ingeniería y técnica constructiva*, Ministerio de Fomento, Madrid.

MORÍN DE PABLOS, J., y URBINA MARTÍNEZ, D. (2012): «Estudio de material cerámico en el yacimiento del cerro de la Gavia, villa de Vallecas (Madrid)», *El Primer Milenio a. C. en la Meseta Central. De la "longhouse al oppidum"*, vol. 2, *Segunda Edad del Hierro*. Segundo Simposio AUDEMA, Madrid, pp. 204-226.

MUÑOZ LÓPEZ-ARTILLEROS, K., y MADRIGAL BELINCHÓN, A. (1999): «Poblamiento y recursos durante la Segunda Edad del Hierro en el valle medio del Tajo», *IV Simposio sobre Celtíberos. economía, Homenaje a José Luis Argente Oliver*, Zaragoza, pp. 467-480.

— y ORTEGA BLANCO, J. (1997): «Elementos de inspiración orientalizante en la cuenca media del río Tajo: el yacimiento de Puente Largo del Jarama (Aranjuez, Madrid)», *SPAL*, 6, Sevilla, pp. 141-163.

NAVARRO, F. J. (2010): «Los gobernadores de la provincia Citerior como agentes de la romanización», en Navarro, F. J. (ed.), *Pluralidad e integración en el mundo romano*, Colección Mundo Antiguo, Nueva Serie, n.º 13, pp. 189-205.

NOGUERA CELDRÁN, J. M., y MADRID BALANZA, M. J. (2014): «Carthago Nova: fases e hitos de monumentalización urbana y arquitectónica (siglos III a. C.-III d. C.)», *Espacio, Tiempo y Forma, Serie I Prehistoria y Arqueología*, 7, Madrid, pp. 13-60.

NÜNNERICH-ASMUS, A. (1996-97): «El monumento de Ciempozuelos (Madrid). Un arco romano privado en el centro de la provincia Tarraconense», *Annals de l'Institut d'Estudis Gironins*, vol. XXXVI, Gerona, pp. 503-517.

ORTEGA RUBIO, J. (1918): *Relaciones topográficas de los pueblos de España*, Madrid.

PACHÓN ROMERO, J. A. (2016): «Pinzas metálicas caladas de la necrópolis ibero-turdetana de Las Alcaidías, Osuna», *Cuadernos de los Amigos de los Museos de Osuna*, n.º 18, pp. 61-68.

PALOMERO PLAZA, S. (1989): «Algunas reflexiones sobre Titulcia», *El miliario extravagante*, 23, pp. 8-9.

PASTOR MUÑOZ, M. (2004): «Los dioses manes en la epigrafía funeraria bética», *Mainake,* XXVI, pp. 381-394.

PERDIGUERO-ASENSI, P. (2019): «Elementos auxiliares en la producción alfarera protohistórica: El caso del alfar de la Illeta dels Banyets (El Campello)», *Recerques del Museu d'Alcoi*, 28, pp. 101-114.

PEREIRA SIESO, J. (1982): «Toneletes cerámicos procedentes del yacimiento de Pantoja», *Toletum: Boletín de la Real Academia de Bellas Artes y Ciencias Históricas de Toledo*, n.º 13, pp. 301-311.

PEREIRA SIESO, J., y DE TORRES RODRÍGUEZ, J. (2014): «Datos para el estudio del mundo funerario durante la II Edad del Hierro en la Meseta Sur: las necrópolis carpetanas», *1er Simposio sobre los Carpetanos. Arqueología e historia de un pueblo de la Edad del Hierro, Zona Arqueológica*, n.º 17, Alcalá de Henares, pp. 317-334.

PÉREZ DE BARRADAS, J. (1936): «Nuevos Estudios sobre Prehistoria madrileña», *Anuario de Prehistoria Madrileña*, vols. IV-V-VI, Madrid.

PÉREZ GONZÁLEZ, C., y ARRIBAS LOBO, P. (2016): «Cerámicas con grafito y algunos sigilla en TSH de Termes», *Oppidum Cuadernos de Investigación*, 12, Segovia, pp. 85-147.

PÉREZ VICENTE, D., y BUENO MORENO, M. (2007): «El yacimiento arqueológico de Santa María, Villarejo de Salvanés (Madrid)», en A. F. Dávila (ed.), *Estudios sobre la Edad del Hierro en la Carpetania. Registro arqueológico, secuencia y territorio, Zona Arqueológica* 10, vol. II, Museo Arqueológico Regional de la Comunidad de Madrid, pp. 324-341.

PINO URÍA, B., y VILLAR CALVO A. (1994): «Intervención arqueológica en Titulcia», *Boletín del Ilustre Colegio Oficial de Doctores y Licenciados en Filosofía y Letras y en Ciencias*, Madrid, p. 15.

PITILLAS, E. (1998-1999): «Militares y edad de fallecimiento. Un intento de aproximación», *Memorias de Historia Antigua,* 19-20, pp. 321-341.

POLO CERDÁ, M., y GARCÍA PROSPER, E. (2002): «Ritual, violencia y enfermedad. Los enterramientos en *decúbito prono* de la necrópolis fundacional de *Valentia*», *Saguntum (P.L.A.V.)*, 34, pp. 137-148.

POLO LÓPEZ, J. (1998): «Producciones cerámicas de la Meseta en época romana: TSH Brillante y pintadas de tradición indígena», *Complutum. Roma en el interior de la Península Ibérica*, Alcalá de Henares, pp. 155-173.

— (1999): «La cerámica pintada romana de tradición indígena: aportaciones estratigráficas de la ciudad hispanorromana de Complutum», en R. de Balbín y P. Bueno (eds.), *II Congreso de Arqueología Peninsular,* tomo IV, *Arqueología Romana y Medieval*, Madrid, pp. 89-101.

— SÁNCHEZ-LAFUENTE PÉREZ, J., y RASCÓN MARQUÉS, S. (1999): «Grafitos sobre instrumental doméstico en Hispania. Problemas y perspectivas de estudio», *XI Congresso Internazionale di Epigrafia Greca e Latina* (Roma, 1997). Atti (1999), Roma, pp. 585-599.

— y VALENCIANO PRIETO, M.ª C. (2012): «Phiále mesómphalos», *Los últimos carpetanos. El oppidum de El Llano de la Horca (Santorcaz, Madrid)*, Alcalá de Henares, Madrid, p. 362.

— — (2014): «Últimos avances en la investigación del Oppidum de Titulcia (Titulcia, Madrid)», *1er Simposio sobre los Carpetanos. Arqueología e historia de un pueblo de la Edad del Hierro, Zona Arqueológica*, n.º 17, Alcalá de Henares, pp. 85-98.

— — (2017): «Titulcia en época romana. Una visión de conjunto», *Congreso Vides Monumenta Veterum. Madrid y su entorno en época romana, Zona Arqueológica*, 20 (vol. 1), Alcalá de Henares (octubre 2015), pp. 159-172.

QUESADA SANZ, F. (2002-2003): «Mirando el mundo desde lo alto: espuelas y otros elementos asociados al caballo en el poblado de La Serreta de Alcoi», *Recerques del Museu d'Alcoi,* 11/12, pp. 85-100.

— (2005): «El gobierno del caballo montado en la antigüedad clásica con especial referencia al caso de Iberia. Bocados, espuelas y la cuestión de la silla de montar, estribos y herraduras», *Gladius* XXV, pp. 97-150.

QUINTANILLA Y MENDOZA, P. DE (1653): *Archetypo de virtudes: Espejo de Prelados. El venerable padre y siervo de Dios F. Francisco Ximénez de Cisneros*, Palermo.

RASCÓN MARQUÉS, S., POLO LÓPEZ, J., y MAESO FERNÁNDEZ, M. D. (1994): «Grafitos sobre *Terra Sigillata Hispánica* hallados en un vertedero del siglo I en la casa de *Hippolytus (Complutum)*», *CUPAUAM*, 21, Madrid, pp. 235-270.

— — EDREIRA CAMPILLO, G., y ROMÁN VICENTE, P. (1995): «Contribución al conocimiento de algunas producciones en hueso de la ciudad hispanorromana de *Complutum*: el caso de las *acus crinales*», *Espacio, Tiempo y Forma, Serie I, Prehistoria y Arqueología*, t. 8, pp. 295-340.

REMESAL RODRÍGUEZ, J. (2002): «Aspectos legales del mundo funerario romano», en VAQUERIZO, D. (ed.), *Espacios y usos funerarios en el Occidente Romano*, Córdoba, pp. 369-378.

RICO, A. (1984): *Titulcia y la cueva de la Luna*, Madrid.

RODRÍGUEZ CAMPOMANES, P. (1761*): Itinerario de las carreras de posta de dentro, y fuera del Reyno*, Madrid.

RODRÍGUEZ GUILLÉN, S. (2011): *Los orígenes del Señorío de Chinchón. De la Tierra de Segovia al Marquesado de Moya*, VII Concurso de Investigación sobde Chinchón y su entorno, Chinchón.

ROJAS, F. DE (1654): *Historia de la Imperial, Nobilissima, ínclita y esclarecida ciudad de Toledo*, Parte primera, Madrid.

ROLDÁN HERVÁS, J. M. (1975): *Itineraria hispana. Fuentes antiguas para el estudio de las vías romanas en la península ibérica*, Madrid.

ROMERO CARNICERO, M. V. (1983): «Aspectos formales de la sigillata hispánica», *Boletín del Seminario de Estudios de Arte y Arqueología*, 49, pp. 105-134.

— (1985): «Numancia I. La Terra Sigillata», *Excavaciones Arqueológicas en España*, 146, Madrid.

ROSO DE LUNA, M. (1918): «Inscripción romana de Titulcia», *BRAH*, 72, pp. 279-280.

RUIZ TRAPERO, M. (2001): *Inscripciones Latinas de la Comunidad de Madrid (Siglos I-VIII)*, Madrid.

SAAVEDRA, E. (1862): *Discursos leidos ante la Real Academia de la Historia en la recepción pública de Don Eduardo Saavedra, el día 28 de diciembre de 1862. Madrid.*

SÁENZ PRECIADO, J. C. (2014): «La sigillata hispánica: ¿artesanía o manufactura?», *Monografías Arqueológicas*, 49, pp. 147-169.

— (2016): «La consideración social y jurídica de los alfares y alfareros en época clásica», *Saldvie*, 16, Zaragoza, pp. 137-157.

SAN ROMÁN Y FERNÁNDEZ, F. DE B. (1910): *El Greco en Toledo o investigaciones acerca de la vida y obras de Dominico Theotocópuli*, Madrid.

SÁNCHEZ MORENO, E. (2007): «Los confines de la Vettonia meridional: identidades y fronteras», *Los pueblos prerromanos en Castilla-La Mancha*, Cuenca, pp. 107-164.

SÁNCHEZ RAMOS, I. (2005): «Las necrópolis de *Corduba* durante la antigüedad tardía», *Anales de Arqueología y Prehistoria de la Universidad de Murcia*, 21, pp. 165-177.

SÁNCHEZ-LAFUENTE PÉREZ, J. (1990): *Terra Sigillata de Segóbriga y ciudades del entorno: Valeria, Ercávica y Complutum*, ed. de la Universidad Complutense de Madrid, Madrid.

SANGUINO TALLÓN, A., OÑATE BAZTÁN, P., y SANGUINO VÁZQUEZ, J. (2019): «Un tonel en el yacimiento El Colegio (Valdemoro, Madrid)», *Boletín Ex Officina Hispana* 10 (mayo), pp. 17-19.

SANTOS, J. A., PEREA, A., y PRADOS, L. (1990): «Primeros resultados de las excavaciones arqueológicas en el cerro del Gollino (Corral de Almaguer)», *Actas del Primer Congreso de Arqueología de la provincia de Toledo*, Talavera de la Reina, pp. 311-325.

SEQUERA PINEDA, S., CASTELO RUANO, R., ¿AMORA MERCHAN, M., LÓPEZ PÉREZ, A., BLANCO GARCÍA, J. F., y BUSTAMANTE-ÁLVAREZ, M. (2018): «La villa de "El Saucedo" (Talavera la Nueva, Toledo): Las cerámicas romanas pintadas de tradición indígena del tipo Meseta sur», *Boletín del Museo Arqueológico Nacional*, 37, Madrid, pp. 81-104.

SIMÓN CORNAGO, I. (2008): «Dos estampillas inscritas sobre pesas de telar de la colección Samitier», *Palaeohispánica*, 8, pp. 257-278.

SORRIBES, P. C. (1930): «Una excursión más», *Boletín de la sociedad Española de Excursiones. Arte, Arqueología e Historia*, tomo XXXVIII, primer trimestre (marzo), Madrid, pp. 61-63.

STYLOW, A. U. (1995): «Miscelánea epigráfica de la provincia de Jaén IV. Problemas de datación de las inscripciones tardías», *Anales de Arqueología Cordobesa*, 6, 217-237.

— (1995): «Los inicios de la epigrafía en la Bética. El ejemplo de la epigrafía funeraria», en F. Beltrán (ed.), *Roma y el nacimiento de la cultura epigráfica en Occidente. Actas del Coloquio «Roma y las primeras culturas epigráficas del Occidente Mediterráneo (siglos I a. E.-I d. E.)» (Zaragoza, 1992)*, Zaragoza, pp. 219-238.

— y VON HESBERG, H. (2004): «Ein Kaiserbogen in Titulcia?», *Chiron*, 34, pp. 205-266.

TANTIMONACO, S. (2013a): «La *ordinatio* de inscripciones romanas sobre piedra: Un testimonio inédito de Cacera de las ranas (Aranjuez, Madrid)», *Habis*, 44, pp. 185-201.

— (2013b): «La formula *Dis Manibus* nelle iscrizioni della Regio X», en F. Fontana (ed.), *Sacrum facere. Atti del I Seminario di Archeologia del Sacro. Trieste, 17-18 febbraio 2012*, Trieste, pp. 261-278.

— (2017): «Manes si saperent... Referentes reales y metafóricos del término Manes en la epigrafía de Hispania», *Veleia*, 34, pp. 119-131.

TERÁN MANRIQUE, J. (2011): «La producción de sal en la Prehistoria de la Península Ibérica: estado de la cuestión», *@rqueología y Territorio*, 8, pp. 71-84.

TINOCO MUÑOZ, J. (2005): «Intervención Arqueológica de Urgencia en C/ Bellido 18, Écija (Sevilla)», *Anuario Arqueológico de Andalucia 2002*, vol. III, 2, Sevilla, pp. 470-486.

TRESSERRAS, J. J. (2000): «La cerveza: Un producto de consumo básico entre las comunidades ibéricas del N.E. peninsular», *Sagvntvm-PAL*, extra n.º 3, pp. 139-145.

URBINA MARTÍNEZ, D. (1998): «La Carpetania romana y los carpetanos indígenas: Tribu, etnia, nación o el país de los escarpes», *Gerión*, n.º 16, pp. 183-208.

— (2000): *La Segunda Edad del Hierro en el Centro de la Península Ibérica. Un estudio de Arqueología Espacial en la Mesa de Ocaña. Toledo, España*, Oxford. BAR International Series, 855.

— (2014): *La Segunda Edad del Hierro en el Centro de la Península Ibérica. Un estudio de Arqueología Espacial en la Mesa de Ocaña*, Toledo.

— GARCÍA, O., y URQUIJO, C. (2004): «Plaza de Moros (Villatobas, Toledo) y los recintos amurallados de la II Edad Del Hierro en el valle medio del Tajo», *Trabajos de Prehistoria*, 61, n.º 2, pp. 155-166.

— Y MORÍN, J. (2005): «El Cerro de la Gavia y los recintos amurallados del Hierro II en el centro de la península», *El Cerro de la Gavia. El Madrid que se encontraron los romanos*, Madrid, pp. 99-123.

UROZ RODRÍGUEZ, H., y UROZ SÁEZ, J. (2014): «La Libisosa iberorromana: un contexto cerrado de —y por— las Guerras Sertorianas», en Sala, F., y Moratalla, J. (eds.), *Las Guerras Civiles romanas en Hispania. Una revisión histórica desde la Contestania*, Alicante, pp. 199-294.

UROZ SÁEZ, J., *et al.* (2003): «Libisosa. La transformación de un oppidum en colonia romana», *Alebus*, 13, Actas del III Seminario de Historia, pp. 221-252.

VALENCIANO PRIETO, M.ª C. (2000): *El Llano de la Consolación (Montealegre del Castillo, Albacete). Revisión crítica de una necrópolis ibérica del sureste de la Meseta*, Albacete.

— (2002): «La informática y su aplicación en la reconstrucción tridimensional del paisaje funerario ibérico», *II Congreso de Historia de Albacete (Albacete, 2000)*, vol. III. Arqueología y Prehistoria, Albacete, pp. 189-198.

— y BLÁNQUEZ PÉREZ, J. (2000): «Iberian Stone Sculpture. New Methodological Reading Proposals», *Archaeological Computing Newsletter*, n.º 56, Oxford, pp. 2-4.

VALENCIANO PRIETO, Mª. C., POLO LÓPEZ, J. y BLÁNQUEZ PÉREZ, J. (2014): «Recientes dataciones sobre el *Oppidum* indígena de Titulcia», *IX Jornadas de Patrimonio Arqueológico en la Comunidad de Madrid (Madrid, 14-15 nov. 2012)*, Madrid, pp. 77-84.

— y POLO LÓPEZ, J. (2013): «Phiále mesómphalos del Oppidum carpetano de *Titulcia* (Madrid)», *101 obras maestras. Ciencia y arte en los museos y bibliotecas de Madrid*, Exotismos, n.º 17.

— — (2016): «Reconstruyendo Titulcia: de *oppidum* a *minicipium*», *RAM* (Alcalá de Henares 20-21 nov. 2014), Madrid, pp. 139-153.

— — (2017): «*Phiàle* de plata del *oppidum* de Titulcia», *Complutum*, vol. 28 (1), Madrid, pp. 163-184.

VALIENTE CÁNOVAS, S. (1987): «La cultura de la II Edad del Hierro», *130 años de Arqueología madrileña*, Madrid, pp. 121-134.

— (1990): «Estado actual de las excavaciones en "El Cerrón" (Illescas-Toledo)», *Actas del Primer Congreso de Arqueología de la provincia de Toledo*, Talavera de la Reina, pp. 329-349.

— (2007): «El entorno de zonas salobres y humedales de la Carpetania durante la II Edad del Hierro», *Zona Arqueológica*, n.º 10, 1, *Estudios sobre la Edad del Hierro en la Carpetania*, Alcalá de Henares, pp. 238-255.

— y BALMASEDA MUNCHARAZ, L. J. (1983): «Hacia una delimitación de la Carpetania en la Edad del Hierro», *Homenaje al Profesor Martín Almagro Basch*, tomo III, Madrid, pp. 135-142.

— LÓPEZ-CIDAD, F., RAMOS SÁNCHEZ, F., y AYARZABUENA SANZ, M. (2014): «Los grandes poblados carpetanos cercanos a fuentes salobres: Cerro de la Gavia, Titulcia, Oreja y Valdelascasas», *1er Simposio sobre los Carpetanos. Arqueología e historia de un pueblo de la Edad del Hierro, Zona Arqueológica*, n.º 17, Alcalá de Henares, pp. 212-222.

VALIÑO, A. (2007-2008): «La cerveza en las fuentes romanas: base textual y fijación de su importancia», *Pomoerivm*, 6, pp. 5-16.

VAQUERIZO GIL, D. (2010): *Necrópolis urbanas en Baetica*, Tarragona.

VEGA DELGADO, M. A. (2004): *Arquitectura y desarrollo urbano*, tomo XIII, *Titulcia*, pp. 77-135.

VILORIA ROSADO, J. (1955): «Yacimientos romanos de Madrid y sus alrededores», *AESPA*, XXVIII, n.º 91 (1.er semestre), Madrid, pp. 135-142.

VIÑAS, C., y PAZ, R. (1963): *Relaciones histórico-geográfico-estadísticas de los pueblos de España hechas por iniciativa de Felipe II*, Reino de Toledo, Madrid.

VV. AA. (1942a): *Revista Reconstrucción. Dirección General de Regiones Devastadas y Reparaciones*, n.º 19 (enero), Madrid, pp. 32-33.

— (1942b): *Revista Reconstrucción. Dirección General de Regiones Devastadas y Reparaciones*, n.º 24 (junio-julio), Madrid, p. 11.

— (2012): *Los últimos carpetanos. El oppidum de El Llano de la Horca (Santorcaz, Madrid)*, Alcalá de Henares.

WETHEY, H. E. (1967): *El Greco y su escuela,* ed. Guadarrama, Madrid.

ZARZALEJOS PRIETO, M. (2002): *El alfar romano de Villamanta (Madrid),* Patrimonio Arqueológico de Madrid, 5. Universidad Autónoma de Madrid, Madrid.